本书由第七批云南省高校科技创新团队项目"云南省高校滇
集中连片特困地区社会治理科技创新团队"资助。

中国流动人口生育意愿与生育行为研究

梁海艳◎著

A STUDY ON FERTILITY DESIRE AND
FERTILITY BEHAVIOR OF
FLOATING POPULATION IN CHINA

经济管理出版社
ECONOMY & MANAGEMENT PUBLISHING HOUSE

图书在版编目（CIP）数据

中国流动人口生育意愿与生育行为研究 / 梁海艳 著.
—北京：经济管理出版社，2021.1
ISBN 978-7-5096-7737-7

Ⅰ.①中… Ⅱ.①梁… Ⅲ.①流动人口—生育—社会问题—研究—中国
Ⅳ.①C924.21

中国版本图书馆 CIP 数据核字（2021）第 025444 号

组稿编辑：赵亚荣
责任编辑：赵亚荣
责任印制：黄章平
责任校对：陈　颖

出版发行：经济管理出版社
　　　　　（北京市海淀区北蜂窝 8 号中雅大厦 A 座 11 层　100038）
网　　　址：www.E-mp.com.cn
电　　　话：(010) 51915602
印　　　刷：北京晨旭印刷厂
经　　　销：新华书店
开　　　本：720mm×1000mm/16
印　　　张：13.75
字　　　数：226 千字
版　　　次：2021 年 3 月第 1 版　　2021 年 3 月第 1 次印刷
书　　　号：ISBN 978-7-5096-7737-7
定　　　价：69.00 元

前　言

当前，中国流动人口已出现了常态化的发展趋势，人口迁移流动已成为人们的一种生活方式。中国改革开放 40 多年，流动人口也经历了 40 多年的发展历程。受城乡区域经济发展的不平衡性以及乡镇企业兴起和户籍制度改革等因素的影响，大规模的农村剩余劳动力不断地向城市涌入，过去一段时间中国流动人口规模持续增加。但自 2015 年以来，发生了逆转性的变化，2015 年末全国流动人口数量为 2.47 亿，比 2014 年减少了 568 万人，2016 年和 2017 年流动人口规模分别比前一年减少大约 100 万人，流动人口在经历了快速增长之后逐步进入调整时期。2015 年，中国自 20 世纪 80 年代以来流动人口规模持续增长后出现首次下降，与过去存在显著的不同，农村人口既有流出也有回流，农村人口流入城市以青年人居多，他们正值结婚和生育的黄金时期。因此，对流动人口的生育问题进行研究具有重要的社会现实意义。

虽然学术界已对流动人口进行了大量的研究，取得了重要的研究成果，但现有研究关于流动人口生育意愿和生育行为方面的关注度还不够。鉴于此，本书以流动人口的生育意愿和生育行为为切入点，利用 2010~2017 年国家卫生健康委员会（原国家人口与计划生育委员会）在全国范围内实施的"流动人口动态监测"调查数据，并在西方人口学家关于人口流动迁移对生育意愿和生育行为影响的理论基础之上，结合中国流动人口生育实际情况进行讨论分析，涉及的理论主要有选择性理论、社会适应理论、社会化理论、干扰（中断）理论和分离理论等，以期全面、系统、深入地对流动人口生育意愿和生育行为问题进行梳理和解答。本书主要得出以下结论：

流动人口子女出生的政策符合率逐渐提高。总体来看，2010~2013 年，流动人口生育的一孩的政策符合率高达 94.7%，二孩生育的政策符合率为 64.9%。分年份来看，政策符合率呈逐年上升的趋势，由 2010 年的 78.3% 上升到 2013 年的 81.2%，三年内上升了近 3 个百分点，因此可以看出流动人口子女出生的政策符合率逐渐提高，这与过去的认识完全不同，流动人口并非"超生游击队"，流动人口外出流动并非为了躲避计划生育，主要还是经济利益的驱使，我们应当摒弃以往对流动人口的偏见，客观地看待新时代的流动人口。

在现居住地（流入地）出生的流动人口子女的比例在不断上升，流入地相关部门应当改善流动育龄人群的卫生计生服务状况，加强对流动新生婴幼儿的登记服务管理，更好地为在流入地出生的新生儿提供健康、疾病防预、保健、医疗等服务。在 2000 年及以前，流动育龄人群在流入地生育的现象还不突出，在流入地生育的比例仅占流动人口总体的 11% 左右，但是过了十多年的时间，在 2010~2013 年，在现住地出生的流动人口子女的比例从 34.7% 上升到 57.9%，短短的三年时间流入地出生比例上升了 23.2 个百分点，2014 年更是高达 72.9%。由此可见，流动人口在流入地生育的比例上升趋势非常明显。相应地，流动人口在户籍地生育子女的比例明显下降。在此过程中，流动人口的出生性别比也发生了一定程度的变化，2010~2014 年流动人口出生性别比逐年降低，2010 年出生人口性别比严重失衡，超过了 130，2013 年虽然还没有回到出生性别比的正常值，但是和 2010 年相比，已经降低了 15 个百分点。而且 2014 年及以后一直到 2017 年的流动人口出生性别比还在降低，逐渐向正常值回归。

流动人口的生育意愿主要有以下几个基本特征：①全面二孩生育政策放开对流动人口的二孩生育意愿有影响，但是总体上生育意愿并不高。②流动人口再生一孩的生育意愿与受教育程度成正比关系。这与以往的研究不同，受教育程度的提高促进了流动人口的二孩生育意愿升高，打算生育二孩的比例增加，而不打算生育的比例降低。③农业户籍流动人口生育意愿相比非农业户籍流动人口生育意愿较高。④男性流动人口生育意愿比女性偏高。⑤人口流动范围对生育意愿的影响不明显，无论是跨省的远距离流动，还是相对较近的省内跨市和市内跨县的人口流动，打算再生一个孩子的比例差别不大。⑥流动育龄妇女已有子女的数量和性别结构与再生育意愿具有显著的相关性，已有孩子的数量和性别构成均会对生育意愿产生影响，尤其是已有孩子的性别结构。⑦流动人口生育意愿的地域差异较明显，来自西部和东南沿海地区的流动人口生育意愿较高，其他地区的流动人口生育意愿较低。⑧流动人口的生育时间安排具有不确定性，生育安排的不确定性与流动人口居住、就业等行为的不稳定性具有一定的关系。

流动人口的生育意愿与生育行为之间具有更高的一致性，随着中国流动人口规模的日益增加以及迁移流动范围逐渐扩大，农村外出流动人口由于受流出地和流入地的人口计划部门的行政管理功能双重削弱，导致流动人口实现生育意愿的可能性也相对较大，因此流动人口的生育意愿与生育行为之间具有较高的一致性。从生育意愿到生育行为大致需要经历以下主要环节：生育意愿→生育安排与实施（性结合）→生育能力（排除不孕不育的因素）→孕育能力（保证胎儿正常发育）→生育行为，其中任何一个环节中断，生育行为就不会出现，随着流动人口的家庭化与长期化发展，生育障碍因素将会不断削弱。

人口流动对婚育年龄有一定推迟效应。人口迁移流动对流动育龄人群的初婚、初育和再育年龄均有推迟效应，婚育年龄的推迟是中国生育水平持续下降的直接因素之一。外出流动对农村妇女不同婚育时点年龄的推迟幅度有明显差异，平均推迟效应为初婚年龄推迟 0.38 岁，初育年龄推迟 0.15 岁，再育年龄推迟 2.51 岁。相较而言，人口流动对农村妇女初婚年龄、初育年龄的推迟效应较弱，对再育年龄的推迟效应比较明显。

从性别结构来看，"一男一女"的儿女双全结构是流动人口生育的主流性别意愿。农村育龄妇女无论是否流动、如何流动，通常她们都是要结婚生子的，都希望儿女双全。尽管各种因素对农村妇女初婚初育年龄存在影响，但外出流动经历对初婚、初育年龄的推迟效应均在半岁以内。流动经历对初婚年龄的影响甚至不及教育程度、地区差异的作用效果，而其对初育年龄的推迟幅度更小。

2016 年 1 月 1 日后全面二孩生育政策放开，但生育二孩并非所有育龄夫妻的必选之路。人口迁移流动延迟了二孩生育时间，导致流动育龄妇女的平均再育年龄接近 30 岁。不断延迟的生育年龄对人口形势来讲只会对中国当前人口极低的生育率起到助推下降的作用，而对于农村育龄女性而言，不断延迟的生育年龄可能会带来高龄孕妇生育风险的问题。因此，国家卫生健康服务工作要及时跟进，提高服务质量，为流动育龄妇女提供优质的孕产保健服务。人口流动对农村妇女婚育年龄具有推迟效应，其中对二孩生育年龄的推迟效应最强，对初婚年龄推迟效应次之，对初育年龄的推迟效应最小。

在本书的结论基础之上，提出如下对策建议：

（1）加快改革流动人口生育服务方式与内容。不断提升流动人口计划生育信息化建设的水平和完善信息共享机制，制定全国流动人口电子婚育证明数据查询规范，建立全国流动人口电子婚育证明查询平台，强化流动人口生育数据动态更新机制，加大计划生育信息与身份信息、社保信息、住房信息等方面的整合力度，实现通过身份信息就可以实时查询流动人口的婚育情况和避孕节育情况，在切实减轻流动人口办证负担的同时，着力提高流入地和流出地的服务管理效率。城市流入地承担的流动人口计划生育服务任务越来越多，但根据常住人口配置资源的保障机制尚未建立健全，应加大流入地相关服务的投入力度和支持力度，加快实现流动人口计划生育基本公共服务均等化，提高现住地计划生育服务的水平和能力，提高现住地服务的积极性。通过新媒体手段，进一步加强长效避孕措施的宣传。尽管流动人口使用宫内节育器等长效避孕措施的比例较高，但低龄组以使用避孕药等短效避孕措施为主，增加了意外怀孕的风险。应充分利用年轻流动人口对新媒体易于接受的便利条件，加强同电商、网络服务提供商等机构的合作，进一步强化长效避孕措施在避孕、健康促进等方面的宣传推广力度，扩大知情选择及免费服务的范围，提高服务可及性和安全性。

（2）综合治理流动人口出生性别比偏高的问题。首先，加强政策引导和宣传教育，促进流动人口生育观念的改变，形成良好的生育环境。新型城镇化建设中，促进流动人口市民化和社会融合，不断完善包括流动人口在内的社会保障、医疗卫生、教育、就业、收入分配、住房保障等改善民生的制度安排，从社会发展的层面弱化和消除女孩的社会制度弱势，加强宣传教育，逐渐促进社会生育观念的改变。其次，加强流动人口出生性别比治理的统筹协调和区域协作。为有效控制流动人口出生性别比的失衡，应建立区域协作机制，形成"人口流出区与流入区相互协作""重点区域一盘棋""全国一盘棋"的综合治理格局，把出生性别比治理工作纳入流动人口服务管理区域协作框架体系；加强流动人口出生信息的共享，明确流入地和流出地对流动人口生育管理的职责，有效掌握流动人口生育情况，制订有针对性的治理方案；在流动人口相对聚集地区和毗邻地区，联合开展宣传教育、打击"两非"、出生性别比专项治理等活动。再次，加强对重点区域流动人口出生性别比指导工作的力度。跟踪流动人口重点省份流动人群的迁移和发展趋势，对该类重点省份探索实行动态化的管理机制，制定有针对性的引导政策，促进流动人口出生性别比的下降，同时监控非重点省份，严防出生性别比的升高；明确重点人群，对生育二孩和多孩的人群，特别是流动人口和农村已婚生育一个女孩的人群，要做好孕情全程服务管理工作；通过建立全国流动人口动态监测网络，利用流动人口动态监测数据，进一步研究和探索重点区域流动人口出生性别比偏高的规律性和特点，总结地方治理的成功经验，实现全国推广。最后，探索建立更加科学的分析评价方法。鉴于流动人口的流动性，在管理和治理上都存在较大的难度，为监控流动人口性别比及各地综合治理的情况，建议利用全国的网络信息资源，依据流动人口动态监测系统的数据，制定科学的监测评估指标体系，进行多维度的量化分析后，对流出地、流入地有针对性地制定多项考核指标，判断人口出生情况发展趋势，为下一步制定有效可行的政策提供有效依据和支持。

（3）继续完善人口生育政策。生育政策随着时代的发展变化而变化，生育政策应当适时调整完善。需要继续生育政策的改革，全面二孩生育政策虽然有助于在一定程度上提升超低生育水平，但这只不过是有限的生育权限政策改革，生不生还是未知数。这是因为生育文化、生育观念先于生育政策、生育权限发生了变革。要充分挖掘全面二孩生育政策的效能，就必须配套实施人口宣传政策、生育权限政策、生育服务政策和生育福利政策。生育政策改革实际上是牵一发而动全身的系统性社会变革过程。中国自实行计划生育基本国策以来，从来都没有执行过一成不变的生育政策，总是在特定的历史背景和人口的国情基础上，尊重规律、与时俱进、审慎决策、动态完善，才有了现在比较完善的计划生育政策体系。随着时间的推移，原来实行的生育政策的一些负面效应也开始逐步显现出来，这些问题仍然需要通过完善政策加以解决。当前运行的最新全面二孩生育政策仍然存在一定的问题，生育政策产生的城乡效应差异比较大。具体表现为"城市生不起，农村生不够"的不均衡问题。全面二孩生育政策坚持了生育公平的原则，取消以往在身份地位、民族及地区等方面的差异，但是全面二孩生育政策放开以后，对城市和农村的影响效果差异比较大，在城市因为孩子的抚养成本过高导致很多城市生育水平并没有因此而急剧上升，也没有出现很多专家预测的生育反弹现象，但是在农村全面二孩生育政策放开后几乎所有的家庭都兑现，而且还有一部分家庭曲解了全面二孩生育政策，将其理解为"完全放开生育"、想生几个就生几个、国家生育政策已经不管了等很多生育政策误区，因此针对新出现的问题生育政策还需进一步完善。

（4）进一步完善生育政策相关配套政策。生育政策的调整比较复杂，涉及面非常宽泛，与相关政策的衔接和兼容则更是很复杂的事情，因此，在生育政策调整过程中，需要进一步加强相关问题的调查分析，完善生育配套政策。

目　录

第 1 章

绪　论

　　2010 年全国第六次人口普查数据显示，中国流动人口总量已超过 2.21 亿，改革开放以来流动人口数量增长较快，2019 年中国流动人口的数量已经达到 2.44 亿，占全国总人口的 18% 左右（王培安，2019）。但是自 2010 年以来，流动人口规模增速有所减慢，年均增长率大约只有 2%，并且从 2015 年开始进入从增速递减到规模递减的转折时期（段成荣等，2019）。流动人口数量在 2014 年及以前一直持续增长，从 2015 年开始下降，中国经历了 30 多年的快速城镇化发展以后，流动人口规模在 2015 年首次出现了逆转性的变化，"十二五"期间前四年流动人口保持了高速增长，而在"十二五"后期至"十三五"期间，流动人口处于逐年递减的趋势。国家统计局数据显示，2015 年末全国流动人口数量为 2.47 亿，比 2014 年减少了 568 万人，2016 年和 2017 年的流动人口规模分别在前一年的基础上减少大约 100 万人，在经历了快速增长之后逐步进入调整时期。2015 年是中国自 20 世纪 80 年代以来流动人口持续增长中出现的首次下降，这是中国流动人口发展过程的转折性事件，具有重要的社会意义。针对这一结果，政府部门和有关人口学专家展开了深入的讨论和分析。刚开始，有关流动人口规模递减并没有得出一致的结论，一部分人认为这是中国流动人口发展的转折阶段，是中国流动人口发展的一种规律，但也有人认为这是中国流动人口规模的偶然性变化，而不是未来的发展变化趋势。可是，连续四年的流动人口数据得以证明，中国流动人口规模递减并非偶然性的因素所导致的波动性变化，而将成为中国流动人口发展的一种新趋势。中国流动人口已经进入稳定发展时期，尽管未来流动人口可能会出现一定幅度的下降，但是流动人口规模依然庞大，在庞大的流动人口群体中，年轻的流动人口占据了主体，处于人口再生产的旺盛期，而且 15～29 岁的流动人口中女性占据了优势，她们在流动期间面临的生育问题较为突出。

　　过去近 40 年的城市流动人口规模迅速上升，而且受城乡区域经济发展不平衡、乡镇企业的兴起和户籍制度改革的影响，大规模的农村剩余劳动力人口不断地向城市涌入，农村人口流入城市的流动人口以青年人居多，大多处于结婚和生育的高峰期。然而，因农村流动人口户籍所在地与经常居住地的长期分离，流动人口具有与城市居民和农村居民不同的生育选择，身份的二重性导致流动人口生育状况具有自身独特的特点。流动人口独特的"身份"使他们的生育意愿既不同于农村环境中的传统生育意愿，也与城市现代生育意愿具有较大的差异，处于城乡之间的一种"中间过渡"形态。由于中国当前的流动人口性别结构已逐渐趋于均衡，女性流动人口越来越普遍，男性流动人口多于女性的局面渐渐发生扭转，在 15～39 岁的青壮劳动力年龄组中，女性流动人口数量甚至超过男性。流动人口正处于育龄阶段，其中占半数的女性流动人口本身也是育龄妇女，而且流动人口多是青壮年，处于人口再生产的旺盛期，生育需求比较强烈。因此，流动人口的生育水平一直受到计划生育主管部门和社会各界的特别关注，深入了解中国当前流动育龄妇女的生育意愿及生育行为，有助于改善流动人口的生殖健康服务状况，提高卫生计生服务部门的工作效率和服务质量。然而，学术界针对流动人口生育意愿和生育行为的研究并不深入，关于流动人口生育水平的高低至今也尚无定论。过去计划生育政策比较严厉的时代，个别农民为了躲避计划生育而到外地生育，于是很多人认为流动人口其实是为了多生育，这类群体的生育数量往往较多，生育水平偏高。但是，现如今由于流动人口在地理空间上的隔离性和居住时间的长期性，导致一部分流动家庭夫妻长期分居，聚少离多，加上流动人口自身为了减少自我提升的阻力，并不愿意多生孩子，即便全面二孩生育政策放开，仍有很多人不愿意生育孩子，认为生育孩子需要投入巨大的时间成本和机会成本。因此，在中国发生了一系列的社会经济变化以后，进一步对流动人口生育状况进行思考和分析，从生育意愿的角度出发，对刚进入人口迁移转变的调整稳定时期的流动人口生育意愿与行为进行相关研究，掌握稳定期下的中国流动人口生育意愿和生育行为的基本特征和发展变化规律，具有重要的理论价值和现实意义。

1.1 研究背景与意义

1.1.1 研究背景

改革开放以后，中国经济体制逐渐由计划经济向市场经济转变，在市场经济浪潮的拉力作用下，中国劳动力人口的就业方式、生活方式和价值观念都发生了深刻的变化。社会转型与经济体制转轨对人口领域的各个方面也必然会产生不同程度的影响。其中对生育的影响不可小觑。大规模、长时间、远距离的人口迁移流动开始出现，几乎对人们的所有领域都产生了重大的影响。目前中国流动人口正处于代际转换的关键时刻，许多"60后"的老一代流动人口逐渐退出，"80后"、"90后"甚至"00后"的新生代流动人口异军突起。青壮年劳动力人口是流动人口的主体，15～49 岁青壮年劳动适龄人口占流动人口的 70% 左右，25～29 岁是进入城镇的峰值年龄组，占流动人口的 20 %，流动人口的年龄结构比城镇和农村常住人口都要年轻[①]。而且像轻纺、电子和服务业等一些比较适合女性就业的劳动力市场对女性劳动力的需求也日益增加。国家统计局的数据显示，2014 年末全国流动人口数量为 2.53 亿，超过全国总人口的 15%，大约有 70%的流动人口来自农村，约占农村劳动力总量的 30%。其中，女性约占农村流动人口的 1/3，而且农村女性流动人口增加的速度远远超过农村男性[②]。这些年轻的女性劳动力人口刚开始在流入地可能没有明确的婚育动机，但是随着在流入地工作时间的长久化，以及经济基础条件的改善和地理环境的日趋适应，更多的育龄流动人口开始考虑追求"落地"发展，在流入地城市结婚成家、生儿育女。至此，流动人口的生育问题开始暴露出来[③]，而且有可能面临着更多的生育问题。

成家和立业是人生需要完成的两大任务，几乎是整个青年期（18～35

---

① 胡英．从农村向城镇流动人口的特征分析 [J]．人口研究，2001（6）：9-15.

② 统计局．2014 年末全国人口 13.6 亿流动人口 2.53 亿 [EB/OL]．（2015-08-03）[2016-09-05]．http：//www.cankaoxiaoxi.com/china/20150803/885033.shtml.

③ 朱正贵，陈苏兰．农村流动人口婚育问题刍议 [J]．人口学刊，1998（1）：61-65.

岁）的全部内容。相关研究表明，处于生育旺盛期（20~29 岁）的流动育龄妇女占育龄妇女总量的一半以上，比全国平均水平高 21 个百分点，流动人口潜伏着巨大的生育力（陈颐和叶文振，2009）。对于当前大规模的进城务工青年来说，仍然不能摆脱成家与立业这两大任务。随着中国流动人口规模的扩大与流动人口的代际结构逐渐更替演化，其婚育行为将成为中国流动人口婚姻研究的热点问题，吸引着越来越多的中外学者及社会服务管理部门的人员进行研究和探讨。虽然这些农村外出务工青年进城主要是经济利益驱动，但无论他们是否意识到，无论他们是否做好了充分的心理准备，也无论他们是否已经将其作为进城的动机与目标之一，青年流动人口的生育行为已经自然而然地出现在流动生涯之中，与流动人口发展问题息息相关。①从农村流动到城市的外来流动人口随着职业、生活环境和生活方式的改变，生育观念与行为也将发生改变。可是由于 20 世纪 50 年代开始实行的城乡二元户籍制度隔离，一页特殊的户籍纸张在原本平等的公民间建立起一个不可跨越的鸿沟，这种城乡区隔的封闭状态一直持续到 20 世纪 80 年代中后期才发生转变，自此以后农民才可以自由地出入城市。从农村进入城市的农民往往会在观念和行为方式上受到来自城市社会的巨大冲击，再加上流动人口具有强烈的不稳定性，职业变更频繁，居无定所，从而在观念和行为方式上既不同于城市非农业户籍人口，也有别于流出地的农业人口。他们从农村流动出来，受农耕文化的影响极深，制度和文化的双重作用导致了流动人口身在其中却心在家乡，自身的主观原因和流入地的客观限制阻碍了他们真正融入城市。流动人口大多处于城乡社会的边缘，最终形成了对城、乡两种文化的双重不适应，长期游离于农村和城市之外。这个特殊的群体的年龄结构明显偏年轻，早期的流动人口中女性少于男性的局势已经得到了扭转，15~39 岁的青壮年流动人口中女性已经多于男性（段成荣等，2008）。女性流动人口中，15~49 岁的育龄妇女占九成以上（梁海艳，2016）。这个年龄段恰逢女性婚嫁的黄金时期，对于未婚女性来说主要考虑的是择偶成婚，对于已婚女性来说则面临着生育的问题，尤其是在全面二孩生育政策放开以后，可能更多的流动人口面临着在流动期间生育的问题，在这种大流动的社会背景下，她们的生育观念、生育意愿和

---

① 风笑天. 农村外出打工青年的婚姻与家庭：一个值得重视的研究领域 [J]. 人口研究，2006（1）：57-60.

生育行为在外出流动前后是否发生了变化？具体是怎样的变化？哪些因素影响了流动人口生育意愿和生育行为？这些变化将会产生什么样的影响？这一系列的问题都值得关注，本书将对其展开深入、全面的分析。

1.1.2　研究意义

改革开放以来，尤其是进入 21 世纪以后，在中国的很多农村地区都出现了大规模的农民迁移流动，每年春节过后都有大量的农村劳动力向城市流动，对中国的农村与城市的人口、社会、经济、政治、文化、生态环境等诸多方面带来了深刻的影响。中国的人口迁移流动对人口本身的影响程度已经远远超过人口的出生和死亡，成为影响中国人口变动的主要因素。人口迁移流动在中国社会经济发展过程中占有越来越重要的地位，城市农民工向农村的汇款已变成农村经济的重要来源甚至唯一来源，城市的工业、商业、服务业发展离不开外来流入人口，农民工的消费需求也为城市经济带来了活力。流动人口无论对农村还是城市的经济发展都做出了无可替代的贡献，人口迁移流动已成为一种常态，打工经济已成为中国农村经济的重要来源。中国农村地区的婚丧嫁娶和起房盖屋等很多有仪式感的事件多与打工经济息息相关，外出务工改变了中国农村社会的经济面貌。

1.1.2.1　理论意义

当前，无论是国际还是国内，都已经进入了低生育时代，有些国家甚至已经进入了超低生育率时代，总和生育率水平长时期低于更替水平。根据 2000 年第五次全国人口普查数据计算发现，中国总和生育率（TFR）只有 1.22。另据 2010 年第六次全国人口普查数据计算，总和生育率进一步降低到 1.18。相关研究利用国家的人口统计数据计算显示，2015 年中国育龄妇女的总和生育率仅为 1.047，超低生育率已对中国的社会经济发展产生诸多负面影响（赵梦洁，2017）。中国的生育率水平远远低于国际公认的人口世代更替水平，尽管近年来有研究发现中国的总和生育率有所回升，陈卫等（2019）利用 2017 年的全国生育状况抽样调查数据计算认为，中国近期的生育水平基本处在 1.6 以上，2017 年中国的总和生育率为 1.719。即便近年来的生育水平有所回升，但是仍然在更替水平以下，中国进入低生育水平国家行列已是不争的事实。另外，人们生育孩子的目的已从传统的传宗接代向感情需求过渡，生育需求从过去的数量型向现代的素质型转变，生育和抚养一个孩子的经济成本和机会成本较高，需要付出很多精力。从家庭理性选择的角度来看，多生孩子并不是一种理智的选择，低生育率成为全世界人口发展的总体趋势。但由于流动人口大多来自农村，传统的生育观念根深蒂固，虽然在生育数量和生育时间上发生了显著的变化，但是在生育性别上的男性偏好依然严重，并没有随着人口迁移流动而改变，流动育龄群体的生殖健康意识并不高，在流入地城市的生育服务需求没有得到满足。当前的社会生育观念尚未完全统一和固化，流动人口管理难度较大，在流动人口聚集地区，做好流动人口的生育及发展问题研究，准确把握流动人口的生育需求和生育意愿，及时掌握流动人口发展动向和变化规律，提高面向流动人口的公共服务能力和水平，增强城市在新型城镇化背景下对人口的聚集力和竞争力，促进人口与城市和谐发展，提升城市的发展活力与潜力，对于社会良性运行和可持续发展具有重要的理论指导意义。

流动人口的生育意愿与生育行为之间的关系如何？生育意愿到底是高于生育行为还是低于生育行为？生育意愿和生育行为是背离还是一致抑或两者均存在？选择模式是偏向于发达国家的模式，还是偏向于发展中国家的模式，或者是有中国自身独特的发展规律？就中国内部的人口而言，流动人口与非流动的农村人口、城市户籍人口相比，生育意愿和生育行为是否存在差别？不同时期的流动人口生育意愿有何变化？本书将时间因素引入流动人口生育意愿模型进行分析，着重考察时间因素与流动人口生育意愿的关联，通过比较不同代际之间的流动人口生育意愿，分析流动人口在人口再生产方面意愿的传承与发展，展示流动人口生育意愿、生育行为的历时性发展，这对于流动人口研究具有较高的学术价值。是什么原因造成的差别？对这些问题的梳理和思考，不仅对中国政府决策具有非常现实的意义，也是一个生育意愿研究领域众多学者面临的认识论的问题，对推动流动人口相关领域的研究具有重要的学术价值。中国自 20 世纪 70 年代以来，人口生育政策不断地进行调整和完善，主要经历了提倡一对夫妇"只生一个孩子"、"农村一孩半政策"、"夫妻双方均为独生子女可生育二孩"（双独二孩）、"夫妻一方独生子女可生育二孩"（单独二孩）及目前运行的全面二孩生育政策等多个阶段。实际上中国每一次生育政策的调整都离不开对群众，尤其是育龄妇女的生育意愿和生育行为的调查统计和分析论证。尽管人们的实际生育行为、生育水平与生育意愿之间可能存在一定程度的偏离，但是我们可以通过对生育意愿的调查与分析，深入、全面地了解当前城乡居民的生育需求、生育意愿和影响生育行为的人口与经济因素,这为准确判断新时期的中国在未来一段时期的出生率提供了重要的理论依据。当前中国正处于全面二孩生育政策运行的起步阶段,非常有必要对以往有关生育意愿的研究成果进行梳理。就流动人口而言,因具有较强的流动性,在考察流动人口的生育水平时也必须充分考虑到生育行为的变化性。通过对流动人口生育意愿及其影响因素的归纳整理,归纳总结中国新生育政策背景下的流动人口的生育意愿特点及其发展变化,有助于中国人口摆脱部分人士认为的"低生育陷阱"①,为未来流动人口的生育、医疗、就业、教育等做好规划,优化人口结构。本书在现有研究成果的基础上进行深入挖掘,以中国流动人口为研究对象,并结合全面放开二孩政策这一新的人口生育政策,分析流动人口的生育意愿及其影响因素,以丰富和完善中国流动人口的生育意愿研究。生育意愿是人们关于生育行为的主观认知,只有了解深层次的主观生育意愿,才能更好地理解生育行为和生育偏好,其从某种程度上决定着一个国家和地区的生育水平和人口发展变化趋势。科学、正确地把握和判断人口生育水平,首先必须要考察人们的生育行为,而生育行为又与人们的生育意愿有着密切的联系,因此对中国流动人口的生育意愿进行研究,可以更好地把握未来中国流动人口的变动趋势。

1.1.2.2 现实意义

当今社会追求服务均等化、发展成果共享化,城镇基本公共服务正在向包含流动人口在内的常住人口覆盖,但是长期生活在城市的流动人口婚育行为与当地户籍人口相比有显著差异性,流动人口虽然迁移到城市从事一些有报酬的商业经济活动,但他们的婚姻与家庭生活和城市户籍地人口相比有着明显的不同,最为直观的表现就是流动人口在结婚和生育的时机选择上具有较大的差异,加强对流动人口群体的全面认识可以为城市发展奠定良好的基础。本书以正处于婚育黄金时期的流动人口为研究对象。流动人口作为学术界高度关注的一个社会群体,不仅有着自己特殊的身份,也有着差别化的需求,其生育行为不仅是每个人生命历程中的重大事件,也从社会层面对流入地产生了很大的影响。尤其是 2016 年中国全面二孩生

---

① 低生育率陷阱是指人口老龄化进程日趋加快,少子化程度超过老龄化;0~14 岁人口绝对数量和占比较低。因此,有专家认为中国已经掉进了"少子老龄化陷阱"或者说"超低生育率陷阱",TFR=1.5 是超低生育率陷阱的临界值,但该值只有参考意义,没有实际意义。

育政策放开以后，对约占中国总人口 1/6 的流动人口的影响也非常深远。

流动人口对流入地的经济、社会发展有着重要的推动作用，但同时也给流入地社会的生育管理、医疗服务及基础教育等社会基本公共服务带来资源紧张、服务不足等一系列问题和挑战，必须积极采取应对措施。生育政策调整必将会对流动人口的生育意愿、生育决策和生育行为造成影响，而这些变化反过来也会对他们的迁移流动决策造成影响，是生完孩子后外出流动，还是在流入地生完孩子再回来已成为很多年轻流动人口不得不思考的问题。流动人口的不同决策将会带来不同的健康服务需求。为了节约国家的社会经济资源，提高政府的公共服务效益，探寻新时期的中国流动人口生育意愿、生育行为的基本特征及其发展需求变化趋势，在研究流动人口生育意愿的基础上进一步探寻其影响因素，有助于相关部门在现有的基础上及时调整有关政策和措施，引导流动人口生育行为，加强流动人口服务管理。把握流动人口生育意愿的现状及其变化对于中国流动人口的管理工作也具有较强的社会政策意义。

尽管 2015 年以后的中国流动人口规模在缓慢递减，但是流动人口的绝对数量仍然非常庞大，当前中国仍然有 2 亿多的流动人口，占常住人口的1/6 多。中国流动人口在很大程度上代表着一个新兴的群体，处于育龄期的流动人口占比较高，生育需求旺盛。流动人口群体的生育是整个社会生育不可忽视的重要组成部分，可是由于社会制度、经济等因素的制约，中国流动人口的就业稳定性不高，工作变换频繁，居无定所，具有很强的流动性，加之部分流动人口故意回避人口计划生育服务管理，造成了各流入地城市管理部门很难掌握流动人口的真实生育情况，也无法满足她们的生育服务需求，流动人口的卫生计生服务长期处于被动之中。全面二孩生育政策的放开给流动人口聚集地的生育管理及相关社会公共服务工作带来了新的挑战，对社会经济发展有着重要影响，深入分析流动人口生育问题，逐步优化针对流动人口的生育管理和服务工作，对全面落实全面二孩生育政策，促进人口与社会和谐发展具有重要的现实意义。进一步弄清楚流动人口群体的生育行为的基本特征和发展需求变化，有助于更好地为他们提供服务。通过对生育意愿的研究，可以更好地了解人们的生育行为，进而才能根据人们的生育意愿和生育行为制定符合生育需求相应的政策，并改进一些不相匹配的政策措施。生育意愿与生育决策行为之间有着密切的联系，不同的生育意愿将会导致不同的生育结果，合理、均衡的生育意愿对保持均衡的人口结构、较高的人口素质及与之相伴的社会和谐稳定有着巨大的影响。对流动人口的生育意愿和生育行为进行分析，有助于我们了解和把握流动人口的生育观念及未来生育率的可能走向，从而可以对全国的人口发展有一个更为全面的认识。

1.2 国内外研究综述

人口迁移流动是国内外学术界都比较关注的热点问题。人口迁移流动对社会经济发展带来了巨大的影响，其中对生育行为的影响在人口学领域一直备受关注。国内外学术界在此领域形成了一些比较经典的成熟的理论。国外通过大量的研究，发现育龄妇女的迁移流动通常会带来较低的生育率水平。但也有一些研究与上述研究不相吻合，得出了一些新的研究结论，即不同代际的移民的迁移流动经历对生育行为的影响差异比较大，第一代迁移妇女的生育水平与原居住地没有迁移妇女的生育水平接近。对于上述现象学者们给出了多种理论解释，如关系中断理论、社会适应理论、社会融合理论、个体选择理论及迁移传播扩散理论等，这些理论在后面理论基础部分进行详细的介绍。

在国内学术界，针对流动人口的生育问题也形成了两种截然不同的理论观点：第一种观点是"多生论"。该观点认为，流动人口因在流入地和流出地之间巡回流动，不利于人口计划生育管理，生育行为容易失控，流动人口的计划外生育特征比较明显，流动人口的生育水平比流入地的城市和流出地的农村都要高。持此种观点的代表性人物有高春凤等（2009）、张文娟（2009）、武俊青等（2008）。第二种观点是"少生论"。持这种观点的专家学者大多受到西方迁移理论的影响，认为人口迁移流动会抑制妇女的生育行为，降低育龄妇女的生育水平。迁移妇女的平均生育子女数明显低于农村非迁移妇女的平均生育子女数（杨子慧，1991），代表性人物有周祖根（1993）、陈卫等（2006）、尤丹珍等（2002）、陈颐（2008）。这些研究成果都认为，人口迁移流动对促进生育水平下降发挥了积极作用。

1.2.1 国外研究综述

生育意愿属于人口学的重要研究内容之一，国际上对人口生育意愿的研究成果较为丰富，西方人口学家对生育意愿的关注点主要集中在数量和性别偏好方面，并强调生育孩子带来的经济意义。如莱宾斯坦的边际孩子合理选择理论、贝克尔的数量质量替代理论、伊斯特林的生育率决定的供给—需求理论模型、摩尔的生育功能理论、戴维斯和布莱克的中介变量理论、弗里德曼提出的小家庭的生活方式与生育下降的关系、考德威尔的财富流理论、杜蒙特的社会毛细血管理论等都对人们的生育意愿进行了全面的分析。但是专门针对移民的生育意愿的研究相对较少。

1.2.1.1 人口迁移流动对生育意愿的影响研究

自 20 世纪 90 年代世界人口进入了低生育水平之后，西方人口学者对低生育率的影响因素进行了大量研究[1][2][3]。"意愿"在英文单词中有两种表达，即"Intention"和"Desire"。其中，"Intention"用来表达人们有无下一个孩子的生育想法，而"Desire"用来表达其真实的意愿生育数量（Goldstein J. R.，2003）。Bongaarts（2001）提出了低生育率的影响因素模型，第一次将意愿生育数量（Intended Family Size）作为比较基准，定量分析了从生育意愿到生育行为实现过程中的各种影响因素，包括非意愿生育、替代效应和性别偏好及一些抑制性的因素，如进度效应、不孕效应和竞争效应。国际上一般采用理想子女数（Ideal Kid Number）或理想家庭规模（Intended Family Size）来对生育意愿进行测量[4][5]。生育观念是一种意识形态，是人们关于生育问题的具体看法、认知态度和价值倾向，直接支配和制约

① Bongaarts J. Fertility and Reproductive Preferences in Post-transitional Societies [A]. R. A. Bulatao, J. B. Casterline (eds.). Global Fertility Transition [C]. New York: Population Council, 2001: 260-281.

② Bongaarts J. The End of the Fertility Transition in the Developed World [J]. Population and Development Review, 2002 (28): 419-443.

③ Morgan, S. P. Is Low Fertility a Twenty-first-century Demographic Crisis? [J]. Demography, 2003, 40 (4): 589-603.

④ Hagewen, Morgan. Intended and Ideal Family Size in the United States, 1970-2002 [J]. Population and Development Review, 2005, 31 (3): 507-527.

⑤ Morgan S. P., Rackin H. The Correspondence between Fertility Intentions and Behavior in the United States [J]. Population and Development Review, 2010, 36 (1): 91-118.

着人们的生育行为，属于生育意愿的一个方面。从农村进入城镇的外来流动人口，随着在城市长时间的工作和居住，生活环境和生活方式发生改变，逐渐被城市文化同化，生育观念也发生了潜移默化的改变（Goldstein et al.，1997）。生命历程中出现的一些重大事件很有可能导致生育意愿的改变（Weston et al.，2004）。农村人口的乡城流动对其自身的行为产生了重要的影响，他们从农村迁移流动进入城市，这一过程必然会对其生育意愿与生育行为产生一定的影响。

国外有关学者对发展中国家人口的生育意愿进行分析后发现，人们的生育意愿是决定其生育行为变化的重要因素之一（Pritchett，1994）。生育意愿和生育行为具有高度的一致性，但也存在背离的现象，而且发达国家和发展中国家人口的生育意愿和生育行为的背离有着不同的规律，生育意愿高于生育水平主要是因为生育时间的推迟、非自愿的不孕不育和竞争性因素，而生育意愿低于实际生育水平主要是非意愿生育、孩子的死亡替代和性别偏好因素所导致的（Bongaarts，2001）。实际上，育龄妇女从生育意愿到生育行为是一个逐步转化和递进的过程，大体上表现出如下过程：生育动机→生育意愿→生育打算→生育行为→生育率（Miller and Pasta，1995）。无论是生育意愿还是生育行为，都可以从性别、数量和生育时间这三个维度展开讨论。

一是生育性别偏好。国外针对生育性别偏好的研究最早始于美国温斯顿的计划生育与性别偏好调查。早在1984年，由美国东西方中心人口所、加利福尼亚大学人口学研究生班和新加坡国立大学社会学系合作，在亚洲七个国家和地区及美国进行了一次性别偏好比较研究（汤少梅，2010）。这是国际上有关生育性别研究较早的调查。对于像中国、印度这些男孩偏好比较明显的国家，即使他们迁入一些不存在男孩偏好的国家，这些移民所生育孩子的性别比仍然会高于迁入国的平均水平，这一现象可以用移民文化传统维系来解释（Almond D.，Edlund L.，Milligan K.，2009；Almond D.，Edlund L.，2008）。具有较强男孩偏好意识的农村人口流入城镇后，生育观念与生育行为很难迅速发生转变，传统的性别偏好观念对城镇地区出生性别比产生影响（Goldstein et al.，1982）。虽然农村流动人口由于身份和经济地位等方面在流动入地城市大多处于弱势，但是随着流动人口在流入地居住时间的不断延长，这种弱势地位会发生一定程度的扭转，在城镇社会融合的过程中，生育观念与行为也会发生相应的转变，出生人口性别比有望降低（Kim，Yun Young，1985）。区域差异也可能是影响意愿性别比的一个因素。因为不同地理区域内的文化观念、风俗习俗、地理环境与社会经济政策等因素会存在较大的差异，这些因素会影响流入人口对城镇生育文化的适应，从而对生育性别产生影响（Sam D. L.，Berry W. J.，1995）。流动人口在城市的生育观念与行为转变强度在很大程度上取决于他们接触城镇社会文化的广度和深度（Griflith James，Sandra Villavicencio，1985），社会适应对流动人口性别比的影响也不可忽视。因为男孩的婚姻支出成本要高于女孩，考虑到家庭的资源有限，而养育男孩又需要花费更多的成本，因此，如果现有的子女性别结构能够满足传统的男孩偏好，流动人口的生育意愿就会降低，甚至停止生育（Brown et al.，2011）。

二是生育数量偏好。城市化研究的开创者韦伯（Weber）很早就发现，城市越大，性别比越高，同年龄段的结婚率下降（A. F. Weber，1899）。不同规模城市之间经济发达程度、教育水平、收入水平等方面都存在差异，这些方面又影响着人口生育行为的变化，也就意味着城市发展规模对人们生育意愿的改变存在差异，不同规模和级别的城市在养育孩子成本、收入等方面不同，对流动人口的吸引力也不同。从地理范围上讲，城市规模越大，吸引流动人口的范围就越大，小城镇只吸引周边乡村的人（布莱恩·贝利，2010）。Andersson（2004）分析了瑞典1960~1990年的外国移民女性，结果发现在刚到移居地的一段时间内，外来移民倾向于具有较高的生育率。国外许多有关发达国家的研究表明，女性劳动力人口参与会造成生育数量的下降（Bloom D. E.，Canning D.，Fink G.，2009）。Leeibenstein（1974）总结了边际孩子合理选择理论，每生育一个孩子会给父母带来很多的益处，包括精神上的和物质上的，但同样的每养育一个孩子父母都要付出一定的费用和心血。Becker（1976）在生育经济理论中阐述了家庭收入对生育意愿的影响程度，发现家庭越富有，生育孩子的意愿越低，这些家庭考虑的不是孩子的数量，而是孩子的培养质量。

三是生育时间（间隔）。个体的生育时间可以用生育间隔（或胎次）来测量，其平均值可以反映人口群体的生育密度水平。总体的平均生育间隔通常可以按不同孩次来计算。当前对于生育时间的研究一般通过初育（婚生）间隔和一孩与二孩生育间隔来考察。生育间隔除了因孩次不同外，还存在着明显的地区差异（郭志刚和李剑钊，2006）。育龄妇女的生育间隔与孩子的死亡率存在明显的负相关作用，间隔时间越长，孩子的死亡率越低

（Rutstein，2008）。较长的生育间隔使母亲可以更好地促进已有孩子的发展
（Jones N. B.，1986；Alamn，1995）。

国外有关生育意愿的调查除了生育子女的数量、性别和生育时间这三
个方面以外，还包括对生育意愿的强度及相关的感觉等的测量（Thomson and
Brandreth,1995）。但这些测量指标在中国这一特定背景下的可靠性和有效性
还有待验证（尤丹珍和郑真真，2002）。

1.2.1.2 流动人口的生育水平研究

人口迁移流动与生育都是生命历程中的两个非常重要的行为，两者是
相互作用的。一方面，人口迁移流动会影响生育行为、生育决策；另一方
面，生育意愿、生育行为反过来也会影响人口迁移决策、迁移选择。生育
行为对人口迁移流动的影响作用在女性群体身上表现得更加明显。西方的
家庭经济学理论认为，人口迁移流动虽然增加了农村女性的经济收入，但
同时也增加了她们养育子女的机会成本，会失去陪伴孩子的最好时机。育
龄妇女生育子女对女性的外出迁移流动有一定的阻碍（Gary Stanley Becker，
2005）。但是人口迁移流动对生育的影响，由于参照的标准不同，得出的结
论也可能不完全一致，如果和流出地比较，众多的研究结果均已表明，人
口从农村地区流动到相对发达的城市地区，或者是从发展中国家迁移到发
达国家，其生育水平通常要低于原居住地（Goldstein，1973；Hervitz，
1985；Lee and Pol，1993；Brockerhoff，1998），人口迁移流动具有阻碍生育
的作用效果。但是如果和流入地的生育水平相比，迁移流动妇女，尤其是
第一代移民的生育水平明显比迁入地的水平高（Goldberg，1959；Kahn，
1994）。实际上，人口迁移流动对不同群体的生育水平下降的影响作用是不
相同的（Xie，Brand and Jann，2012；Xie，2013）。

1.2.1.3 生育意愿的影响因素研究

生育意愿是多种因素综合作用的结果（Weston et al.，2004），影响生
育意愿的因素比较多，包括年龄（Reimondos，2009）、婚姻状况（Mitchell，
2007）、生育经历（Lacovou，2002）、职业和收入等（McDonald P.，2000）。
总之，国外关于生育意愿的分析主要从理论上进行归纳总结，提出了一些
比较经典的流动人口生育理论，而实证分析的研究相对较少，在实证分析
中主要涉及的是有关生育意愿的影响因素分析，西方国家由于没有实行计
划生育政策，因此有关计划生育政策和生育意愿、生育行为的关系研究非

常少，讨论的也是中国的问题。国外的研究现状与国内的研究形成了鲜明的对比。

1.2.2 国内研究综述

国内对于流动人口生育意愿和生育行为的研究始于 20 世纪 80 年代后期，随着时代的发展变迁，国内有关生育意愿的研究也逐渐丰富起来，生育意愿所讨论和分析的维度也在不断增多，生育意愿的内涵和外延都发生了明显的变化，具体如表 1-1 所示。

表 1-1 生育意愿研究内涵变化维度

维度[①]	一维	二维	三维	四维
内容	愿望/追求/态度/看法	数量+性别	数量+性别+时间	数量+时间+性别+素质（或动机）
代表人物	徐天琪和叶振东（1994）、赵景辉（1997）	杨瑛等（2002）、侯佳伟等（2014）	风笑天和张青松（2002）、贾志科（2015）、谭克俭（2004）	谭克俭（2004）、贾志科（2009）、姚从容（2010）、靳永爱等（2016）

资料来源：根据中国知网数据库下载的文献整理。

随着时代的不断发展变化，人们的生育观念也会发生相应的变化，人们有关生育问题、生育规律的认识也更加深刻，生育意愿概念包含的维度也在不断地增加。一般来说，生育意愿直接影响生育行为，但是生育意愿对生育行为的影响是非线性的，而且生育意愿对每个孩次的影响不一样，一般来说对高孩次的影响最强（傅崇辉和向炜，2005）。王平权（1996）认为，中国流动人口的生育水平从总体上看农村迁移妇女的生育水平介于城镇和农村之间。城市中的流动人口从流出地的地域上来看，以农村地区的流出人口为主，几乎 80%以上的流动人口来自农村，而城镇非农业流动人口比较少。结婚生子是每一个人的重要生命历程，对于流动人口也不例外，人口迁移流动对婚育意愿和行为都具有重要的影响。人口从农村外出流动以后，无论是生育意愿还是生育行为都更接近于流入地城市人口（姚从容

① 宋亚旭，于凌云. 我国生育意愿及其影响因素研究综述：1980～2015 [J]. 西北人口，2017，38（1）：12-18.

等，2010）。国内有关生育意愿、生育行为的研究主要集中在以下几个方面：

1.2.2.1 流动人口生育意愿研究

流动人口因为主要来自农村，其之前的身份是农民，尤其是老一代流动人口，他们的生育意愿深受农村传统社会的生活方式和相对低下的生产力水平影响。流动人口的生育意愿和农民的生育意愿较为相似。穆光宗和陈俊杰（1996）将农民生育需求分为五个层次，分别是终极意义需求、情感需求、继嗣需求、社会性需求、生存性需求。这五个层次的生育需求相互联系起来就构成了农民生育行为的内在动因。在生育态度上，一定要生；在生育性别上具有强烈的男孩偏好；在时间安排上尽可能早结婚和早生育；在生育孩子的数量需求上，如果没有男孩大多倾向于多胎生育。很多农村家庭遵循了"生男即止"的原则。目前，国内很多学者展开的相关研究大多基于以上理论框架，即生育意愿的研究主要包括生育动机分析、生育数量需求、生育时间安排和生育性别偏好，生育动机的要素由生育需求的几个层次构成。① 生育作为人类社会的一种普遍现象，同时具备了三个明显的特征，即生育数量、生育孩子的性别和生育时间（顾宝昌，1992）。

第一，生育数量偏好研究。总体上，中国育龄妇女在数量方面的生育意愿呈逐渐降低的趋势。1985 年的生育力调查数据显示，育龄妇女的意愿生育子女数为 2.40；1990 年第一期中国妇女地位调查数据显示，育龄妇女的意愿生育子女数为 2.23；2002 年全国城乡居民生育意愿调查显示，育龄妇女意愿生育子女数降低到 2.04；2007 年全国居民生育意愿社情民意调查显示，育龄妇女意愿生育子女数为 1.89；2012 年中国家庭幸福感热点问题调查显示，育龄人群平均意愿生育子女数只有 1.86（王军和王广州，2013）。有关研究利用 2017 年北方七省市的生育抽样调查数据，计算出 15～60 岁女性的平均意愿生育数为 1.65 人，愿意生两个孩子的比例最大（70.8%），愿意生育数量和理想的生育数量之间存在一定的背离，前者小于后者，主要原因是抚养孩子的经济压力过大，其次是年龄偏大（王金营等，2019）。两个孩子是多数人的理想生育数量，理想子女数并不等于自己的意愿子女数，两个孩子虽然比较理想但是自己可能并不愿意生，相比较

---

① 廖静如. 城市流动人口意愿研究综述 [J]. 社会科学战线，2013（6）：195-200.

而言，老年人由于受传统生育观念的影响比较深，她们的意愿生育子女数量通常要比年轻人的高，年轻人大多不愿意多生孩子（殷士华，2004）。生育意愿下降的趋势比较明显，但生育两个孩子仍是社会的主流生育意愿，不管是收缩的生育政策还是宽松的生育政策，大多数家庭都想要生育两个孩子。理想子女数为两个孩子的比例占绝对主导地位，在80%左右，不要孩子的家庭和想要生三孩及以上的家庭比例都非常小，两者合计不超5%（庄亚儿等，2014）。就流动人口而言，相关研究发现，人口迁移流动经历对农村人口的生育数量偏好会产生一定的影响。通常地，流动人口的生育数量偏好比农村老家的生育数量要少。与没有人口迁移流动经历的育龄妇女相比，曾经有迁移流动经历的育龄妇女想生育二孩的意愿减少了4.1%（李波平和向华丽，2010）。尤丹珍和郑真真（2002）对安徽省和四川省的农村妇女进行生育意愿的研究结果表明，在控制了年龄、受教育程度和家庭的经济水平等条件以后，人口外出流动会显著降低妇女的理想生育子女数。[①] 除了人口迁移流动经历以外，不同特征的流动人口意愿生育数量也具有显著的差异，流动人口的年龄特征、婚姻状况等因素都会影响流动人口的生育数量决策。伍海霞等（2006）对深圳市流动人口生育观念进行调查分析后发现，男性流动人口打算生育子女的数量比女性略高，再从流动人口的婚姻状况看，不同婚姻状况的意愿生育子女数也具有差异，未婚的流动人口理想生育子女数比已婚人口显著偏低。进一步分析生育数量的性别差异后发现，其主要原因是女性是生育孩子的直接承担者，女性在生育的过程中付出更多，女性从怀孕到孩子出生面临着较大风险，而且女性在养育子女上花费的时间和精力也远远超过男性，即便在孩子出生以后男性付出的精力也没有女性多。人的时间和精力是有限的，花在家庭上的时间和精力越多，相应地在工作中的投入就会受到削弱，女性承受的工作压力越大，就越不愿意在子女身上花费太多时间，这可能是大多数流动人口的选择。关于流动人口的生育数量需求，学术界也有不同的看法，如杨瑛等（1998）对上海闵行区外来流动育龄妇女的研究显示，她们仍偏向于生育较多的子女。

第二，生育性别偏好研究。学术界关于生育性别偏好的研究成果较为

---

① 尤丹珍，郑真真. 农村外出妇女的生育意愿分析——安徽、四川的实证研究 [J]. 社会学研究，2002（6）：52-62.

丰硕，主要从文化、伦理道德、经济和社会政策等视角进行分析（李翌萱，2014）。如果按照理想的子女性别生育，子女的性别比大约为 104.2（庄亚儿等，2014）。这个性别结构完全符合国际上统计的出生人口的性别比的正常值域，出生人口性别比在 103~107 都属于正常范围。中国人口受传统的生育观念影响颇深，流动人口虽然从农村进入了城市，但是早期的生活经历在他们的脑海里留下很深的印记，进入城市以后生育观念并没有及时改变，男孩偏好仍然是其生育观念的主要特征（莫丽霞，2005），重男轻女的性别偏好思想在流动人口中依然突出。流动人口的出生性别比也出现了失衡，在流动人口现有 0~14 岁儿童中，总人口性别比达到 128.08，严重超过正常范围值，在流动人口的生育过程中存在男孩偏好和非法胎儿性别鉴定情况（邓金虎和原新，2017）。谢永飞和刘衍军（2007）对广州市流动人口的生育性别偏好进行研究后发现，流动人口中存在明显的男孩偏好现象，而且这种性别偏好与生育子女数之间具有强烈的关联性，如果只允许流动人口生育一个孩子，他们的男孩偏好程度最为严重，如果流动人口的意愿生育子女数为两个，流动人口的意愿性别最接近正常，多数流动人口的性别偏好是儿女双全，无性别偏好的人口比例较低。流动人口不仅具有男孩偏好，也存在儿女双全双性别偏好，具有相同性别结构的生育意愿要高于不同性别结构的（李荣彬，2017）。虽然农村人口外出务工有利于降低流动人口的生育率（杨瑛等，2002），但是外出流动经历对于农村人口固有的男孩性别偏好并没有起到明显的弱化效应（韦艳、李树苗和费尔德曼，2005）。

在生育性别偏好方面，也有不同的研究观点。虽然男孩偏好在当前社会仍然比较突出，但是无性别偏好或女孩偏好的多元化偏好正在增多。与传统农村生育文化中普遍的男孩偏好不同的是流动人口中的女孩偏好大幅度地增加了（吴帆，2009）。尤丹珍和郑真真（2002）对安徽、四川等地农村妇女的研究发现，在子女的性别偏好上，外出流动妇女和从未外出的妇女之间没有显著的差别。刘爱玉（2005）对北京、上海等大城市的流动人口生育偏好进行研究后也发现，无论男性还是女性流动人口，他们在性别偏好上无本质的差异，两者都表现为强烈的男性偏好。农村人口流动影响了中国城镇地区生育性别比，男孩偏好相对较强的农村人口流入城镇明显导致了城镇地区出生性别比偏高，流入城镇的农村人口生育男孩的风险发生比大概比城镇非农村流入人口高出了 20%，具有显著的统计学差异，农村流入人口生育男孩的可能性更高（伍海霞、李树茁和杨绪松，2005）。农村人口外出流动后的男孩偏好观念并未随时间而明显弱化（Berry J. W.，1980）。人口迁移流动使农村人口和城市人口在生育数量偏好上不存在明显差异，但性别偏好观念依然存在显著差异（廖庆忠等，2012）。关于流动人口生育性别偏好之所以会得出截然不同的结论，可能主要与流动人口的调查地点选择不同有很大的关系。

第三，生育时间安排研究。生育时间安排具体可以使用婚育间隔（结婚与生育第一孩之间的时间间隔）、生育间隔（生育第一孩和第二孩及高孩次之间的时间间隔）等测量指标来进行衡量。生育间隔是用来测量个体生育密度的一个指标，该指标反映了婚后生育事件发生的早晚及生育各个孩次的时间间隔（郭志刚和李剑钊，2006）。20世纪90年代以来，中国总体上初婚初育时间间隔出现了波动性的扩大，并且这种变化有明显的城乡差异，城镇居民的生育间隔增长幅度比农村地区大（郭维明，2003）。但是一孩与二孩的间隔变化不一样，从时期上看，一孩与二孩的生育间隔在1970~2005年是逐年增加的，2006年后一直到现在逐渐下降。从队列的角度来看，随着女性出生队列的后移，生育间隔短的比例下降，间隔长的比例在上升（张翠玲、刘鸿雁和王晓峰，2016）。流动人口的意愿生育时间集中表现为流动人口的意愿初婚时间及意愿生育时间，是流动人口生育决策的重要内容。在意愿婚育间隔方面，几乎超过一半的流动人口希望结婚和生育之间要有一定的时间间隔，在流动人口的意愿生育间隔方面，男性认为的第一胎和第二胎之间的间隔时间比女性要短，而女性认为间隔时间应该较长一些①。生育时间间隔的性别差异可能与男性和女性在生育过程中分担的风险不同有较强的关联性，女性生育孩子面临着很大的生命风险，不愿意密集地生育孩子。靳小怡等（2005）对上海市流动人口的生育时间进行调查后分析发现，已婚流动妇女的理想婚龄比她们的实际结婚年龄通常较大，她们的平均理想婚龄明显高于实际平均婚龄，流动人口更倾向于推迟结婚、推迟生育。尽管已婚流动妇女的现代化婚育观念扭转不能再对其本身的婚育行为产生影响，但是她们的观念转变可以在返乡过程中影响农村家乡的更多的未婚青年。因此，可以看出生育观念不仅具有直接作用，还有一定

---

① 谢永飞，刘衍军. 流动人口的生育意愿及其变迁——以广州市流动人口为例 [J]. 人口与经济，2007（1）：54-57.

的间接作用，影响其他人的生育行为。伍海霞等（2006）研究认为，人口流动后的初育年龄一般会推迟，但是初育间隔通常会缩短，也就是说流动人口更倾向于初婚后短期内即生育，但是一胎与二胎生育间隔有所延长。人口外出流动对初婚年龄及一胎、二胎、三胎的生育间隔都有明显的延迟作用，证实了流动人口生育行为的中断理论（梁同贵，2016）。另外，不同胎次的生育间隔也会相互影响，一孩生育间隔越大，二孩递进生育的概率就会越小。同样，二孩生育间隔越大，三孩递进生育概率也越小。生育间隔之所以会出现这种"挤压"效应，主要是因为育龄妇女的生育期限较为有限，生育间隔大的育龄妇女剩余育龄期的时间会被压缩，年龄大的育龄妇女放弃再生育的可能性较大（梁同贵，2017）。

通过对已有文献梳理和分析发现，在人口从农村向城市迁移流动过程中，生育观念与行为都发生了明显的变化，流动人口的生育数量趋于下降，生育时间有所延迟，生育目的更加趋于现代化，注重感情的因素，而非传宗接代。流动人口与城镇户籍人口相比，在生育数量方面的偏好不存在明显的差距，都趋向于少生，但在性别偏好上仍有显著差异，农村的男性偏好比城市更加明显。

第四，生育目的或生育动机研究。人口迁移流动对生育目的也会带来一定的影响。庄渝霞（2008）对厦门市三代流动农民工进行对比分析发现，不同代际的流动人口生育目的或生育动机差异较大，年龄较大的老生代农民工选择"传宗接代"和"养儿防老"作为生育动机的比例最高，处于中生代的农民工更多集中于选择"传宗接代""增加家庭乐趣""养儿防老"，而年纪较小的新生代农民工更多地选择"增加家庭乐趣""增加夫妻感情""人生无憾和圆满"。因此可以看出，随着流动人口的代际下移，年龄越来越小，他们的生育动机也更加重视情感因素，而传宗接代和养老功能在不断弱化，流动人口的生育动机发生了较大的变化。总体上，流动人口因受到流入地城市社会、经济、文化的影响，生育动机更加趋于现代化。从生育的孩次结构来看，不同孩次的生育动机也不一样：一孩的生育动机主要是国家的政策驱动，其次是为了保证孩子的教育质量，最后是为了提高生活质量；二孩的生育动机主要是为了孩子成长过程中的陪伴，一个孩子太孤单，其次是独生子女有较高的生存风险，最后是独生子女教育比较难；三孩及以上的生育动机主要是受儿女双全观念的影响，三孩及以上的家庭现有孩子大多是单一性别，为了追求儿女双全，想通过再生育孩子来实现，其次是因为喜欢孩子，当然也有长辈的期望等因素在其中（张建武和薛继亮，2013）。虽然城市地区育龄人口的生育动机与农村地区存在较大的差异，但"传宗接代"仍然是影响人们的生育决策的主要因素（姚从容、吴帆和李建民，2010）。

第五，流动人口生育意愿的影响因素研究。生育意愿的研究具有重要的基础作用，人口学家通常会使用"意愿—行为"模型，假定个人的生育行为是由其生育意愿转化而来，生育行为决定了生育形势（邓金虎和原新，2017）。因此，我们首先通过了解个人的生育意愿，然后据此分析个人的生育行为，最终预测一个国家或区域的人口生育水平。生育意愿和生育行为之间有着密切的联系（甄洁和刘清玉，2017），但生育意愿和生育行为之间的关系并非单一的线性关系，生育意愿不能完全决定生育行为，研究发现，流动人口的生育意愿与生育行为既存在相互一致的一面，也存在相互偏离的一面。具体从生育行为的四个维度来看，生育时间、生育间隔和生育性别上两者更多地表现为相互偏离的特征，而在数量上更多地表现为一致性（张航空，2012）。前文纵向的历史比较发现，不同时代、不同代际的流动人口生育意愿在孩子数量、生育的时间和性别偏好方面具有一定的差异。不同代际的育龄妇女因为所处时代不同、心理和文化上差异显著，对生育时机、生育数量及孩子的性别都有不同的意愿（李波平和向华丽，2010）。横向上比较，不同地区的生育意愿也具有显著的区域差异，根据不同的调查地点进行分析后得出的结论也不一样。那么到底哪些因素会真正影响流动人口的生育意愿？这是本书分析的一个重要问题。

现有研究也不乏对流动人口生育意愿的影响因素的分析。首先，流动人口个体层面的因素造成，比如受教育程度、年龄、流动时间、经济状况、社会交往等众多因素都会对流动人口的生育意愿产生影响[①]。廖庆忠等（2012）研究发现，流动人口的年龄、性别、婚姻状况、受教育程度、健康状况、工作类型和居住类型等因素都会对生育意愿产生显著影响。其次，宏观的社会因素也具有重要的影响，比如人口政策和社会保障制度。在人口学研究中，影响生育意愿的因素有很多，从个体层面来看，主要包括流动人口的年龄、婚姻状况、已育孩子年龄、民族、第一个孩子的性别、是

---

① 伍海霞，李树茁，悦中山. 城镇外来农村流动人口的生育观念与行为分析——来自深圳调查的发现 [J]. 人口研究，2006（1）：61-68.

否是独生子女、人口迁移流动距离、家庭收入、受教育程度、定居意愿等，宏观层面包括流入地城市规模等级。但需要注意的是，城市规模并不会直接对流动人口的生育意愿发挥作用，城市规模与流动人口生育意愿之间的关系只是一个表象，城市规模本身并不能直接降低生育意愿，而要通过城市的经济发展水平、生活成本等要素来实现生育意愿的降低。影响流动人口生育意愿的因素主要有经济收入、流动距离、文化程度、生育观念等，这些因素造成了流动人口与城市人口的生育意愿存在一定的差别，两者虽然在生育子女数量方面没有差别，但是男孩偏好仍然比较明显（庄渝霞，2008）。人口学因素对流动人口是否生育二孩表现出显著的差异。流动人口的年龄越大，愿意生育二孩的可能性越小。第一个孩子的年龄越大，生育第二个孩子的意愿越弱，但是随着一孩年龄增加到一定程度，夫妻不生育二孩的意愿减弱的程度又开始减小，从生育意愿的性别差异来看，与男性相比，女性更不愿生育二孩。从民族差别来看，和汉族相比，少数民族更不愿生育二孩。一孩是女孩的家庭生育二孩的意愿更强烈。跨省流动的农村流动人口比省内流动的人口生育二孩意愿要强，即流动范围大的流动人口比小范围内流动的流动人口生育二孩的意愿更强烈（侯慧丽，2017）。住房公积金与在城市定居对流动人口的生育意愿产生了挤入和挤出两种相反的效应（刘一伟，2017）。大城市的房价持续高涨，导致人们的住房支付压力增强，迫使婚育行为推迟（陈淑云和彭银，2016）。

中国计划生育政策提出来以后，刚开始以控制生育数量和生育时间为主，而对性别偏好的控制程度比较弱，这也是导致意愿子女数、意愿生育时间的变迁较之意愿性别偏好的变迁更不明显的原因之一（谢永飞和刘衍军，2007）。虽然中国当前的社会保障事业正处于蓬勃的发展中，但是我们知道，这些社会保障政策大多基于户籍人口，而长居城市的流动人口基本不能享受到这些政策带来的福利待遇，社会保障政策的城乡隔离很大程度上影响了流动人口在城市的融合度，不能排除流动人口的后顾之忧，养育孩子便是他们一项主要的担忧，比如流动人口子女在城市不能接受城市优质的教育资源，从而影响流动人口生育孩子的意愿。从个体层面来看，流动人口的受教育程度对生育意愿的影响作用也比较明显，两者大致呈反向作用关系，随着流动人口受教育文化程度的提高，流动育龄妇女生育二孩的意愿呈逐渐降低的变化特征（徐映梅和李霞，2010）。不同维度的生育意愿，影响因素也存在一定的差异。首先，理想生育数的影响因素主要有年龄、性别、成长环境、户口性质、自身文化、父母文化、住房产权情况、住房面积、照顾老人数和职业。其次，生育孩子性别意愿的影响因素主要是性别、户口性质、收入、是否独生、文化、兄妹数量、住房产权情况、住房面积、职业和单位性质（张建武和薛继亮，2013）。

1.2.2.2 流动人口的生育行为研究

生育行为有广义和狭义之分。狭义的生育行为是指个体不受社会因素影响的受孕、怀孕和分娩生育的自然过程；而广义的生育行为则是指在一定观念和社会制度影响下，育龄妇女或夫妇对其生育年龄、生育数量和性别的选择过程，更加注重生育的社会属性（王跃生，2018）。人类的生育行为包括很多方面，生育观念、性别偏好、生育目的、理想子女数、生育方式等都是生育决策过程中不得不考虑的因素。生育行为既是一种社会现象，也是一种文化现象。人口迁移流动对生育行为的影响很复杂，生育方式是了解流动人口生育状况的一个重要方面，生育方式包括对生育地的选择、孕期检查、产后保健及生育后对避孕的选择等，流动人口采用不同的生育方式对出生率、超生数的影响也不一样（耿明，2001）。流动妇女虽然长期生活在城市，但是她们在怀孕后大多选择在家乡分娩，而且一般选择在乡级卫生院分娩，应加强基层医疗服务体系的建设，有针对性地为流动育龄妇女提供孕、产期保健咨询服务（宗占红、尹勤和李晓铭，2011）。人口迁移流动经历对减少她们的生育行为有一定的积极影响。有研究表明，流动人口第一次迁移时的年龄越低，将来生育子女数可能越少，流动人口在不同城市间迁移的次数越多，生育子女数可能越少，然而市域范围内的人口迁移流动也可能成为某些人逃避计划生育管理的重要渠道（傅崇辉和向炜，2005）。这种现象可以用"社会毛细血管学说"来进行解释，因为在现代文明社会中，人们为了提高自己的社会地位，就像液体沿着毛细血管上升一样，为了减轻自己上升的负担，特别要减少生育以减轻养育子女的负担，从而导致生育率下降（李竞能，1992）。Arsene Dumont 提出的"社会毛细血管论"指出，不同社会阶层的人可能愿意生育的程度不同，一般情况下，所处的地位越高，愿意生育的越少，个人有提高自身在社会等级中的地位的欲望。相关学者利用 2016 年天津市流动人口动态监测数据，对天津市流动人口的生育行为进行分析，结果发现，54.99% 的流动人口只有一个孩子，32.12% 的有两个孩子，3.21% 的有三个及以上孩子。在计划生育政策实施后，流动家庭孩子数量虽有起伏，但是稳定下降为 1，流动人口的生育率已经稳定保持在低水平（王晓宇、原新和韩昱洁，2018）。此外，还有相关研究发现，迁移流动经历的影响也非常大，和农村中没有外出流动的育龄妇女生育年龄相比，流动妇女的生育年龄差不多推迟了 2 岁，其主要原因是农村妇女进入城市后，生活环境、生活方式和职业等方面都发生了较大的变化，这些变化直接影响了她们的生育行为，从而导致生育时间的推迟（宗占红、尹勤和李晓铭，2011）。收入、户口等个体特征也会对流动人口的初育间隔时间产生影响，女性流动人口由于就业压力，常常担心生育给事业产生负面影响，因而大多选择在婚后推迟生育（郭志刚和李剑钊，2006）。人口迁移流动对女性的影响更大，就女性流动人口而言，她们的生育期限是相对有限的，主要集中在 15～49 岁，外出流动首先推迟结婚的时间，进而使其初育时间也相应地往后延迟，因此在一定程度上缩短了最佳的生育期。而针对已婚的女性青年流动人口来说，处于流动的状态导致没有好的生育环境，如父母不在身边，不方便照顾孩子，而且流入地相比流出地生活成本较高，不适宜生育，若已生育一胎，则生育第二胎的间隔时间也会比在流出地的要长一些，生育行为更偏向于"稀疏性"的生育（周君玉，1996）。

人口迁移流动与生育行为是相互影响的过程。在众多专家、学者高度关注人口迁移流动对生育行为影响的同时，也有一部分学者研究发现了生育行为对人口迁移流动的反作用。生育安排同样会影响人口的迁移流动行为。生育是影响农村女青年是否外出流动的关键性因素，大多数女性流动人口一般在婚前选择外出务工，而结婚生育之后通常会选择回到老家，孩子 1 岁之后再选择外出，中国 2016 年实施的全面二孩生育政策并不会改变女性流动人口既有的迁移流动模式（甘春华和陆健武，2016）。此外，国内还有一些专家学者研究发现，生育子女会使农村女性劳动力的外出流动倾向下降，两者大致呈反向作用关系，即随着家庭生育子女数的增加，女性劳动力外出的可能性会减小（宋健和周宇香，2015）。这些研究结果与国外家庭经济理论、毛细血管理论等高度吻合。

1.2.2.3 人口迁移流动对生育水平的影响研究

人口从农村到城市迁移流动有助于降低育龄妇女在当期的生育概率，理想生育子女数减少，从根本上改变了家庭生育意愿，从而降低生育率

（倪国华和蔡昉，2015），人口流动不仅使人们的生育水平和生育意愿明显降低，而且还使流动人口低于更替水平的生育意愿成为常态（杨菊华，2015）。人口流动对生育水平的影响程度将会随着人口流动的形式、居住时间等因素的不同而有明显差别（周祖根，1993）。虽然人口迁移流动对生育水平的降低作用具有明显的异质性特征，但是这些异质性的作用方向都是一致的，人口迁移流动的确有助于降低生育水平（周皓，2016）。人口迁移流动一方面利于生育率的下降，但也不可忽视生育盲目性和失控的一面（陈再华，1996）。现有的理论和大量资料已经证实，流动人口的生育水平介于流入地和流出地之间，流动人口的生育水平通常比流出地的低、比流入地的偏高，这已成为世界性发展变化趋势（杨子慧，1991）。学术界关于流动人口的生育情况存在两种不同的观点：一种观点认为流动人口的生育水平比农村和城镇都要偏高，认为流动人口中的一部分人是为了多生育才选择外出流动的，所以流动人口的生育水平可能由于他们的漏报、瞒报比真实调查的结果要高。但后来也有人持不同的观点，近年来人口迁移流动的目的主要是摆脱农村经济贫困的限制，为了追求较高经济收入，具有了一定的经济基础之后才考虑结婚生育，人口迁移流动实际上促进了晚婚晚育，从而推动了生育水平的下降。关于流动人口的生育行为，我们不能只看到计划生育工作的难度，还要用辩证的眼光来分析人口迁移流动对生育的抑制作用（杨子慧，1991）。与人口迁移对生育形成阻碍的观点不同的是，人口迁移流动具有补偿性的提高生育的风险。流动人口在流入地居住一段时间后，适应了迁入地的生活，导致生育变得相对容易，因此可能出现"补偿性生育"，生育水平会相应提高（梁同贵，2017）。

流动人口的生育水平与流入地的经济发展水平及城市流动人口的规模也有很大的关系。陈卫（2005）利用2000年1‰的中国人口抽样调查原始数据对京津沪地区超低生育率中的外来人口分母效应进行分析验证，结果发现并不存在超低生育的分母效应，主要原因是外来流动人口与本地人口的生育水平没有显著的差别。从全国层面来看，虽然外来人口显著地降低了城市总体的生育水平，但是由于外来人口规模不大，分母效应也不大。作为对照组的广东省却不一样，明显地体现出外来人口的分母效应，不仅外来人口的生育率只有本地人口的一半，而且育龄妇女中外来人口占比接近30%，所以广东省外来流动人口的分母效应较为明显。简言之，外来流动人口的分母效应不仅与流动人口的规模有关，而且与外来流动人口的生育水平有很大的关系。

流动人口的生育水平还与流动的地域范围和流入地的属性有关。中国省内流动人口比省外流动人口的时期生育水平相对较高，对于省内流动人口而言，其生育率同样存在明显的地域差异，农村人口的生育率最高，镇的生育率其次，本市其他街道的最低，这种特征在县内与市内表现得特别明显（梁同贵，2010）。此外，流入地的城市规模也会对流动人口的生育意愿产生影响，侯慧丽（2017）利用 2014 年全国流动人口监测数据，对城市化进程中流入地城市规模对流动人口生育意愿的影响进行分析后发现，农村流动人口流向不同规模的城市，他们的二孩生育意愿也存在明显的差异，总体变化特征是流入地城市的规模越大，流动人口的二孩生育意愿越低，流动人口的生育意愿与城市规模等级成反比的关系。当然，这种关系可能是通过不同等级规模的城市经济发展水平和城市生活成本等中间因素作用产生影响，城市规模本身不会对生育意愿产生直接作用。

目前，国内对流动人口生育水平和生育模式的研究主要集中在以下几个方面：首先，从人口迁移流动对生育水平和生育意愿的影响方面来看，主流观点认为流动人口的选择性、适应性、间断性和由农村向城市迁移，会降低迁移妇女的平均终生生育子女数。[1][2]陈卫（2005）利用 2000 年"五普"数据，证明了城市外来人口的生育率不仅显著低于农村本地人口，而且也低于城市的本地人口。流动人口曾经被描述为"超生游击队"，但是后来的相关研究表明，流动人口并不存在超生倾向（You and Poston，2004）。郭志刚（2010）研究发现，"流动"事件对降低生育率的影响较为明显，无论是农业户籍还是非农业户籍，流动妇女的各孩次平均生育年龄都显著高于非流动妇女。黄玥（2006）研究发现，女农民工进城后生育意愿发生了改变，理想子女数减少。李树苗等（2006）认为，流动人口期望子女数减少，且生育数量偏好与城镇户籍人口无显著差异，性别偏好观念虽仍强于城镇户籍人口，但也有所弱化。尤丹珍和郑真真（2003）认为，外出务工的确对妇女理想子女数的减少具有显著作用，但对子女性别偏好无显著影响。伍海霞等（2006）研究发现，流动男性意愿生育子女数略高于女性。其次，从生育模式看，傅崇辉等（2005）对深圳市外来人口在流动前后生

[1] 曾毅. 人口城镇化对我国人口发展的影响 [J]. 人口学刊，1991（2）：1-6.
[2] 郑真真. 外出经历对农村妇女初婚年龄的影响 [J]. 中国人口科学，2002（2）：61-65.

育行为的研究表明，人口流动后的初育年龄推迟，初育间隔缩短，更倾向于初婚后短期内就生育小孩，一胎与二胎生育间隔延长。最后，从流动人口生育水平的影响因素来看，如伍海霞和李树茁从社会网络角度分析了流动人口生育观念的影响因素，认为生育讨论网的弱关系和网络成员的生育行为，以及个体在城镇的滞留时间、初次流动时年龄、受教育程度会对流动人口的生育观念产生影响。郭志刚（2010）根据 2005 年全国 1% 人口抽样调查数据，比较分析了流动人口与非流动人口在生育率水平与孩次和年龄模式方面及户籍性质方面的差别，结果表明人口迁移流动首先显著地降低了农业户籍人口的生育水平，进而在全国层面产生了降低生育率的显著影响。社会和媒体应当扭转曾经认为流动人口是"超生游击队"的固化印象。实际上，人口迁移流动在一定程度上促进了人口生育率的降低，而不是提高生育水平。

总之，大多数研究都认为农村人口向城镇的流动引起流动人口生育观念与行为的变化，流动人口的生育意愿和生育行为体现出以下几个转向：生育数量下降、生育时间推迟、生育目的趋向现代化，但生育性别偏好仍明显。以上研究大多针对外出育龄妇女，并未从男女两性的角度对流动人口的生育观念与行为进行全面的分析。通过对以上学者们的调查结果进行分析发现，人口迁移流动对生育意愿的影响作用非常明显，但是对生育的数量、时间和性别三个维度的影响看法不一致，多数研究认为人口在迁移流动过程中的生育意愿在数量和素质方面发生了改变，但是对性别偏好的影响争议比较大。一部分研究认为，流动人口外出事件并没有改变妇女的性别期望（尤丹珍和郑真真，2003），但也有一些研究发现，其实流动人口的性别偏好已经不太明显了（黄玥，2006）。现有的调查研究大多集中在外出妇女身上，但生育决策很多时候是由男性掌控的，因此仅仅考虑育龄妇女的生育意愿可能还远远不够（王薇，2008）。尽管女性是生育的主体，但是她们的外出流动决策可能还要受到家庭决策的影响，人口迁移流动的决策单位是家庭而不仅仅是个体。

1.2.2.4 生育政策调整对流动人口生育意愿研究

人口问题是中国社会经济可持续发展中的重大问题，计划生育是中国的一项基本国策。在中华人民共和国成立之后的 20 年，中国人口的生育行为基本无限制，从而导致这一阶段的人口迅速增长，使中国陷入马尔萨斯

"均衡陷阱"（韩雷和田龙鹏，2016）。生育政策是影响人口变动的主要因素，一直到 20 世纪 70 年代末期中国才开始实行计划生育政策。自此之后，为了实现中国人口均衡发展目标，中国的生育政策一直处于不断调整和完善的过程中。

人口问题无论是从动态的人口增长来看，还是从静态的人口结构来看，从根本上讲都是一个发展的问题，受多种因素的制约。其中的生育政策调整直接影响到人的生育行为，从而间接地影响人口规模与结构的变动。20世纪 70 年代以来，中国实行人口计划生育政策有力地促进了生育水平的下降，但计划生育政策仅仅是影响生育水平的因素之一，而不是唯一因素，生育行为并不完全取决于生育政策（陈友华，2009）。国内外学者一直没有停止过对生育政策的讨论，虽然影响人口生育水平的因素比较多，但生育政策一直是影响中国育龄妇女生育水平的一个最重要因素。从 1980 年的独生子女政策算起，中国计划生育政策已经实施了 40 年，虽然在控制人口规模方面取得了一定的成就，但是在此过程中也产生了一些新的人口结构问题，比如人口老龄化问题、独生子女家庭的人口安全问题、出生性别比偏高等。为了缓解日益加剧的人口老龄化问题，国家在 2016 年实施了全面二孩生育政策（翟振武、张现苓和靳永爱，2014），并在出生人口增长幅度下滑之际，几乎和其他低生育率国家一样，实施鼓励生育措施，让普通家庭生得起孩子、养得起孩子，最大限度地缓解国家的养老压力（龚清，2015）。从法治的角度来看，全面二孩生育政策体现了公平正义的原则，实现了生育的代际平等（陈如钧，2015），而且基本可以满足人们在生育数量、时间和性别三个方面的意愿。从生育数量来说，两个孩子是多数家庭的理想生育数量，两个孩子也为人们的生育性别偏好提供了条件，儿女双全是多数家庭理想的孩子性别结构，一个孩子不可能满足人们儿女双全的双性别偏好；从生育时间来看，全面二孩生育政策取消了硬性的间隔期，可以自主地安排生育时间，过去的"晚、稀、少"生育政策要求生育第二胎的时间在第一胎生育 4 年之后才可以计划，生育时间安排受到了较大的局限，不能实现自主安排生育。

党的十八届五中全会决定，全面实施一对夫妇可生育两个孩子政策。全面二孩生育政策实施后，进一步放开了人们的生育限制，从理论上讲，生育政策的松开会刺激生育，提升流动人口的生育水平，但近 4 年的生育数据证明，生育水平并没有出现大幅度的反弹，流动人口在各种因素的作用下，已接受少生优生的现代生育观念，总体上处于低生育水平状态（邓金虎和原新，2017）。全面二孩生育政策下的流动育龄人群生育行为是否发生了改变也是目前国内人口研究中关注的热点问题。在国家实行全面二孩生育政策背景下，分析生育意愿与生育行为的差异，是把握中国未来人口形势变化的关键（王军和王广州，2016）。农村女性外出流动以务工经商为主，外出以后的非农劳动参与率明显提高。而非农劳动参与率提高对生育数量下降具有显著的影响作用，会降低流动育龄妇女生育二胎的可能性（顾和军和吕林杰，2015）。实际上，即便政策放开，二孩的生育意愿也并不强烈，生育意愿不到一半，总体上只为48.8%。分城乡来看，农村居民比城镇居民更想要生育两个孩子。从家庭结构来看，单独家庭和双独家庭比普通家庭的二孩生育意愿较强。进一步调查他们不打算要二孩的原因是，生育抚养孩子的成本太高，占比为56.3，居于第二位、第三位的原因分别是"不想对孩子分心"和"工作事业太忙"，占比分别为13.1%、10.2%。若国家的生育政策允许，又具有生育意愿，最终明确生育行为的比例仅为1/3，而且这些育龄群体的生育时间呈梯次分布，并不会造成生育堆积的现象，基本上不会出现生育反弹的情况（韩雷和田龙鹏，2016）。总之，放开全面二孩生育政策后的生育意愿并不强烈。而且城镇妇女生育二孩的可能性相比农村妇女更低，打算生育二孩的育龄妇女的生育时间安排也并不集中，城市和农村不愿意生育的原因也有所不同，城市育龄妇女不愿意生育二孩的主要原因是担心降低生活质量，而农村育龄妇女不愿意生育二孩的主要原因是养育成本过高。与传统的农业社会不同，现代社会抚养一个孩子的成本很高，这是许多夫妻在安排生育子女时不得不考虑的一个重要因素。生育成本包括生育一个孩子所需付出的直接成本和养育孩子而损失的受教育和获得收入等机会成本，培养一个高质量的孩子所需的时间、精力、财力和物力等各种成本是传统社会所无法比拟的（梁如彦和周剑）。此外，生育年龄偏高和第一孩的性别也是影响农村育龄妇女二孩生育意愿的重要因素（祝吟，2017）。相关研究对中国全面二孩生育政策放开后，"80后"的新生代流动人口的生育意愿影响因素进行分析，结果发现流动人口的年龄、性别及他们是否打算在城市长期居住等因素对新生代流动人口的二孩生育意愿影响作用较为显著（朱健和陈湘满，2016）。但是如何将潜在的生育意愿转化为具有实际效果的生育行为，是全面二孩生育政策实施后需要解决的关键问题，提高并转化生育意愿为实实在在的生育行为，需要把生育政策置于整个社会大系统内，从宏观和微观两个视角来提供支持（曹艳春，2018）。全面二孩生育政策放开以后，不同代际的城市女性生育意愿出现了分化，"80后"城市女性希望生育两个孩子的占多数，而"90后"的城市女性生育一个孩子成为主流意愿，她们的男孩偏好均有明显减弱（吴天依，2017）。

1.2.2.5　生育意愿和生育行为之间的关系研究

生育意愿不仅是一种生育观，也被作为预测未来生育水平的指标之一（顾宝昌，1992；郑真真，2014）。生育意愿和生育行为之间的关系，在理论上学术界将其分为四种：第一种观点是相同论，即生育意愿和生育行为完全相等或者近似相等，两者之间几乎不存在明显的差异；第二种观点是无关论，也就是生育意愿和生育行为没有任何关系，前者是人们的心理活动，后者是实际的行为，从心理活动到实际行为需要经历一系列的复杂过程，两者之间关系不大；第三种观点是大于论，认为生育行为高于生育意愿；第四种观点是小于论，认为生育行为小于生育意愿（人口研究编辑部，2011）。生育意愿与生育行为的偏离同时发生在发达国家和发展中国家（Bongaarts，2001），但是发达国家和发展中国家的变化规律出现了不一样的特征，发达国家主要表现为生育意愿大于生育水平，而发展中国家表现为生育意愿小于生育水平的相反规律特征（杨菊华，2008）。但是近年来的有关研究发现，中国居民的生育意愿与生育行为关系上出现了和发达国家类似的特征（马小红，2011）。从数量上看，流动人口的生育意愿以等同论为主体，生育意愿等于实际生育数的占比为59.17%，生育意愿大于实际生育数的占比为32.26%，生育意愿小于实际生育数的占比为8.57%（廖庆忠等，2012）。关于理想生育子女数量与实际生育子数量的不一致引起了学界的关注，大部分研究显示，理想生育子女数量高于实际生育子女数量，造成生育意愿与生育行为背离的原因是多方面的，包括生育政策的强度、低胎次子女的性别、初婚年龄及其提高、非意愿不孕不育、早年的理想生育意愿、竞争性因素、养育孩子的机会成本、养育孩子的直接成本等（倪姝园，2016）。对于流动人口而言，生育意愿与生育行为之间可能具有更高的一致性，由于随着中国流动人口规模的日益增加及迁移流动范围逐渐扩大，农村外出流动人口受流出地和流入地的人口计划部门的行政管理功能削弱，流动人口的实现生育意愿的可能性也相对较大，因此流动人口的生育意愿与生育行为之间可能具有较高的一致性（徐丽娟，2007）。

进行文献梳理后发现，虽然学术界目前已经对生育意愿、生育行为及两者之间关系进行了大量的研究，而且国内外学者对于生育意愿的研究也在逐渐深入。一是研究对象主体的多元化，涵盖了包括城市人口、农村人口、青年人口、流动人口、育龄人口等在内的较为多样化的主体；二是在生育意愿的研究维度上，不仅对生育数量、性别偏好、生育时间及生育动机等构成要素做了较为准确和深入的分析研究，对每个构成要素的具体体现，如一孩和二孩生育意愿、男女偏好、生育间隔等也都有较为完备的解读。总体来说，学者们关于生育意愿的一些基本观点已经达成了共识。但是不同的国家、不同的区域之间由于社会经济发展水平、生育文化观念等方面的差异，意愿生育子女数和性别偏好也可能存在一定的差异，通过对现有文献的梳理后分析发现，当前的研究成果仍然存在一些不足的地方，具体体现在以下几个方面：

第一，从研究方法上看，现有研究成果中对生育意愿、生育行为和生育水平关系的研究，获取实证调查数据是比较关键的因素，相较而言，通过问卷调查获得生育意愿方面的数据较为容易，但是要想获得生育行为方面的数据有较大的困难。从科学的角度来看，对生育意愿和生育行为的调查应当是同批人的追踪调查才具有说服力，也就是通过个体的追踪，调查被调查者完整的生育历程，只有通过追踪调查获得的数据才更接近真实情况，但是国内在这一方面的调查才刚起步，数据非常难以获得，很多因素导致追踪调查不能顺利完成，这是对生育意愿及生育行为研究的主要障碍。因此，部分学者为了弥补这方面的不足进行了一定程度的改进，比如陈卫和靳永爱（2011）把研究对象的年龄界定在 35～49 岁，这样界定的理由是他（她）们认为 35 岁以上的妇女基本完成了生育，这一批人的实际生育数可以近似地代表终身生育水平，将她们的实际生育数与理想子女数进行对比，就可以了解她们意愿和行为之间的差异。不过也非常遗憾，他们的研究也仅限于育龄妇女，没有专门针对流动人口群体进行分析。

第二，目前已有的研究成果主要从生育意愿和生育行为的数量关系来讨论，实际上生育意愿和生育行为至少包含三个维度，即数量、时间和性别，已有研究对生育时间、生育性别甚至有人提出的生育动机、生育目的和生育方式等方面的研究明显不足。比如，关于已有孩子的性别对生育意愿的影响，已有孩子的年龄对生育意愿的影响如何，随着生育方式的变化，由顺产向剖宫产的转变对女性的生育意愿的影响如何等很多问题仍然值得深入研究。

第三，从研究的地理区域或人群构成来看，现有的研究大多针对的是城市青年、农村妇女和城乡妇女，而对于流动人口的生育意愿、生育行为的研究明显不足，流动人口与上述几个群体是否存在差异还不得而知。在地理范围方面，当前已有的研究大多针对某一省区或城市，主要是流动人口较为集中的大城市，如北京、上海、广东等地，流动人口不是特别集聚但规模也比较大的二三线城市研究较少，这些城市具有典型性，但不能说明中国流动人口的总体情况。

第四，现有的研究缺乏对流动人口生育意愿、生育行为发展变化的关注，多以某一单一年份的数据来分析，难以掌握流动人口生育行为变化趋势。鉴于此，本书利用多年的全国流动人口动态监测调查数据，对中国流动人口的生育意愿、生育行为及生育意愿和生育行为之间的关系进行全面的分析，并进一步对其差异的影响因素进行分析，可以弥补已有研究的不足，有助于推动流动人口生育问题研究领域的拓展。

第五，现有的研究基础数据缺乏时效性，当前对流动人口生育意愿的研究仍然不够全面，已有研究大部分停留在2016年全面二孩生育政策放开之前，而在全面二孩生育政策放开之后关于流动人口生育意愿的研究较少，全面二孩生育政策运行几年以后政策运行效果如何、流动人口的生育意愿究竟如何等一系列的问题都没有完全搞清楚，这些问题急需展开调查研究。

为此，本书将以中国流动人口群体作为研究对象，首先，考察他（她）们的整体生育观念、生育意愿及其发展变化，以区别于非流动人口群体的生育观和生育行为；其次，分析了流动人口生育意愿和生育行为变化的影响因素，主要结合流动人口的个体特征、家庭特征、社会经济特征及人口迁移流动特征进行分析，着重考察人口迁移流动行为对流动人口生育观念和生育行为的影响；再次，从辩证的角度分析了生育意愿与生育行为之间的相互作用过程和机制；最后，结合国家2016年启动的全面二孩生育新政分析生育政策对流动人口的生育意愿、生育行为的影响，以期为流动人口服务管理提供科学依据。

第 2 章

基本概念、理论与研究方法

2.1 基本概念与理论

2.1.1 基本概念

2.1.1.1 流动人口

流动人口是中国特殊的户籍制度下的产物，国际上因没有户籍制度而没有"流动人口"这一称呼，相对应的只有迁移人口。中国特殊国情下的流动人口，通常指现居住地与户口所在地不一致的人口（伍海霞、李树茁和悦中山，2006）。无论其在现住地居住了多长时间，也无论其户口是否随流动发生迁移，只要人口发生在一定地域（主要指各级行政区域）之间的位置移动，都将被概括为流动人口（郭志刚和李剑钊，2006）。流动人口虽然离开了他们的常住户籍地，并跨越一定的行政辖区范围在其他地方暂住、滞留并从事各种活动，但是他们最终还是会返回原籍（李翌萱，2014）。也有人对流动人口的年龄进行了限定，认为流动人口是指离开户籍所在地的县、市或者市辖区，以工作、生活为目的的异地居住的成年育龄人员（张晓斌，2018）。

与流动人口直接相关的概念有四个：流动人口、迁移人口、人口迁移、人口流动。学界有关人口迁移与人口流动的概念众说纷纭，但核心的认识基本一致。关于"人口迁移"的概念界定一般都离不开三个要素，即时间、地域空间和户口，主要识别户口是否发生了迁移。如阎蓓（1999）根据人口迁移的时间属性、空间属性和目的属性（是否定居）将学界现有关于"人口迁移"的概念界定分为四大类：①注重人口迁移的空间属性特征；②在空间属性的基础上补充时间属性或者目的属性；③用时间属性和目的属性对"人口迁移"的空间属性加以双重限定；④具体对空间属性做了明确的界定。她最后根据这四类定义总结了人口迁移的本质特征：人口的空间移动。以上关于"人口迁移"的四类定义侧重点各有所趋，而且不同的定义所涵盖的地域范围也存在较大的差距，这主要与研究者的研究目的、研究方向等因素有关，侧重理论研究者一般只注重人口空间移动这一本质特征，而进行实证研究者则需要对"人口迁移"进行严格的界定，以便可操作化。

在实际研究中，有学者将"人口迁移"和"人口流动"进行了严格的区分，但也有学者将两者模糊看待，共同视为人口在地理空间上的位移现象。《中国大百科全书·地理学》中将人口迁移解释为"一定时期内人口在地区间的永久性或半永久性的居住地变动，人口迁移的形式为移民"。《多种语言人口学辞典》中将人口迁移解释为"在一个地区单位同另外一个地区单位之间进行的人口地区移动或者空间移动的一种形式，通常包括从迁出地到目的地的永久性的居住地的变动"[1]。而人口流动一般指"离家外出工作、读书、旅游、探亲和出差一段时间等，但没有改变居住地的人口空间移动"，人口流动不能成为移民。[2]由于中国户籍制度的存在，人口流动成为中国特有的人口现象，与人口迁移存在较大的区别，两者最明显的区别在于人口空间变动的过程中户口是否发生迁移，如果有户口的变动，则不管迁移的时间长短和迁移的范围大小都称为人口迁移；反之，如果在位移的过程中没有户口的变动则称为人口流动。

有关专家将中国的人口流动定义为"人们超过一定时间和空间范围，但户口没有发生相应变动的空间位移过程"[3]。严格地讲，"人口迁移"与"人口流动"是有区别的。如《中国大百科全书》、翟振武和段成荣合著的

[1][3] 国家统计局人口和就业统计司，中国人民大学社会与人口学院. 人口和就业统计分析技术［M］. 北京：中国统计出版社，2012.

[2] 于志国. 苏州联通外来工回城营销策略研究［D］. 陕西师范大学硕士学位论文，2013.

《跨世纪的中国人口迁移与流动》、刘铮的《人口理论教程》、田家盛的《人口科学教程》、盛来运的《流动还是迁移——中国农村劳动力流动过程的经济学分析》等著作中都将两者做了明确的区分。而且从某种程度上看，当前对中国"流动人口"的研究比"迁移人口"的研究更重要，因为流动人口规模远大于迁移人口。但在实际研究中，存在一些没有将两者严格区分的情况。如《辞海》中将"人口迁移"也叫"人口移动"，即人口在地理空间上的位置变动。发生人口迁移和人口流动行为所对应的主体分别为"迁移人口"和"流动人口"，本书中的"流动"主要是指流动人口的流动行为和经历，而没有对改变户籍的迁移人口进行考察。

本书中"流动人口"的统计口径与国家统计局人口普查中的统计口径不完全一致，具体差别在于：时间统计口径相对缩短（半年→一个月），而空间统计口径相对放宽（乡或镇→县市区）。本书主要根据国家卫生健康委流动人口司动态监测调查资料中对流动人口的界定：即在流入地居住一个月及以上，非本区（县、市）户口，年龄在 15~59 周岁的流动人口。虽然该界定与国家统计局的界定有出入，从年龄方面来看，没有囊括全部年龄段的流动人口，但由于本书研究的核心问题是生育，生育年龄几乎完全集中在这一年龄段，所以对最终的研究结论不会产生太大的偏差。

2.1.1.2 生育意愿

生育意愿是人们关于生育行为的态度及看法（陈蓉和顾宝昌，2014），主要包括对孩子数量、质量、性别等方面的期望和偏好（王薇，2008）。具体而言，生育意愿是指人们对于生育子女的数量、性别、目的的态度和看法（吴天依，2017）。生育意愿通常包括以下几个方面：一是为什么要生育孩子（生育动机）；二是打算生育几个孩子或者理想的子女数（生育数量），当然也有相关研究认为，打算生育的子女数量与理想生育的子女数量并不是一回事，从理想生育到愿意生育需要经历一系列的过程，两者存在一定的背离性（王金营、马志越和李嘉瑞，2019）；三是打算生育什么性别的孩子（生育性别）；四是打算在什么时候生育孩子（生育时间）。但也有学者提出了"生育意愿四要素说"，认为生育意愿是价值观念的直接反映，除数量、性别、时间三者外，还包括孩子的质量（于学军，2000）。李瑞德（2005）、姚从容等（2010）、徐映梅等（2011）等认为，生育动机也是生育意愿的重要组成部分。此外，还有"五要素说"，即生育意愿包括生育时间

（间隔）、生育数量、生育孩子性别、生育孩子质量及生育目的五个方面（庄渝霞，2006）。

2.1.1.3 生育行为

生育行为是人们在生育动机支配下的有意识、有目的的人口生产和再生产活动，生育行为导致新生命体的出现。生育从本质上来说是一个生物活动过程，但是由于人们对生育行为具有较强的计划和干预控制特征，因此人类的生育更多的是一种社会行为。生育行为既要受到生育主体自身的生理、心理等内部身心状况的制约，同时也要受到他们所处的社会环境的影响，因而生育的社会性特征较为明显。生育行为直接受生育动机和生育目的支配，而生育动机又以生育欲求或生育需要为动因。生育动因是由生理和社会刺激引起的，人们的各种需要归根结底是由人们所处的客观社会环境的刺激引起的（吴忠观，1997）。

生育行为是指人们实际的生育结果，生育行为是生育意愿在现实生育中的实际表达，有广义和狭义之分。狭义的生育行为是指个体不受社会因素影响的受孕、怀孕和分娩生育的自然过程；而广义的生育行为则是指在一定观念和社会制度影响下，育龄妇女或夫妇对其生育年龄、生育数量和性别的选择过程，更加注重生育的社会属性（王跃生，2018）。

2.1.1.4 育龄妇女/群体

育龄妇女的界定基本涉及不到《中华人民共和国婚姻法》规定的相关内容。从人口的计划生育服务管理方面来说，育龄妇女的计算年龄段是15~49岁，不管这一区间的女性是否结婚，也无论他们是否具备生育的能力都被统计在内，只与年龄有关，而且全世界范围内都是这样规定的。中国的卫生计生部门内部也是按这个年龄段来计算育龄妇女的数量、总和生育率等指标。育龄妇女也就是处于生育时期的妇女，从理论上一般是指15~49周岁的妇女，无论她们未婚、已婚还是丧偶等，与婚姻状况无关，但是在具体的调查统计实践活动中，有的是从法定结婚年龄开始计算的，也就是从20岁开始计算，主要是统计、监控已婚的育龄妇女，这些都用于人口和计划生育工作，其中20~29岁属于育龄妇女的生育旺盛期，这一时期的生育概率很大，也是生育的最好时机，过早或过晚生育对女性的身体健康恢复都不利。生育期又称性成熟期，是女性一生中的黄金时期，在这一阶段要经历结婚、怀孕、分娩、产褥及哺乳等特殊生理过程。

由于生育需要夫妻双方共同完成，虽然女性是生育的主要承担主体，但是不管在"生"的过程中还是"育"的过程中都离不开生育行为另一半——丈夫。况且在中国，男性在家庭中具有较高的权力，对生育决策、生育选择、生育意愿的影响不可忽视。因此15～49岁的男性人口也是主要的育龄群体，育龄妇女加上育龄男性共同构成了育龄群体，影响某个地区、某个民族或整个国家的生育行为。而流动育龄妇女相对应的则是指15～49周岁的女性流动人口，流动育龄群体则是指15～49周岁的女性流动人口和男性流动人口，至于他们的年龄和迁移流动状态是否有关，与其他因素比如是否结婚、婚姻是否合法、是否生育、生育是否合法等问题无关。流动人口动态监测调查对象也主要是集中在育龄阶段，该调查为中国流动人口生育相关问题分析提供了重要的数据支撑。

2.1.2 基本理论

西方人口学家针对人口迁移流动对生育意愿和生育行为的影响提出了若干解释性的理论，如选择性理论、社会适应理论、社会化理论、干扰（中断）理论和分离理论等①②。

（1）社会适应或社会融合理论（Adaptation/Assimilation Hypothesis）。该理论认为，农民从农村流入城市是一个逐渐适应社会的过程，虽然他们从生活的地域上来看，已转化为事实上的城镇人口，但是流动人口的思想观念、生活方式、生育需求和生育行为等许多方面并没有完全城市化，仍保持了较高的生育水平。随着时间的慢慢推移，流动人口在观念、生活习惯等各方面才逐渐与城市生活相适应，一旦适应了城市的文化，流动人口将会逐渐放弃原有的生育观念，实现向城镇人口低生育水平的转化。社会适应理论强调了迁入地的社会经济文化作用对迁移者的影响，而且这种作用远远超过其原居住地（Farber and Lee，1984；Kulu，2005）。社会适应理论不仅适用于国家和国家之间的国际人口迁移流动，对于国内的跨省市的区域之间的人口迁移流动也是适用的，比如农村人口迁往城市地区的流动也能够运用该理论进行解释。适应是一个渐进的过程，刚开始的影响不大，

---

① You, Helen Xiu hong, Dudley L. Poston Jr. Are Floating Migrants in China Childbearing Guerillas: An Analysis of Floating Migration and Fertility [J]. Asia and Pacific Migration Journal, 2004, 13 (4).

② W. 莫顿斯. 人口迁移的影响 [J]. 中国社会科学院人口研究中心, 人口资料, 1985 (7): 23-33.

随着时间的推移，流动人口的生活逐渐安定下来，不断接受和适应迁入地的生活习惯，其原有的生育意愿和生育行为逐渐接近迁入地人口的生育意愿和生育行为。

（2）人口迁移扩散理论（Diffusion Hypothesis）。该理论是在适应理论的基础上进一步发展起来的。人口迁移扩散理论认为，流动人口在适应流入地的文化价值观后，不仅会影响流动者个体自身的生育观念和生育行为，而且当这些流动人口返回原居住地的时候，在流入地获得的生育观念还会对原居住地社区的人口产生作用，从而导致原居住地的生育率降低（Clifford David，2009）。Lindstrom 和 Giorguli（2002）研究发现，人口迁移的扩散作用在不同群体中的表现并不完全相同。Agadjanian 等（2008）的研究结果也发现，男性迁移率较高的社区生育水平可能较高。

（3）选择性理论（Selection Hypothesis）。该理论认为，人口迁移流动不是所有人都会做出的一个共同行为。在同一个人口群体中，为什么有的人会选择迁移流动，而有的人却一辈子都不会迁移流动？这是因为人口迁移流动行为具有选择性。那么，到底哪些人才会迁移流动？选择理论强调，人口迁移流动行为只发生在具有某些特征的人身上，迁移流动人口的年龄、文化程度、技能专长、职业和婚姻等诸多方面都与非迁移流动人口存在明显的差别，迁移流动人口一般都具有较高的文化素质和强烈的发展需求，他们一般事业心都很强。而且他们迁移流动的主要目的是实现自我发展，在迁移流动过程中他们会有意识地控制自己的婚姻和生育节奏，尽量规避一些不利于自身发展的因素，他们认为不合适的生育安排会影响他们事业的发展，在孩子的数量需求上都倾向于晚生、少生甚至不生。结婚和生育年龄的推迟对生育水平的抑制作用逐渐体现出来，近年来受到很多学者的关注（Bongaarts and Feeney，1998）。相对于非流动人口，流动人口的一些观念和行为（包括生育观念和行为）原本就有别于原居住地其他人口群体。根据选择性理论，流动妇女的较低生育率是由特殊群体的个人特征所决定的（Myers and Morris，1966；Goldstein and Goldstein，1981；Courgeau，1989；Michielin，2004；Kulu，2005）。根据选择理论可以认为，人口迁移流动行为本身并没有改变人们的生育观念和行为倾向，只是把这些"选择"出来而已。换句话说，无论这个群体是否发生迁移流动，他们的生育水平都会降低。

（4）干扰理论。该理论认为，人口迁移流动行为是对迁移流动者的生育行为的一种干扰因素。从生理学和社会学的角度分析，在人口迁移流动的过程中，迁移流动者的生活总是处于一种紧张不安定和艰苦奋斗的状态，在精神、体力等方面要承受一定的心理负担和社会压力，绝大多数迁移流动者不愿意在此阶段受孕或生育孩子，这被认为是人口迁移流动直接影响生育率的理论依据。也有的学者认为干扰因素是暂时的，待迁移流动者紧张心理消除、生活趋于平稳后，生育水平将出现补偿性回升。但从长远看，迁移流动人口社会环境的改变使他们的社会化内容形式变得丰富、复杂，社会化进程明显加快，通过与城市人口的社会联系和交流，逐渐改变了原有的生育观念和生育行为，他们的生育水平最终还是要趋于下降。

（5）中断理论（Disruption Hypothesis）。该理论认为，人口迁移流动由于客观上造成夫妻分居，从而使妻子的受孕机会大大降低。一般来说，人口迁移流动男性的作用较大，往往是丈夫先迁移流动，在迁入地生活了一段时间以后妻子一方才考虑开始流动。这种家庭成员的递进式流动同样会降低流动人口的生育水平（Brockerhoff M.，X. Yang，1994）。Massey 和 Mullan（1984）利用墨西哥农村集镇的个体层面的数据，对墨西哥移民的生育行为进行研究后发现，因人口迁移导致夫妻分居者，妇女有 1~2 岁孩子的可能性更小。Lindstrom 和 Giorguli Saucedo（2007）研究了美国的墨西哥移民生育问题，发现性关系中断对降低生育率的作用是非常明显的，而且夫妻关系中断的时间越长，第二年生育孩子的可能性降低越明显。即便不是长期的夫妻分离，短期的循环往返的季节性迁移流动也将会导致生育率水平的降低（Bongaarts and Potte，1979；Menken，1979）。人口迁移流动对生育的影响具有一定的滞后性，并不是即时效应，通常在高生育率的人口环境中，人口在迁移后的 2~3 年内生育率才会出现明显的下降（Potter and Kobrin，1982）。因此，人口迁移对降低生育率并没有立竿见影的作用。根据中断理论假说可以推断，人口迁移流动对生育行为的影响作用可能只是使生育行为推迟发生，并不一定改变育龄妇女的终身生育率，因为很多因迁移流动而分居的夫妻可能在迁移流动行为结束之后进行补偿性生育，最终的生育水平并不一定降低。

从上述理论可以看出，人口迁移流动对降低生育率是有积极影响的，基本上都认为人口迁移流动在降低生育率方面具有积极影响，表现为城市流动人口的生育率比农村流出地的生育率要偏低，但比流入地城市的生育率水平要高。与上述观点不一样的是，人口迁移流动并不会改变原有的生育水平。早期社会化理论认为，人口迁移流动不会影响他们流动后的生育率，因为一个人早期生活在原住地，他们的价值观念在早期已经形成，迁移流动是成年后的行为，原居住地的文化价值和规范是其成年后生育行为的主要决定因素，即使人们后期已经离开了原居住地，但是早期的生育观念仍然影响甚至决定其生育行为。于是，第一代移民的生育行为将保持与原居住地居民相似（Stephen and Bean，1992）。生育率水平的差异可能体现在第二代及以后。Frisbie（1978）利用美国 1965 年国家生育率调查数据，根据 5617 名妇女的宗教信仰、受教育程度和年龄三个方面分析了异质婚姻与非意愿生育率之间的关系，发现宗教异质婚姻容易导致意外怀孕，往往具有更高的非意愿生育率，而受教育程度、年龄方面的异质婚配并没有出现较高的非意愿生育率，所以认为夫妇间的宗教信仰对其婚姻关系的影响比受教育程度、年龄因素更加明显。Rainwater（1965）认为，宗教异质婚姻的非意愿生育率较高的原因可能与异质婚配带来的婚姻关系、性关系紧张而导致的无效避孕行为有关。Uriah Zevi Engelman（1940）对德国犹太人的研究发现，混合群体间的通婚夫妇几乎没有孩子，1927 年德国平均每两个犹太混合家庭只有一个孩子，这种犹太混合夫妇少育可能与他们的婚龄较高且大多属于自由的、被释放的团体有关。关于人口迁移流动与生育水平之间的关系，国内专家辜胜阻和刘传江（2000）根据雷文斯坦 1885 年提出的人口迁移年龄选择性规律进一步认为，流动人口大多处于婚育年龄期间，占流动人口总体的比例较高，他们流入城市后一方面会提高城市人口的出生率，另一方面可以降低农村地区的人口出生率，人口迁移流动有助于稳定或提高城市人口自然增长率。因此可以认为，人口迁移流动对生育的影响可能因地而异，对不同地区具有的影响并不一致。国外研究表明，社会网络对流动人口的观念和行为的影响也比较大，如果从社会网络的视角来剖析流动人口，可以更好地理解和认识流动人口在迁移流动过程中发生的一系列的观念与行为变化（李汉林，2003；靳小怡等，2005；Sara and Abigail，1997）。因此，未来对生育需求变化的分析，可以基于社会网络视角深入研究。

（6）补偿生育理论。该理论认为，时期总和生育率并不能检验流动人口在流入地居住一段时间后的生育水平。由于人口迁出地的生育水平较高，迁出的人们的生育意愿同样保持在较高的水平，经过一段时间的调整后他们适应了迁入地的生活，但是生育观念和文化根深蒂固，他们流入城市以后的生育行为仍然受到迁出地文化的影响，因此迁出人口可能在迁出一段时间后出现补偿性生育行为，生育水平会相应提高（梁同贵，2017）。

2.2 数据与方法

2.2.1 数据来源

国家卫生健康委员会（原国家人口和计划生育委员会）分别在2010年上半年和下半年各举行了一次流动人口调查，2011~2013年每年5~6月如期开展一次全国流动人口动态监测调查。2013年人口和计划生育委员会与卫生部合并，新组建了国家卫生和计划生育委员会继续承担数据调查工作。目前，最新一期调查数据是2015年全国流动人口动态监测调查，2009~2018年，国家卫计委流动人口司连续10年对流动人口进行动态监测，尽管该调查不是追踪数据，但是如此大规模的、连续性的监测调查数据已为相关部门和高校专家学者的科学研究工作做出了巨大的贡献。该调查采用了分层、多阶段、与规模成比例（Probability Proportinate to Size Sample，PPS）的抽样方法。与其他调查相比，该调查具有覆盖面广、样本量大、抽样严格、时效性强等优点，是研究流动人口十分宝贵的资料。调查对象为在流入地居住一个月以上、非本区（市、县）户口且截至调查日期年龄为16（或15）~59周岁的男性和女性流动人口（市辖区内人户分离人口除外），与全国人口普查中的流动人口统计口径不完全一致，具体差别在于：时间统计口径相对缩短（半年→一个月），而空间统计口径相对放宽（乡或镇→县市区）。调查内容及变化情况如下：每年调查的主要内容包括流动人口个人和家庭的基本信息、就业、社保、培训、收入、支出、子女上学和计划生育服务等，但不同年份具有一点变动。目前数据开放到2017年，2018年的数据虽然已经调查，但是还不能申请使用，所以最新一年的数据只到2017年。本书利用了卫生健康委（2018年国家卫计委更名为卫生健康委）连续九年的数据，但由于部分年份没有对生育意愿的调查，因此在具体分析的时候仅选择了有流动人口生育意愿、生育行为调查的年份。

2009年第一次开始对流动人口的调查，没有在全国范围内展开，只是选择了在流动人口比较集中的一些城市进行调查。2009 年在北京、太原、上海、深圳、成都五个城市开展了 4.7 万人重点地区调查。调查对象为截至调查时间在本地居住一个月以上，非本区（县、市）户口，16～59 周岁流动人口。具体分为两个模块：个人问卷和家庭问卷。其中，第一个模块的调查内容主要包含个人基本信息、流动经历、就业状况、社会保险状况、生活居住状况、健康与计划生育服务情况、认知和评价七个部分。本书主要使用"健康与计划生育服务情况"部分的数据，涉及的问题有：①B606 您是否在户籍地以外的地方生过孩子？②B607 您最近一次在户籍地以外生孩子的地点；③B608 如果您有 10 周岁以下孩子居住在本市，她（他）是否在本市接受过计划免疫接种？④B609 您户籍地政府是否要求您定期在现居住地参加孕检？⑤B610 最近一年，您在本市接受计划生育技术服务情况？⑥B611 您感觉户籍地人口计生部门的服务与以往相比较有什么变化？第二个模块是家庭问卷，调查内容主要包括流动人口家庭成员信息和流动人口家庭基本情况两大部分。家庭问卷里几乎没有涉及婚育的状况。因此，2009 年的问卷主要使用个人调查问卷。

2010 年上半年、下半年各一次，样本量为 12.28 万人。调查对象为截至调查时间在本地居住一个月以上，非本区（县、市）户口，16～59 周岁流动人口。根据 2010 年下半年全国流动人口动态监测工作方案的要求，为深入了解流动人口市民化和社会融合情况，计生委决定在北京市、江苏苏州市、河南郑州市、广东中山市、四川成都市、陕西韩城市，在开展流动人口动态监测的同时，抽取等量的户籍人口进行相关监测调查，调查内容主要包括基本情况、就业状况、居住情况、子女与计划生育服务、社会参与及心理感受。其中，"子女与计划生育服务"部分涉及生育行为。具体的问题有：①401 您有几个子女（包括在本市、老家及其他地方）？②402 已有子女相关情况；③403 您目前使用哪种避孕方法？④404 最近一年，您在本市接受计划生育服务情况；⑤405 您认为几个儿子和几个女儿最理想？

2011 年大调查覆盖中国内地 31 省份和新疆建设兵团 410 个地、县。实际调查劳动年龄流动人口 12.8 万人，涉及家庭成员 30.2 万人。调查在全国范围内进行，按照随机原则抽取样本点，调查结果对全国和多数省份有较好的代表性。调查对象为截至调查时间在本地居住一个月及以上，非本区（县、市）户口，16～59 周岁流动人口。调查内容包括流动人口基本信息，就业、居住、子女计划生育/生殖健康等公共服务情况，以及社会参与、社会融合状况等。2011年的流动人口动态监测调查数据，本书主要使用"子女计划生育/生殖健康"部分，具体的问题有：①401您是什么时候结婚（初婚）的？②402您生育过几个孩子（包括在本市/区/县、老家及其他地方）？③子女的相关情况；404您是否领取独生子女证？

2012年的中国流动人口动态监测调查数据采取个人问卷和社区问卷的方式进行。2009~2011年流动人口动态监测调查的抽样总体为16~59岁的劳动年龄的流动人口，由于在计算育龄群众的指标时缺少15岁年龄组的流动人口，因此本次调查的抽样总体增加该年龄组的流动人口。2012年，流动人口动态监测调查的抽样设计在2011年流动人口动态监测调查抽样方案基础上，对样本总量、分配和抽样框内容进一步改进和完善，调查结果对全国和各省有代表性。个人问卷分为基本情况、就业居住和医疗保险、婚育情况与计划生育服务、生活与感受四部分；社区问卷分为人口基本状况、社区管理与服务两部分。调查区域覆盖31个省份和新疆生产建设兵团的430个地、县，样本量为15.9万人，涉及家庭成员47.36万人，其中在现居住地的家庭成员39万人。调查对象为在本地居住一个月及以上，非本区（县、市）户口的男性和女性流动人口（2012年5月年龄为15~59周岁，即1952年6月至1997年5月出生）。调查内容涉及人口学基本信息，就业、居住、医疗保险，婚育情况与计划生育服务，以及社会生活与心理感受情况。本书重点关注"婚育情况与计划生育服务"，具体设置的问题有：①301您是什么时候结婚（初婚）的？②302您一共亲生了几个孩子？③子女的相关情况；④316您是否持有《流动人口婚育证明》？等等。

2013年继续采取抽样调查和专题调查相结合（以下简称"一大几专"）的方式开展流动人口动态监测工作，2013年在31个省份和新疆生产建设兵团共调查198795人。调查对象为在本地居住一个月及以上，非本区（县、市）户口的男性和女性流动人口（截至2013年5月，年龄为15~59周岁，即1953年6月至1998年5月出生）。调查内容包括流动人口的人口学基本特征、就业与收入支出、基本公共服务与社会保障、婚育情况与计划生育服务等。涉及的具体问题有：①401您是什么时候初婚的？②402您一共生了几个孩子？等等。

2014年在31个省份和新疆生产建设兵团共调查流动人口约20万人，涉及流动人口约50万人。调查对象为在本地居住一个月及以上，非本区

（县、市）户口的男性和女性流动人口（2014 年 5 月年龄为 15～59 周岁，即 1954 年 6 月至 1999 年 5 月出生）。调查采取个人问卷和社区问卷进行。个人问卷主要包括五项内容，即家庭与人口基本情况、流动与就业特征、基本公共卫生服务、基本医疗服务、婚育情况与计划生育服务管理；社区问卷主要包括人口基本状况、社区管理与服务、流动人口卫生计生基本公共服务落实情况等。本书聚焦到最后一部分"婚育情况与计划生育服务管理"的分析。涉及的问题有：①418 您知道国家已启动实施"单独二孩"政策吗？②419 您或您配偶是否为独生子女？③420 您家目前有几个孩子？④421 您是否打算再生育一个孩子？⑤422 您打算什么时候再生育一个孩子？

2015 年在 31 个省份和新疆生产建设兵团共调查 198795 人。调查对象为在本地居住一个月及以上，非本区（县、市）户口的 15 周岁及以上男性和女性流动人口（2000 年 5 月及以前出生）。调查内容包括流动人口的人口学基本特征、就业与收入支出、基本公共服务与社会保障、婚育情况与计划生育服务等。涉及的具体问题有：①305 您是什么时候初婚的？②您本人有几个亲生子女？等等。

2016 年在 31 个省份和新疆生产建设兵团进行调查，调查的总样本量约为 16.9 万人，涉及流动人口家庭成员共计约 45 万人。调查对象为在流入地居住一个月及以上，非本区（县、市）户口的 15 周岁及以上流入人口。调查采取个人问卷和社区问卷进行。个人问卷主要包括六项内容，即家庭成员基本情况、流动趋势和居留意愿、就业特征、基本公共卫生服务利用、婚育情况与计划生育服务管理、健康素养；社区问卷主要包括人口基本状况、社区公共卫生和计划生育服务管理等内容。本书聚焦在"婚育情况与计划生育服务管理"部分，涉及的问题有：①404 您是什么时候初婚/和他（她）在一起的？②405 您本人有几个子女？③407 您是否打算再生育一个孩子？④408 您不打算生育第二个孩子的主要原因是什么？

2017 年在 31 个省份和新疆生产建设兵团调查 198795 人。调查对象为在本地居住一个月及以上，非本区（县、市）户口的男性和女性流动人口（2017 年 4 月，年龄为 15 周岁及以上，即 2002 年 4 月及以前出生）。调查内容包括家庭成员与收支情况、就业情况、流动及居留意愿、健康与公共服务、社会融合等。本书聚焦在"健康与公共服务"部分，涉及的问题有：①412 您是什么时候初婚/和他（她）在一起的（同居）？②413 您本人有几个子女？③今明一两年您是否有生育打算？

2.2.2 研究方法

（1）文献研究法。本书通过在 CNKI 数据库中收集与流动人口生育意愿、生育行为、生育水平密切相关的期刊、硕士学位论文、博士学位论文、会议论文和报纸等文献资料，并进一步对这些文献资料进行整理和分析，以了解目前国内外关于流动人口生育意愿、生育行为、生育水平的研究。在此基础上，总结归纳已有研究中存在的不足，据此找到本书的研究切入点。在社会科学的研究活动中，任何一个研究领域都离不开对已有文献（成果）的综述与回顾，人类对社会现象和问题的认识，需要不断借助前人的力量，如果没有学术积淀，就不可能存在学术观点的归同与分歧，也就不可能发展进步。学术研究必须对已有的研究成果进行归纳总结、概括评述，这不仅本身就是一种特殊的研究形式，还可以帮助我们发现主要观点及其分歧，了解现有研究的薄弱环节甚至空白处，明确自己的研究切入点和研究定位。

（2）理论与实证相结合的方法。利用全国范围的流动人口抽样调查数据，结合流动人口生育的人口迁移扩散理论、选择性理论、干扰理论、中断理论、补偿生育理论等理论分析中国流动人口生育意愿和生育行为。根据发源于国外的生育理论，提出研究假设，检验国外移民生育理论在中国的适用性。在上述理论的指导下，并利用全国范围的抽样调查数据进行验证，做到理论与实证相结合。

（3）比较分析法。比较分析方法不仅是社会科学研究，同时也是自然科学研究（设置实验组—对照组的比较）中一种最重要、最常用、最普遍的研究方法。通过对同类事物不同个体（或群体）间的比较，以找出流动人口生育意愿和生育行为的异同，在此基础上进一步判断分析造成差异的原因。它是研究一切事物发展变化最普遍的逻辑方法，是研究者对研究对象进行归纳分析和推理的基础，实际上是通过对某些事物（或现象）的基本特征或属性进行比较。

比较分析法根据参照对象的不同，通常可以分为横向比较和纵向比较两种类型。纵向比较是对同一事物在不同时点上的变化进行比较（参照对象是自己本身在期初的状况），据此来认识事物的发展变化过程，本质是找变化；横向比较是指对不同区域或部门同类事物在同一时点上的差异进行比较（参照对象是其他个体或群体），本质是找差异（或差距）。本书既用到横向的区域、城乡等方面的比较，也用到流动人口监测期间的发展变化情况。

（4）定量研究与定性分析相结合的方法。利用全国范围的大样本抽样调查数据，在 STATA 统计软件平台上建立二元回归模型及双变量交叉分析和统计检验，找出可能影响中国流动人口生育意愿和生育行为变化的因素，并在定量分析的基础上，对个案访谈资料进行整理与深入分析。定性访谈的群体对象既有正值婚育期的在城市务工的青年男女，也有在农村务农的已婚已育的育龄妇女和老年人。

2.3 研究创新与不足

2.3.1 研究创新

本书的创新主要体现在以下几个方面：一是研究对象的选取。本书分析的对象主要为 15~59 岁的流动人口群体，该群体与育龄妇女具有较高的重叠性，有助于流动人口的生育意愿和生育行为的分析，几乎所有的生育行为都在该年龄段完成。二是结合了全面二孩生育政策的分析，全面二孩生育政策在 2016 年才开始启动，虽然有不少研究是关于生育政策与生育意愿和生育行为的讨论，但是具体关于全面二孩生育政策与流动人口的生育意愿和生育行为的讨论并不多，目前针对流动人口这一特殊群体在全面二孩生育政策下的生育意愿研究还比较少，且现有研究大多是概括性的描述性分析，全面二孩生育政策调整后的流动人口研究还处于探索阶段，关于新的生育政策调整对流动人口生育行为将会带来什么样的影响并不清楚，本书恰好可以在这些方面进行完善。三是分析了中国流动人口生育意愿和生育行为之间的双向作用关系，即不仅考虑到生育意愿对生育行为的影响，也分析了生育行为对生育意愿的影响，从辩证的角度考虑了生育意愿和生育行为之间的关系。

2.3.2 研究不足

本书利用中国连续多年的流动人口动态监测调查数据，分析了流动人口的生育意愿和生育行为的发展变化，但是研究中仍然存在一些不足的地方：一是研究数据方面的不足。由于全国流动人口动态监测调查数据并非追踪数据，流动人口因为较强的流动性非常难以追踪。因此，根据多年的监测数据统计分析出来的研究结果反映出来的主要是宏观层面的发展变化，并不能反映出每一个被调查者自身的微观层面的变化。二是研究内容方面的不足。无论是生育意愿还是生育行为的分析，主要还是延续传统的"三维度"分析框架，也就是生育数量、性别和时间的分析。虽然已有"四维度"甚至"五维度"的分析，但是由于问卷中没有涉及更多的内容，因此生育意愿和生育行为的分析框架并没有被打破。其实，生育意愿除了生育数量、时间和性别以外，还有很多方面，比如生育素质、生育动机、生育方式（剖宫产/顺产）、生育地点选择（在流出地户籍地/流入地）等都值得关注，但是由于调查问卷中并没有涉及这么全面的问题，因此不能全面展开对流动人口生育意愿的分析。三是研究假设主要基于国外的理论提出。国外有关移民的生育理论可能并不适用于国内流动人口的情况。移民具有国际性，本书的流动人口仅限于国内的流动，国家之间的社会经济与文化差异远远大于国家内部的区域差异。

2.4　研究技术路线

本书的技术路线如图 2-1 所示。

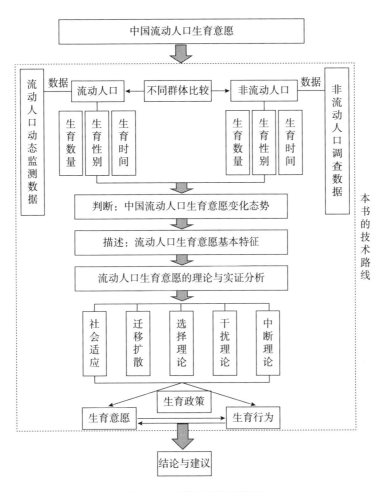

图 2-1 本书研究技术路线

第 3 章

流动人口的基本特征及其变化

中国改革开放 40 多年来，社会经济发生了一系列的变迁，东部地区的乡镇企业、手工业制造厂、建筑工地等不断兴起，吸引了大规模的人口流入，流动人口一直保持高速增长的态势，为中国城镇化发展做出了重要的贡献。20 世纪 80 年代以来，市场经济体制的改革促进了中国社会经济发生了翻天覆地的变化，其中一个触目惊心的现象是伴随着工业化和城镇化发展过程中的人口迁移流动。20 世纪 80 年代初，中国流动人口规模只有 600 多万，90 年代初飙升到 2100 万，2000 年高达 1 亿，2010 年第六次人口普查数据显示流动人口规模已达 2.6 亿[①]，扣除市内人户分离人口大约还有 2.21 亿，据国家卫计委的 2013 年的流动人口动态监测数据显示流动人口达到了 2.69 亿[②]，占常住总人口的 20% 左右（见图 3-1），流动已经成为人们的一种普遍的生活方式，流动人口几乎遍布全国各大城市，甚至在一些中小城市和小乡镇中也有一定规模的流动人口。离土不离乡的就地劳动力人口转移也比较明显。

中国经历了 40 多年的快速城镇化发展以后，流动人口规模在 2015 年首次出现了逆转性的变化。"十二五"期间，前四年流动人口保持了高速增长，而"十二五"后期至"十三五"期间，流动人口处于逐年递减阶段，且减少幅度远低于此前的增长幅度，经历了高速增长和缓慢下降的过程（郭田勇，2019）。未来的城镇化道路要瞄准人民对美好生活的向往，在转向高质量发展的过程中，城镇化可以稳一点、慢一点，注意降风险、降成本（李通屏，2018）。国家统计局数据显示，2015 年末全国流动人口数量为

---

① 任远，谭静，陈春林，余欣甜. 人口迁移流动与城镇化发展 [M]. 上海：上海人民出版社，2013.

② 杨菊华. 流动人口社会融合指数分析与评价 [R]. 新型城镇化与流动人口社会融合论坛 2014 报告，中国人民大学，2014.

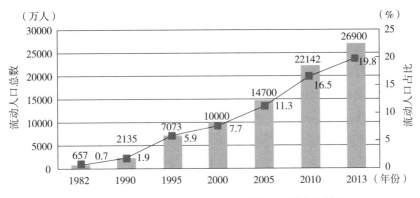

图 3-1 1982~2013 年中国流动人口规模变化趋势

资料来源：2010 年及以前数据来自中国历次人口普查和抽样调查，2013 年数据来自国家卫计委 2013 年的中国流动人口发展报告。

2.47 亿，比 2014 年减少了 568 万人，这是自 20 世纪 80 年代以来中国流动人口持续增长中的首次下降，针对这一结果政府部门和有关人口学专家展开了讨论和分析（段成荣、刘涛和吕利丹，2017）。对于最新的流动人口数据形成了两种不同的观点：一种观点认为，这意味着中国流动人口将进入缩减时期①；另一种观点则认为，这只是中国流动人口发展中的一个偶然现象，中国流动人口规模还将继续增加②。2015 年流动人口数据缺乏内部的一致性和外部的一致性，流动人口拐点还未到来（杨舸，2016）。流动人口减少与经济增长放缓是一致的（李迅雷，2016）。

无论上述哪一种观点是正确的，确定无疑的是当前中国流动人口规模仍然非常大，几乎占全国常住人口的 1/6，庞大的流动人口群体对中国的社会、经济、文化等诸多方面都产生了重要的影响，并且这种影响还将持续存在，不会因为流动人口规模的减少而消失。在传统观念中，广东、浙江、江苏、福建都是人口流入大省，但是有关专家研究发现，2010~2014 年，上述沿海四省份流入人口的总量在持续下降；安徽、四川、湖南等人口流出大省的净流出人口也在下降（李剑平，2017）。《中国流动人口发展报告 2018》指出，近年来流动人口规模逐年下降，在 2015 年（2.47 亿）之

---

① 《中国发展观察》刊文认为，流动人口的减少与劳动力规模的降低共同证实了"劳动力供给形式正在发生根本性的转变"。

② 国家统计局新闻发言人在回答记者时提到：2015 年流动人口减少主要是因为季节性因素导致的，而非趋势性的变化现象。

后，2016 年（2.453 亿）流动人口的规模又减少 171 万，2017 年（2.445
亿）减少 82 万，2018 年再次减少 300 万人，降到了 2.41 亿人。中国流动
人口规模正在进入调整期，2010~2015 年流动人口增长速度明显下降，全国
流动人口规模从 2015 年起，由以往的持续上升逆转为缓慢下降。中国人口
的迁移发生了转变，流动人口由快速增长向低速增长转变，并逐渐进入流
动负增长（流动人口规模减小）阶段。当前中国人口迁移转变主要有十大
趋势：一是流动人口的规模经历了长期的增长以后逐步进入调整时期；二
是流动人口内部的老年化趋势逐渐明显；三是老年流动人口的规模将快速
增加；四是流动儿童的规模快速增长，但是在 2010 年以后稳中有降；五是
城—城流动显著增加，并将持续增加；六是跨省流动将出现回调；七是流
动人口由东部集聚向中西部地区分散；八是流动原因由单一的经济因素向
社会、经济、发展和宜居性等多元化转变；九是流动人口的人力资本禀赋
持续升级提高；十是少数民族人口流动趋于活跃（段成荣等，2019）。人口
迁移流动趋势发生了转变以后，流动人口自身内部的结构也会发生相应变
化。本章主要利用各年度的全国流动人口动态监测调查数据，从流动人口
的性别结构、年龄结构、民族结构、婚姻构成、户籍构成、流动情况和生
育情况七个方面展开分析，并根据这些结构的变化分析可能对流动人口生
育行为和生育意愿带来的影响。

3.1　性别结构

　　性别是人类与生俱来的自然特征，性别结构属于人口结构的自然构成，
但是男性人口和女性人口在迁移流动过程中具有不平等的机会。尤其是对
于已婚的流动人口而言，男性人口和女性人口的迁移机会是不同的。通常
来说，受传统的"男主外，女主内"的家庭分工模式的影响，女性主要承
担"相夫教子"的照顾家庭的任务，而男性作为家庭的主要劳动力，承担着
"养家糊口"的经济责任，因此在劳动力市场中的就业机会不充足和家庭劳
动力资源较为有限的前提下，女性（妻子）往往成为家庭的"守护者"而
留守在老家抚养小孩和照顾老人等，形成了"男流动，女留守"的家庭分
工模式，以此获得家庭利益的最大化。长期以来，无论是国际上的移民还

是国内的流动人口都以男性为主,男性占据了流动人口的一半以上,而女性流动人口则成为随迁人口。但是这种男性占据优势的流动特征近些年发生了一些变化,流动人口的女性化特征较为明显,越来越多的女性加入流动的行列,发挥了重要的作用。随着女性政治、经济和社会地位的逐渐提高,女性独立性特征非常明显,很多妻子不再依附于丈夫,在外出务工经商后部分妻子的收入甚至高于丈夫,成为家庭经济的主要来源。女性流动越来越常见,通过对流动人口的性别结构变化过程的分析不难发现这一特征,如表3-1所示。

表3-1 2010~2017年流动人口的性别结构变化 单位:%

年份	男性流动人口	女性流动人口	性别比例差	流动人口性别比	样本量(人)
2010	48.70	51.30	-2.60	94.93	122548
2011	51.00	49.00	2.00	104.08	128000
2012	52.40	47.60	4.80	110.08	158556
2013	51.80	48.20	3.60	107.47	198785
2014	58.50	41.50	17.00	140.96	200937
2015	53.10	46.90	6.20	113.22	206000
2016	52.10	47.90	4.20	108.77	169000
2017	51.70	48.30	3.40	107.04	169989

资料来源:2010~2017年全国流动人口动态监测调查。

从全国流动人口的性别结构来看,虽然总体上流动人口中男性比例较高,但是进一步分析发现,男性和女性流动人口的比例差异非常小,而且从2014年以后女性流动人口的比例一直在增加,男性流动人口的比例在减小,流动人口的性别比例差距呈现了逐渐缩小的趋势。2014~2017年流动人口的性别比例差距分别为17、6.2、4.2、3.4。中国流动人口进入稳定调整期以后,流动人口性别结构均衡化特征更加明显,流动人口性别比逐渐降低。

流动人口性别结构均衡化过程对生育行为和生育意愿都会产生影响。女性是生育行为的主体,均衡化过程背后反映的是越来越多的女性进入流动的行列。女性流动人口进入城市后,从农村留守转变为城市流动,大致经历着进入→融入→融合的递进过程,这一过程中的每一个阶段的递进速度都会对生育行为造成影响。在进入的初期阶段,由于女性人口刚从农村脱离，进入城市可能面临就业和居住的问题，再加上城市的高生活成本，不愿意刚进入城市就考虑生儿育女。到了融入的中期阶段，由于国家卫生计生服务逐渐向均等化方向发展，流动人口也可以享受流入地城市的卫生计生服务，比如可以在流入地孕检、产检、分娩、生育等。此时，流动人口会主动去了解流入地的相关政策和服务，主动融入流入地生活，这时可能会有生育孩子的打算。到了流动人口融合的后期阶段，由于在城市生活了多年，具备了一定的经济基础，形成了流动人口的社会关系网络，此时可能将生育意愿付诸实施，变成了生育行为，从而影响流入地的生育水平。因此从这个角度来看，人口迁移流动在很大程度上对他们的生育行为产生了延缓作用，将生育行为逐渐推迟。但也不可忽视另一个方面的问题，尽管流入地的经济生活成本和社会制度对流动人口具有一定的阻碍，但是人口流动由过去的丈夫独自流动向家庭式举家流动转变，流动人口的家庭团聚增加了妻子怀孕的机会，前期的生育意愿因夫妻分离难以及时实现，但是在夫妻团聚以后可能很快会变成现实。

流动人口性别结构的均衡化除了对已婚人群的生育行为产生影响外，对未婚人群的生育意愿、生育观念的改变也较为明显。对于未婚女性流动人口而言，虽然流动过程中暂时可能不考虑生育的问题，但是在城市的生活经历必将对其生育观念、生育意愿产生作用。当年轻的女性人口进入城市后，会受到城市现代生育文化的影响，很多未婚的农村女性人口外出打工几年后，婚恋观念发生改变，与农村未流动的人群相比，大多会选择晚婚，晚婚必然带来晚育。人口流动对农村妇女初婚年龄具有推迟效应，婚前有流动经历的农村妇女结婚年龄高于那些婚前未流动的（郑真真，2002；靳小怡等，2005）。初婚前是否流动对农村妇女初婚年龄的影响效应分析结果如表3-2所示。

表3-2　婚前是否流动对农村妇女初婚年龄的影响分析

变量	样本选择方程			回归方程		
	系数	稳健标准误	P	系数	稳健标准误	P
教育程度						
小学						
初中	0.15	0.02	0.000	0.79	0.03	0.000

变量	样本选择方程			回归方程		
	系数	稳健标准误	P	系数	稳健标准误	P
高中	0.35	0.02	0.000	1.59	0.04	0.000
大学	0.81	0.03	0.000	2.92	0.06	0.000
出生队列						
1960s						
1970s	0.70	0.03	0.000	0.45	0.05	0.000
1980s	1.41	0.03	0.000	−0.02	0.05	0.711
1990s	1.78	0.04	0.000	−2.04	0.06	0.000
民族						
少数民族						
汉族	0.04	0.03	0.174	−0.11	0.06	0.050
户籍地						
东部						
中部	−0.02	0.02	0.338	−0.62	0.03	0.000
西部	−0.06	0.02	0.001	−0.50	0.03	0.000
夫妻年龄差				−0.26	0.01	0.000
婚前是否流动						
否						
是				0.38	0.06	0.000
常数项	−1.74	0.04	0.000	22.51	0.08	0.000

资料来源：2014 年国家卫计委流动人口动态检测调查数据。

表3-2 的回归模型中，控制变量受教育程度、出生队列对初婚年龄的影响均显著，表现出对初婚年龄的推迟作用。受教育程度越高，农村女性流动人口的结婚年龄相对越迟，大学毕业者初婚年龄比参考类别小学文化者高出近 3 岁，比高中毕业者高出 1 岁多；和其他的同类研究结果相比较（刘厚莲，2014），模型中高中毕业的农村妇女比初中毕业者的平均初婚年龄推迟 0.8 岁，推迟幅度更加明显。与"60 后"出生队列的农村妇女比较，"70 后"农村妇女的初婚年龄推迟约半岁，而年轻的出生队列"80 后"，特别是"90 后"则显示出较低的初婚年龄，这与不同出生队列间的农村女性流动人口的初婚风险率无显著差异的研究结果不同。与少数民族农村妇女

相比，汉族农村妇女平均初婚年龄略低；与东部相比，中西部地区农村妇女初婚年龄明显偏低 0.5~0.6 岁。在本书中，我们将婚前流动作为回归模型中一个重要变量来考察，研究发现：流动经历对流动人口的初婚年龄的推迟作用是非常显著的，但不同于 Cox 回归中婚前流动的农村妇女初婚风险率下降、初婚年龄推迟的评价（郑真真，2002），干预效应模型显示婚前流动对农村妇女初婚年龄的具体推迟幅度为 0.38 岁。但如果不进行样本选择偏性控制，用传统方法评价婚前流动对农村妇女初婚年龄的影响却各有不同。婚前流动与未曾流动的农村妇女平均初婚年龄分别为 23.26±3.07 岁、22.05±2.81 岁，未调整的独立样本 t 检验显示婚前流动的农村妇女平均初婚年龄推迟 1.21 岁；多元线性回归方程则显示婚前流动导致农村妇女平均初婚年龄推迟 1.32 岁。比干预效应模型中控制样本选择偏性后的推迟效应高出 0.38 岁，未调整婚前流动的推迟效应高出 0.83 岁，回归调整婚前流动的推迟效应高出 0.94 岁，无疑后两者均高估了婚前流动对农村妇女初婚年龄的影响作用。

以上数据分析证明了人口外出迁移流动对结婚具有明显的推迟效应，婚姻的推迟进一步会对生育行为产生影响，因为中国当前的生育行为主要是婚内生育，虽然流动人口存在一定的婚外生育和未婚生育，但是婚内生育仍然是中国生育的主流现象。

3.2 年龄结构

人口年龄结构亦称为人口年龄构成。是各个年龄组的人口占总人口的比重或百分比。年龄和性别一样，是人口最基本的自然属性。任何一个人口群体都是由许多具有不同年龄的人口所组成，不同国家或地区在不同时点的人口总是从 0 岁组开始直到某个最高的年龄组为止。各个年龄组的人口在其总人口中所占的比重构成了人口年龄结构。人口年龄结构包括：①现有人口中育龄人口与非育龄人口比例；②劳动年龄人口与非劳动年龄人口比例；③少年儿童人口与老年人口比例等。不同的年龄结构具有不同的社会经济特征，就生育而言，不同年龄段的生育意愿、生育能力和生育行为具有较大的差异，由于女性的生育能力主要集中在 15~49 岁，男性的生育能力相对较长，但不管男性还是女性，生育能力也都主要集中在年轻时期，婴幼儿和老年人的生育能力很弱甚至没有生育能力。人口结构不仅对未来人口发展的类型、速度和趋势等有重大影响，而且对今后的社会经济发展也会带来重要的影响。

　　人口年龄结构是一个静态时点的人口统计指标。对同一个地区不同时点上的人口年龄结构进行比较分析，可以看出人口结构的发展趋势和规律。对不同地区的人口年龄结构进行对比研究时，原则上只有在同一时点上统计的年龄结构才具有可比性，即适用于同一时点不同地区人口年龄结构之间的分析研究。在实际运用中，人们对于相隔时间不太长久的不同地区的人口年龄结构，也进行比较研究，以此来评价他们之间的差异和特征，分析未来人口发展的类型和趋势。由于年龄较大的流动人口在劳动力市场竞争中不具有优势，年轻的流动人口在各方面都相对具有较高的优势，因此流动人口具有明显的年龄选择性特征，主要是年轻的人口，年龄分布具有与生育旺盛年龄期高度重合的特征，因此流动人口的结构变化对生育意愿和生育行为的影响就比较明显。因此，根据不同年份的流动人口年龄结构的统计分析，可以分析未来的流动人口发展变动趋势，对于把握流动人口发展规律具有较强的理论指导意义。年龄结构通常与性别结构交叉在一起，因此制作分性别的年龄结构图，也就是人口统计学中的人口金字塔图。本书根据历年流动人口动态监测数据制作了不同年份的人口金字塔结构，根据人口金字塔结构的变化来分析未来生育意愿和生育行为可能出现的变化特征。2010 年和 2017 年流动人口金字塔结构如图 3-2 所示。

　　伴随着中国人口年龄结构的老龄化发展，流动人口的老龄化问题也逐渐凸显。流动人口老龄化的原因主要来自两个方面：一是流动人口自身的老化过程，许多"60 后"一代的流动人口已经进入了老年阶段，"70 后"一代也逐渐向老年人过渡，流动人口自身结构的老化过程造成了流动人口的老龄化；二是"80 后""90 后"的新生代流动人口父母随迁带来的老年流动人口增多。由于中国的人口迁移流动逐渐向家庭化趋势发展，流动人口在流入地打下了经济基础以后，一部分流动人口在城市中长久居住甚至在城市落户，父母也被接到城市，随迁老年人的增多也加剧了流动人口的老龄化。图 3-2 中的 2010 年流动人口监测调查，主要是年轻的流动人口，老年流动人口数量极少，调查对象中没有包括老年人。从 2015 年以后，对于调查对象的年龄上限没有限制，60 岁及以上的老年流动人口也被监测调

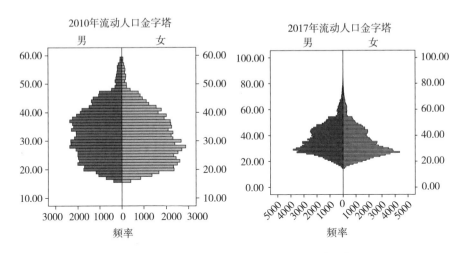

图 3-2   2010 年和 2017 年流动人口金字塔结构

查，调查对象为 15 周岁以上的男性和女性流动人口，监测调查结果发现有相当数量的老年流动人口。2015 年 60 岁及以上的老年流动人口有 4690 人，占该年监测样本的 2.76%，2016 年 60 岁及以上的老年流动人口有 4907 人，占该年监测样本的 2.90%，2017 年 60 岁及以上的老年流动人口有 6049 人，占该年监测样本的 3.56%。由此可以看出，中国流动人口中的老年流动人口所占的比例在不断增加。除了占比在增加，老年流动人口的绝对规模增长也比较快，2000 年 60 岁及以上的老年流动人口规模为 503 万人，2015 年增加到 1304 万人，15 年增加了接近 1.6 倍（段成荣等，2019）。流动人口的家庭化趋势明显，配偶、子女老年人的随迁人口的比重增加，家庭化流动趋势逐渐增强，流动人口平均户规模为 2.9 人。2014 年在婚流动人口中，夫妻一同流动的比重为 90.9%，较 2011 年增加了 5.7 个百分点；2011 ~ 2014 年，66% 左右的流动人口 0~14 岁子女随同父母双方或一方流动，2014 年为 66.8%，表明大部分流动人口已经进入了携妻带子、扶老携幼共同流动的状态，家庭化流动趋势逐渐增强。

流动人口的年龄结构除了老龄化特征较为明显，还有一个特征就是年轻的流动人口占据了主体。总体上看，人口迁移流动一直以来都是以劳动年龄人口，尤其是青壮年的劳动力人口为主，老年人口和儿童人口相对较少，2010 ~ 2017 年的中国流动人口监测调查结果显示，20~44 岁的中青年流动人口构成了流动人口的中坚力量，这一年龄阶段的流动人口占到全部流动人口的 75%~85%。"掐头去尾"式的劳动力资源利用方式是流动人口就业的主要年龄特征，如表 3-3 所示。

表 3-3　2010~2017 年流动人口年龄结构变化　　　单位:%

年份	年龄	15~19岁	20~24岁	25~29岁	30~34岁	35~39岁	40~44岁	45~49岁	50~54岁	55~60岁	合计
2010	男	5.57	15.68	18.07	18.32	18.64	13.27	6.97	2.22	1.27	100
	女	6.80	19.36	20.32	18.34	16.69	11.58	4.93	1.27	0.70	100
	合计	6.20	17.57	19.23	18.33	17.64	12.41	5.92	1.73	0.98	100
2011	男	7.46	15.71	17.73	17.50	17.08	13.36	7.52	2.28	1.36	100
	女	6.44	19.40	21.37	18.21	17.04	11.62	4.47	0.86	0.59	100
	合计	6.96	17.52	19.51	17.85	17.06	12.51	6.03	1.58	0.98	100
2012	男	7.52	15.60	17.55	16.74	16.22	13.49	8.71	2.63	1.53	100
	女	5.69	18.03	21.46	18.66	16.51	12.51	5.52	1.04	0.56	100
	合计	6.65	16.75	19.41	17.65	16.36	13.03	7.19	1.88	1.07	100
2013	男	6.73	14.37	18.17	17.31	15.62	14.31	8.65	3.20	1.64	100
	女	5.31	16.72	22.19	19.35	15.61	13.00	5.86	1.34	0.61	100
	合计	6.05	15.51	20.11	18.29	15.62	13.68	7.31	2.30	1.14	100
2014	男	5.18	12.89	19.78	17.79	14.73	14.06	9.44	4.19	1.93	100
	女	4.68	14.10	22.08	18.20	14.72	13.48	8.39	3.08	1.26	100
	合计	4.97	13.40	20.73	17.96	14.73	13.82	9.01	3.73	1.66	100
2015	男	3.31	10.16	19.19	17.72	15.21	15.28	10.98	5.42	2.72	100
	女	5.47	16.05	22.86	16.39	13.01	12.43	8.40	3.58	1.81	100
	合计	4.33	12.93	20.92	17.09	14.17	13.94	9.77	4.56	2.29	100
2016	男	2.60	8.68	19.56	18.69	15.47	14.90	11.09	6.31	2.69	100
	女	4.19	14.43	24.31	17.68	12.96	11.78	8.55	4.22	1.89	100
	合计	3.37	11.44	21.84	18.21	14.26	13.40	9.87	5.31	2.30	100
2017	男	2.07	8.06	18.58	18.86	15.59	14.35	12.14	7.26	3.09	100
	女	3.37	13.18	23.64	18.05	13.59	11.66	9.29	5.09	2.14	100
	合计	2.70	10.54	21.03	18.47	14.62	13.04	10.76	6.21	2.63	100

需要注意的是，20~44 岁的中青年流动人口虽然所占比例较高，但是由于流动人口的老龄化逐渐发展，这一年龄段的流动人口所占比例出现了

不断降低的趋势，2010~2017 年 20~44 岁的流动人口比例分别为 85.17%、84.45%、83.21%、83.20%、80.645%、79.06%、79.16%、77.70%，总体上呈不断降低的趋势。分性别来看，女性所占比例比男性较高，都出现了降低的趋势，2010~2017 年 20~44 岁的男性流动人口比例分别为 83.98%、81.38%、79.61%、79.78%、79.26%、77.57%、77.31%、75.43%，女性流动人口比例分别为 86.30%、87.65%、87.18%、86.88%、82.59%、80.74%、81.15%、80.11%。

流动人口的年龄结构变化对生育行为将会产生一定的影响作用，尤其是流动育龄妇女的年龄结构变化对生育的影响更为突出，但是不同的结构变化带来的影响是不一样的，流动人口自身的老龄化和随迁老年人的增加影响方向出现相反的结果，如果是由于流动人口自身的老化发展过程造成，由于生育行为的年龄集中特征，更多的是抑制生育意愿和生育行为，但如果是随迁老年人的增加所导致的流动人口老龄化可能出现相反的结果，因为流动人口在城市务工没有人照顾孩子而不愿意生育，如果父母随迁后有老人帮忙看护孩子，可能会在一定程度上提高生育意愿，最终提高生育水平。因此，流动人口年龄结构的变化对生育的影响需要进一步弄清楚到底是什么原因造成的。

3.3 民族结构

随着流动人口的全面普及发展，人口流动已经不分地域、不分民族、不分性别，所有民族的人口都出现了大规模的迁徙流动，少数民族人口迁移开始活跃。不同民族的人口流动导致民族间交往增多，一个直接的结果是汉语在少数民族中的普及应用。少数民族从与汉族的交往中获益的同时，也越来越意识到汉语的重要性。在我们关于维吾尔族流动人口的调查中发现，100% 的维吾尔族都认为汉语重要并希望子女学好汉语，在问及子女的成绩时，如果子女的汉语成绩好，他们是极为骄傲的。与汉族频繁接触的维吾尔族中，有 64% 的人将子女放在了汉语班。对他们而言，具备了一定的汉语能力就意味着有较强的竞争力和较多的就业机会。我们在新疆访谈了一位维吾尔族村民，在 2009 年以前他曾在外地做生意。在访谈中，他坚定地向我们表示以后无论如何都要让自己的女儿进入汉语班学习。因为在他看来,以后自己的子女同汉族人交流越来越多,而他自己在外地做生意时也因为汉语说不流利而在收入方面受到了影响。

> 我想让娃娃以后上学进汉语班,好好学习汉语。现在汉语学好了才能找到好工作,生活才能好。现在外面还是汉族人老板"劳到"(新疆方言中是厉害的意思),他们资源也多,也能赚钱。我那时汉语说得不好,没办法跟他们做生意。朋友里有汉语说得好的,就可以跟他们打交道,所以他们挣的钱就比我多。

从以上个案访谈中可以发现,不同民族的大迁徙、大融合有利于促进经济文化的交流,同时不同民族之间的生育观念也会相互影响。我们在某地区的白族生育性别选择的调查中就发现一个真实的例子。由于白族的性别观念更加平衡,不存在重男轻女的男孩偏好,很多家庭即便是在农村生了两个女孩,仍然不会拼命地追求生出儿子,这些白族人口流动到其他地区,也会对其他地区的生育意愿和生育观念产生影响,有利于人口性别结构的均衡化发展。因此,对流动人口的民族结构进行分析,对于把握未来流动人的生育行为具有重要的指导意义。2011~2017年流动人口的民族结构变化如表3-4所示。

表3-4 2011~2017年流动人口民族结构变化 单位:%

民族＼年份	2011	2012	2013	2014	2015	2016	2017
汉族	94.07	94.50	94.29	92.67	92.14	91.78	90.59
蒙古族	0.44	0.22	0.28	0.37	0.35	0.40	0.46
满族	0.30	0.30	0.28	0.45	0.54	0.55	0.69
回族	0.69	0.57	0.48	1.84	1.97	2.00	2.07
藏族	0.12	0.14	0.13	0.73	0.78	0.76	0.91
壮族	1.15	1.12	1.05	1.03	1.18	1.09	1.24
维吾尔族	0.27	0.16	0.18	0.33	0.42	0.58	0.55
苗族	0.81	0.77	0.91	0.55	0.57	0.59	0.67
彝族	0.24	0.26	0.30	0.33	0.31	0.34	0.42

续表

年份 民族	2011	2012	2013	2014	2015	2016	2017
土家族	0.68	0.68	0.68	0.47	0.48	0.52	0.66
布依族	0.24	0.20	0.28	0.15	0.14	0.18	0.21
侗族	0.25	0.22	0.28	0.17	0.15	0.19	0.21
瑶族	0.10	0.18	0.15	0.12	0.13	0.12	0.14
朝鲜族	0.11	0.07	0.10	0.11	0.13	0.12	0.14
白族	0.07	0.11	0.09	0.09	0.10	0.11	0.16
哈尼族	0.06	0.06	0.06	0.11	0.10	0.11	0.17
黎族	0.03	0.04	0.04	0.07	0.07	0.08	0.12
哈萨克族	0.01	0.01	0.01	0.02	0.02	0.03	0.05
傣族	0.01	0.03	0.03	0.02	0.02	0.03	0.06
其他	0.34	0.34	0.37	0.38	0.38	0.42	0.49
合计	100.00	100.00	100.00	100.00	100.00	100.00	100.00

从表3-4可以看出，流动人口的民族结构发生了一个新的变化趋势，在流动人口中，汉族流动人口的比例趋于下降，而少数民族流动人口的比例相应地呈现不断扩张的趋势。少数民族人口的流动性越来越活跃，体现了全民族流动的活跃局面。在中国整体人口流动较为活跃的背景下，少数民族人口的流动性也逐渐提高。这不仅表现在流动人口的规模上，也体现在各民族流动人口规模的增长速度上。就流动人口的增长速度而言，汉族流动人口的增长速度比少数民族慢，在少数民族人口中，占比和规模较大的是壮族人口，壮族流动人口的比例在2011~2017年一直保持在1个百分点以上，而且还在不断增长，另外值得注意的是回族流动人口，回族流动人口是增速最快的一个少数民族流动人口，从2011年的0.69%迅速增长到2017年的2.07%，成为流动人口中占比最高的少数民族，其余的少数民族人口占比均在1%以下。

由于中国的计划生育政策具有民族倾向性，所以流动人口的民族结构变化必然会对生育意愿、生育行为和生育水平产生影响。以少数民族种类最多的云南省为例，近年来，云南省生育政策主要由省人大常委会通过立法或修订等形式进行调整，全省统一执行《云南省人口与计划生育条例》

（2016年3月31日审议通过），按照条例规定贯彻实施生育政策。但是在少数民族的生育政策方面具有一些特殊的规定：一是根据新的《云南省人口与计划生育条例》，特少数民族享受"三孩"政策，规定为：少数民族农村居民已生育二个子女后，有下列情形之一的，由夫妻双方申请，经批准可以再生育一个子女：（一）夫妻双方都是居住在边境村民委员会辖区内的少数民族；（二）夫妻双方或者一方是独龙族、德昂族、基诺族、阿昌族、怒族、普米族、布朗族、景颇族的。二是根据《云南省人口与计划生育条例》（2015版）的规定：第十六条，夫妻双方是城镇居民的，一对夫妻生育一个子女。有下列情形之一的，由夫妻双方申请，经批准可以生育第二个子女：夫妻双方或者一方是独龙族、德昂族、基诺族、阿昌族、怒族、普米族、布朗族、景颇族的。第十九条，少数民族农村居民按照本条例第十八条规定已生育两个子女后，有下列情形之一的，夫妻双方可以提出申请，经批准可以再生育一个子女：（一）夫妻双方都是居住在边境村民委员会辖区内的少数民族；（二）夫妻双方或者一方是独龙族、德昂族、基诺族、阿昌族、怒族、普米族、布朗族、景颇族的。2016年1月1日实施全面二孩生育政策以来，云南省大理州高度重视，认真抓好政策落实，强化工作举措，确保全面二孩生育政策积极稳妥实施。截至2018年10月31日，全州共有8825对父母一方或双方非农夫妇登记办理了二孩生育服务证，生育二孩4873人，其中双方非农夫妇生育二孩2984人。截至2018年12月31日，大理州接近9330对父母一方或双方非农夫妇提出二孩生育申请，父母一方或双方非农夫妇生育二孩5275人，其中父母双方非农夫妇生育二孩3194人。

在实施全面二孩生育政策之初，大理州卫计委就及时对全州目标人群开展了摸底调查，据全州非农户籍一孩家庭妇女生育意愿调查，愿意在近五年内生育二孩的非农户籍一孩夫妇有24912对，占非农户籍一孩夫妇总数的28.56%。结合全面二孩生育政策实施一年半以来的数据分析，我们认为，实际生育二孩的非农户籍一孩家庭妇女可能比生育意愿调查汇总分析的妇女要少，30%~40%的家庭妇女最终生育二孩。预计全州未来五年平均每年非农户籍一孩家庭妇女生育二孩大约为2000人。由此可以预见，全州未来一段时期内人口将处于一个低速增长状态，不会出现堆积效应。究其原因，本书分析认为：一是生育成本、养育成本和教育成本的提高，以及个人生活方式的选择，政策限制逐渐成为次要因素；二是同样的生育政策，在社会、家庭、夫妇、父辈或小孩之间演化出不同的生育意愿，塑造出各异的生育感受，生或不生不只是目标夫妇的纠结，更上升为整个家庭需要统一的步伐；三是部分目标人群年龄偏大，对生育风险因素的考察上升为主要因素；四是作为当下和今后最大的生育群体的"80后"和"90后"多为独生子女，生育观念在时代的作用下催生了很大变化。

当然，各个民族的生育政策在具体的执行过程中会有所不同，但是大多具有共同的特征，与汉族相比少数民族的生育政策更加趋于宽松化，少数民族可以多生1~2个孩子。在中国特色社会主义新时代，具有不同生育政策的民族人口在地理空间上的流动，改变了原有的生育安排。另外，由于少数民族人口迁移流动促使他们在地理空间上的集聚，也可能会出现生育的空间自相关现象，即"高—高""低—低"的生育集聚，由于人口在地理空间上的集聚，某个民族的生育水平较高，也会促使其周边的生育水平提高，如果某个民族的生育水平较低，也会促使周围的民族生育水平降低，不同民族流动人口的生育水平可能存在空间自相关的问题。

3.4　婚姻状况

婚姻和生育的关系更为直接，通常情况下我们讨论的生育问题也仅限于基于婚姻的婚内生育问题，而不考虑未婚生育和婚外生育的问题。学术界很少研究未婚生育水平和婚外生育水平，婚姻是生育的前提。婚姻行为对生育行为具有直接的作用和影响。从结婚的时间上来看，结婚时间的早晚影响和制约生育时间的早晚，从结婚的次数来说，结婚的次数越多，生育的孩子数量也可能越多，因为每一次婚姻经历都会考虑生育孩子，从婚姻的状态和构成来看，离婚则不利于生育行为的发生。但是人类的婚姻与动物的交合有着本质的区别，人类的婚姻虽然具有自然属性的一面，但是婚姻的本质还是社会属性，人们对婚姻行为体现出具有一定的选择性和控制力。

婚姻是人类社会中一种普遍存在的社会制度。在任何社会形态下，都存在着男女两性结合的形式，但在不同的社会形态下表现为不同的结合方式。在生产力水平低下的原始社会，是一个男人（或男人们）与一个女人

（或女人们）之间的结合。①威廉·A. 哈维兰把婚姻（Marriage）定义为"一个或多个男人与一个或多个女人之间的关系"。②随着生产力的发展，社会逐步发展，出现了一夫一妻的婚姻制度，著名的英国社会学家吉登斯将婚姻界定为"两个成年人之间被社会所承认的性结合"。婚姻虽然被赋予了自然与生物性之特征，但并非所有的性结合都能称为婚姻，只有被纳入一定的社会规范之中，并赋予相应社会权利与义务的性关系才能称为婚姻。婚姻的本质在于男女性关系的社会规范化、合法化，即婚姻是一定社会制度和规范所确认的男女两性结合的社会形式。婚姻除了受社会制度的制约外，还会受到历史文化传统及民风民俗的影响。其实，婚姻不仅仅是夫妻之间的事情，受中国传统文化的影响，特别是家庭文化的影响，婚姻的内核是"小家"（核心家庭），而外延是"大家"，在这个"大家"里面包括了夫妻双方的父母及其他亲属群体，在古代社会中甚至还包括同姓、同宗等其他有血缘关系的人。③

在中国古代，因为男方去女方家迎亲娶媳的时间总是在夜里进行，所以叫通昏，《仪礼·士婚礼》谓"婚礼下达"，"姻"做"因"，意思是"关系"，具体指由婚姻结合而衍生出来的社会关系。《礼记·昏义》称"婚礼者，将合二姓之好，上以事宗庙，下以继后世也"④。《中国大百科全书》中对婚姻的定义是这样的："两性基于一定的法律、习俗和伦理道德等规定所建立起来的夫妻关系。"⑤婚姻关系的缔结是家庭建立的标志和基础，而家庭是婚姻缔结的结果。婚姻制度是一个社会所作做的有关夫妇关系确立的一整套社会规范，不同的社会制度都有相应的婚姻制度，虽然随着时代的发展可能会有所变化，但其本质比较稳定。具体地说，婚姻是指男女两性确立合法的夫妻关系、组织家庭、共同承担抚育后代职能的社会形式。⑥中国著名社会学家费孝通在《生育制度》中提及了婚姻的概念，认为男女相约共同担负抚育他（她）们所生孩子的责任就是婚姻。其认为婚姻不是两个

①　[美] 罗伯特·F. 墨菲. 文化与社会人类学引论 [M]. 北京：商务印书馆，2004.
②　转引自刘锋. 论婚姻理论歧义性之由来 [J]. 吉首大学学报（社会科学版），2006（3）：60-64.
③　何琪. 婚姻论 [M]. 北京：中国文史出版社，2014.
④　汤兆云. 人口社会学 [M]. 武汉：华中科技大学出版社，2010.
⑤　转引自：蒋彬. 四川藏区城镇化进程与社会文化变迁研究——以德格县更庆镇为个案 [D]. 四川大学博士学位论文，2003.
⑥　刘铮. 人口理论教程 [M]. 北京：中国人民大学出版社，1985.

异性个体间的私事，也不仅仅是两性的关系，婚姻更多的是社会方面的属性，婚姻关系要受到社会规范的限制与约束，其意义就在于建立社会结构中的三角关系，夫妇不只是两性间的关系，还有共同抚育儿女的合作关系，在这个契约中同时缔结了夫妇关系和亲子关系，并且这两种关系不能独自成立，夫妇关系以亲子关系为前提，而亲子关系以夫妇关系为必要条件，这构成三角形的三条边，三者缺一不可。正如史学家迪帕基埃所说，婚姻在人口变化中占有重要的地位，因为它是人类生物性与社会性的连结点。同样，罗伯特·F.墨菲（2004）也认为，结婚沟通了自然现象与文化现象，它不仅包括性与生育的自然功能，还通过文化设置的法律得以实现，人类是自然的一部分，同时也是文化的创造者，具有一身兼二的特点。齐美尔也写道：婚姻涉及性，但又不仅仅局限于性，而是超越了性，婚姻中的性已经转化为某种高于生理行为的东西，客观上性就是性，但是在婚姻中却得到不同的阐释，婚姻中的性行为被社会认为是善的、正常的、符合角色期望，因为它繁衍后代以保持人类的持续发展。①

在《人口科学辞典》中，婚姻状态分为未婚、已婚（有配偶具体又包括初婚有配偶、再婚有配偶、复婚有配偶）、丧偶、离婚四种类型，有的也将离异当作一种婚姻状况。其中，未婚是指15岁以上的人口尚未结过婚的状况。在一个人口总体中，未婚人口所占比重的大小或未婚率的高低，取决于多种社会经济因素和生理及心理因素，包括社会制度、经济发展水平、政府的法令和政策规定、风俗习惯及人们的伦理道德观和人生价值观等因素（吴忠观，1997）。不同的婚姻状况对生育的影响较大，除已婚有配偶有利于生育行为的发生，其他几种婚姻状况均不利于生育行为的发生，所以通过对婚姻状况的分析，也有助于对生育情况的把握。流动人口的婚姻状况及其变化如表3-5所示。

表3-5　2010~2017年流动人口婚姻构成变化趋势　　　　单位：%

年份 婚姻状况	2010	2011	2012	2013	2014	2015	2016	2017
未婚	22.19	23.05	23.22	22.12	21.60	18.51	16.27	15.11

① 刘铮. 人口理论教程 [M]. 北京：中国人民大学出版社，1985.

续表

婚姻状况 ＼ 年份	2010	2011	2012	2013	2014	2015	2016	2017
初婚	76.01	74.86	74.26	75.40	74.80	77.41	78.68	79.13
再婚	0.93	0.95	1.01	1.04	1.31	1.46	1.78	2.10
离婚	0.69	0.92	1.22	1.17	1.86	1.86	1.74	1.89
丧偶	0.18	0.21	0.30	0.27	0.43	0.76	0.88	0.92
同居	—	—	—	—	—	—	0.65	0.84
合计	100.00	100.00	100.00	100.00	100.00	100.00	100.00	100.00
有效样本量	122548	128000	158556	198795	200937	206000	169000	169989

从表3-5可以看出，流动人口群体以初婚有配偶为主体，占到流动人口总体的75%~80%。其次是未婚群体，但是未婚流动人口的比重出现了逐年降低的变化特征，2010年未婚流动人口的比例为22.19%，2017年降至15.11%，大约每年降低一个百分点。另外，由于中国的离婚率在不断增加，在流动人口中也体现出离婚率的攀升，当然离婚与流动是否具有特定的关联性、是因为流动而离婚还是因为离婚之后了才流动并不清楚。这是一个值得关注的人口问题，但是该问题已经超出了本书讨论的范畴，本书并没有对此进行分析讨论。从表3-5中还可以看出，流动人口中初婚有配偶的比例在增加，初婚比例的增加意味着流动人口中的生育问题将会越来越突出，尤其是在全面二孩生育政策放开以后，很多流动的育龄妇女可能面临着生育孩子的问题。

3.5　户籍构成

1958年1月9日，中国颁布了第一部户籍制度条例《中华人民共和国户口登记条例》，确立了一套严格的户口管理制度。户籍制度（也叫作户口登记制度）是随着国家的产生而形成的一种社会制度，具体是指通过各级权力机构对其所管辖地域范围内的户口进行调查、登记、申报、销户等，并按一定的原则进行立户、分类、划等和编制。长期以来，户籍管理制度对于中国的人口管理起到了重要的作用。户籍制度最初的特点是，根据人口的地域属性和家庭成员关系将户籍划分为农业户口和非农业户口，并默认非农业户口比农业户口更好，具有更高的社会价值。人口的户籍登记管理做法在中华人民共和国成立初期曾起到积极作用，但自改革开放以来，随着城乡交流的日益广泛，该制度成为人们自由迁徙流动的制度障碍，因此遭受了越来越广泛的争议。现阶段，中国的户籍制度主要是根据血缘继承关系和地理位置来划分，把户口划分为城镇户口和农村户口，这种城乡二元户籍制度在城市和农村之间竖起了一座高墙，是对公民身份的一种不公平的等级划分，带有一定的歧视性。农业户口与农村户口并非一一对应，城镇户口也并非与非农业户口对应，城镇有农业和非农业户口之分，农村也有农业和非农业户口之分，因此相互交叉形成了四种类型：城镇农业人口、城镇非农业人口、农村农业人口和农村非农业人口。

在市场经济高速发展和社会生活民主化的今天，户籍制度已经引起了越来越多的争议，户籍制度改革是广大人民群众特别是持有农村户口公民和整个社会的迫切要求。户籍制度的功能与影响并不是一成不变的，它是一个不断演变的过程，其变迁大致经历了三个阶段：第一个阶段着重户籍的登记管理职能，这时的户籍管理政策最主要的目的在于对人口居住地点与基本信息的登记，并不涉及公民的自由迁徙与利益权利的分配等问题；第二个阶段着重户籍在限定人口自由流动方面的功能，其中最主要的是针对人口的乡城流动行为进行严格的约束与规制；第三个阶段着重在相关的利益分配方面，其最突出的表现在于将涉及诸如就业、教育、住房、医疗、社会保障等与公民切身利益相关的诸多福利权益与户口相联系。由于当前的户籍制度并非简单地承载着人口信息登记的功能，而是演化为就业、教育、住房、医疗、社会保障等与公民切身利益相关的资源配置依据，所以户籍制度对人们的影响较为深刻。

在过去很长一段时期，中国的户籍制度与生育政策有着密切的关系。不同户籍性质的人口，生育政策差别较大。城市和农村的生育政策具有显著的差异，如1981年9月，中共中央书记处会议专门研究了计划生育政策，认为"今后在城市仍然应毫不动摇地继续提倡每对夫妇只生一胎，在农村则是根据实行责任制以后的新情况，一方面抓紧工作，一方面适当放宽"。流动人口从农村转移到城市，制度身份依然是农民，但是经常性的生活居住地却在城市，在户籍配置社会公共服务资源的制度下，很多流动人口在城市就难以平等地享受流入地城市的医疗卫生、教育等资源,流动人口在工作和居住的城市的资源空缺必将会对他们的生育意愿和生育行为产生影响。流动人口的户籍构成及其变化如表3-6所示。

表3-6　2010~2017年流动人口户籍构成变化趋势　　单位:%

户籍类型 \ 年份	2010	2011	2012	2013	2014	2015	2016	2017
农业	84.20	85.98	85.54	86.10	84.14	83.59	82.16	77.98
非农	15.70	13.95	14.30	13.68	14.68	14.99	15.04	14.31
农业转居民					0.92	1.22	0.92	4.71
非农业转居民					0.26	0.20	0.13	0.48
居民							1.72	2.45
其他(含无户口)	0.10	0.07	0.16	0.22			0.03	0.07
合计	100.00	100.00	100.00	100.00	100.00	100.00	100.00	100.00
有效样本量	122548	128000	158556	198795	200937	206000	169000	169989

一直以来,中国流动人口都是以农村人口转移为主体,农业人口成为中国流动人口的主力军,流动人口动态监测调查数据显示,农业户籍的流动人口占流动人口总量的85%左右,非农业人口只占流动人口的15%左右。随着中国户籍制度的逐步改革完善,农业人口的比例出现了一定的下降,而"农业转居民"的流动人口逐渐增加,这主要是因为国家户籍制度改革造成的。由于长期以来的户籍制度饱受争议,中国逐渐取消了"农业户籍"和"非农业户籍"的身份差异,逐步形成城乡统一的居民户口制度,这一改革导致了流动人口中的"农业转居民"逐渐增多。

农业户籍的流动人口占比减少可能由以下几个因素导致:一是农业流动人口的返乡回流;二是农业流动人口在城市定居,转化为城市居民;三是农业流动人口因为年龄较大,逐渐退出流动的行列,回到老家务农。这一变化对未来中国人口的发展影响也比较大。一方面,如果是因为年龄偏大退出劳动力市场回到老家,虽然不会面临着直接的生育问题,但是他们长期受城市文化的熏陶,对流出地农村地区的传统生育观念会形成一种冲击,向农村留守人口传播新事物、新现象和新观念。比如在农村,部分村民也可以接受晚婚晚育甚至不婚不育的现象。在性别观念上也可能更加趋向于性别平等化，重男轻女的思想可能在一定程度上淡化，生育观念的转变间接地影响下一代的生育行为。另一方面，如果是因为流动人口在城市定居落户导致的农业户籍的流动人口占比减少，则从总体上更有利于生育水平的降低，因为如果她们回到农村，可能受农村的生育观念、生育环境的影响会选择多生，而定居在城市的流动人口有自己独立的生活空间，很少受到家人的干涉和来自家族势力的控制，而且在城市为了生存和生活，可能更多的时间和精力用于提升个人能力，为自己的事业而奋斗，将生儿育女的事情放到了次要的位置。在生育时间上通常会选择晚生，在生育数量上因城市抚养成本过高和没有足够的人手照顾而选择少生或不生，在生育性别上更加注重性别的平等化。在大多数城市居民看来，生育男孩和女孩都一样，他们将来都不太需要依靠子女养老，而主要依靠社会养老和自己的养老金养老，因为城市的孩子长大了都要去追求自己的事业，不可能围在父母身边一辈子，所以他们认为养儿子和女儿都是一样的。从生育的目的来看，农村和城市也具有明显的差别，在我们的定性访谈中发现：农村家庭生育孩子的目的主要是传宗接代、继承家产。另外，生育孩子可以满足情感的需求，维持家庭的稳定性，到了老年的时候子女是父母的情感寄托。一部分城市父母是为了完成自己未实现的理想，孩子不仅是自己生命体的延续，同时也是自己梦想的实现者。

因此，从这个角度来看，流动人口的户籍制度和居住地的长久性改变，将会从生育数量、生育时间、生育目的等多个方面对生育意愿和生育行为带来影响。虽然户籍本身不具有影响生育行为的功能，但是依附于户籍制度的医疗卫生、教育等公共资源配置方式、配置结果均会影响人们的生育意愿和生育决策。流动人口未来户籍迁移倾向将在一定程度上对流入地城市的生育水平产生影响。

3.6　受教育程度

受教育程度不仅直接制约着青年男女的职业选择、婚姻选择和生育选择行为，还会间接地通过改变每个人的观念、意识、态度和价值观，对育龄群体的生育选择产生影响作用。因此，人们的文化素养会对生育行为起到一个至关重要的影响作用。关于受教育程度与生育的关系，我们可以从微观层面与宏观层面两个方面进行考察。

首先，从社会的宏观层面来看，随着社会经济的快速发展与结构转型，经济水平显著提高可以促进更多的人接受高等教育，一个国家或地区高等教育的普及、文化素质的提高，有利于形成低生育的社会文化环境。人们为了在事业发展竞争中具有更强的优势，不断地考虑提升个人学历和能力，而没有太多的精力去考虑生儿育女，因为养育孩子不仅需要花费巨大的经济成本，而且需要父母付出更多的时间成本和机会成本。2016年全面二孩生育政策放开以后，人们的生育意愿并不高，生育水平并没有出现部分专家预言的扎堆生育导致的生育反弹，其中一个主要的原因就是人们的生育观念已经发生了转变，在生育观念转变和低生育文化的形成过程中，教育的贡献功不可没，教育从区域文化的层面影响了个人的生育意愿和生育行为的选择。

其次，从个人的微观层面来看，受教育程度是人力资本的重要内涵，它影响着个人的选择机会与选择空间[1]。教育首先影响婚姻，进而影响生育意愿和生育行为。有关研究发现，受教育程度的提高对婚姻（初婚）具有显著的推迟效应（杨克文和李光勤，2018），个人受教育程度的提高，在校时间的延长，将使结婚的时间往后推迟，从而影响初育的时间。另外，受教育程度的提高还会改变传统的生育观念，接受现代的生育观念，有利于少生优生。教育对生育的影响可以通过延迟结婚生育和改变传统生育观念双重作用来影响。

流动人口的受教育程度提高，接受过高等教育的流动人口比例持续增加。我们利用人均受教育程度的计算公式计算了2010~2017年中国流动人口的平均受教育年限。人口受教育程度是人口的一个重要特征，是反映人口素质的一项重要内容。平均受教育年限是反映人口素质的重要指标之一，具体指6岁及以上人口平均接受教育的年数(E)，具体计算方法如式（3-1）所示。

$$E = \frac{19 \times P_{研究生} + 16 \times P_{大本} + 15 \times P_{大专} + 12 \times P_{高中/中专} + 9 \times P_{初中} + 6 \times P_{小学}}{P_{6+}} \quad (3-1)$$

根据式（3-1），利用2010~2017年全国流动人口动态监测调查数据计

---

① 翟振武，段成荣等. 跨世纪的中国人口迁移与流动 [M]. 北京：中国人口出版社，2006.

算发现，中国流动人口的平均受教育年限总体趋势在不断提升。2010 年全国流动人口的平均受教育年限达到 9.46 年，2011 年达到 9.64 年，2012 年达到 9.75 年，2013 年达到 9.79 年，2014 年达到 9.93 年，2015 年达到 9.89 年，2016 年达到 10.15 年，2017 年达到 10.11 年，具体结果如表 3-7 所示。

表 3-7　2010~2017 年流动人口受教育程度年限变化趋势

单位：人，年

受教育程度＼年份	2010	2011	2012	2013	2014	2015	2016	2017
未上学	2694	2079	2666	3049	3157	3889	3115	4659
小学	19545	17751	20931	25089	24759	27447	21735	24313
初中	65192	69323	83950	107599	105896	104011	79446	74214
高中	17044	19621	24614	29782	41289	44778	37682	37224
中专	8078	8261	10990	12732				
大学专科	6603	7182	10020	13228	16937	16657	16510	17779
大学本科	3131	3449	5017	6788	8246	8614	9704	10908
研究生	261	333	368	528	653	604	808	892
有效样本量	122548	128000	158556	198795	200937	206000	169000	169989
受教育年限	9.46	9.64	9.75	9.79	9.93	9.89	10.15	0.11

　　流动人口受教育程度以初中为主。大概有一半以上的流动人口受教育程度为初中，但是从流动人口的动态监测调查结果来看，初中文化程度的流动人口的比例出现了递减的趋势。其次是高中和小学，两者的比例相当，高中文化程度的流动人口占比在不断攀升，2010 年高中文化程度占比只有 13.91%，2017 年增加到 22%。还有一个明显的变化特征是大学文化程度的流动人口也出现了明显的增长。大学专科和大学本科文化程度的流动人口 2010~2017 年在流动人口中的占比均翻了一番，流动人口的人力资本提升较为明显，如表 3-8 所示。

表 3-8　2010~2017 年流动人口受教育程度变化趋势　　　单位：%

年份 受教育程度	2010	2011	2012	2013	2014	2015	2016	2017
未上学	2.20	1.62	1.68	1.53	1.57	1.89	1.84	2.74
小学	15.95	13.87	13.20	12.62	12.32	13.32	12.86	14.30
初中	53.20	54.16	52.95	54.13	52.70	50.49	47.01	43.66
高中	13.91	15.33	15.52	14.98	20.55	21.74	22.30	21.90
中专	6.59	6.45	6.93	6.40				
大学专科	5.39	5.61	6.32	6.65	8.43	8.09	9.77	10.46
大学本科	2.55	2.69	3.16	3.41	4.10	4.18	5.74	6.42
研究生	0.21	0.26	0.23	0.27	0.32	0.29	0.48	0.52
合计	100.0	100.0	100.0	100.0	100.0	100.0	100.0	100.0
有效样本量	122548	128000	158556	198795	200937	206000	169000	169989

在全国人口受教育程度普遍提高的背景下，流动人口的受教育程度也显著提高。流动人口的人力资本禀赋增加。流动人口教育文化水平提高的主要原因是中国高等教育的普及发展，高校扩招导致每年都有大量的大学毕业生，加上就业竞争激烈，很多应届本科生毕业找不到合适的工作就选择外出务工。在我们的个案访谈中了解到了类似的情况。

【个案访谈 1】BJY，男，1995 年出生，云南曲靖人，昆明理工大学本科学历，土木工程专业。2014 年毕业后第一年在昆明物流公司上班，在昆明工作了一年准备考公务员，但是没有考上。第二年随老乡到了江苏省一个工厂打工，工资每月 5000 多元。访谈时问道："为什么不考事业单位，找一个稳定固定的工作？"BJY 说："考了一次公务员没有考上，就没有心思复习，年龄大了，不能一直靠家里养着，随便出来找个工作也很好，工资也不低。父亲因为我大学毕业没有找到一个稳定的工作，和我闹了几次矛盾，我现在连过年都不想回去。"在问道："未来工作有何打算？"BJY 回答说："工作没有什么大的愿望，反正也毕业几年了，静不下心复习考试，对现在的工作我还挺满意的，工资又不算低，现在最大的心愿就是找一个女朋友，回家结婚，因为我现在所在的工厂基本都是男工，女的也是结过婚的，全厂只有一个女的还没有结婚，而且有很多男的在追求，最大的愿望就是在周边的工厂找一个女朋友成家，结婚后一起奋斗。我是农村出来的，到了我这个年龄家里的老人都催得很紧，我父母曾经安排了几次老家的相亲，因为工作忙没有时间回家，我还是想在外面通过自己认识，互相了解，有感情基础，不想草率结婚。"

【个案访谈 2】CRS，男，1987 年出生，江西瑞金人，研究生学历，2013 年云南师范大学硕士毕业。毕业后考了几次公务员都没有考上，但是也不想回江西工作，就在云南省昆明市一家辅导机构上课。现在已经结婚了，生育了一对双胞胎儿子，儿子 3 岁多了，在孩子一岁的时候和媳妇离婚了，现在一个人带着两个孩子在昆明工作。在问到对未来的工作有何打算时，CRS 回答："昆明人有钱，非常愿意投资孩子的教育，我虽然在私立的辅导机构上课，工作辛苦一些，但是工资还算可以，我一个月课程排得比较紧凑，高的时候可以拿到 10000~15000 元/月，最少的时候一个月也能拿到 7000~8000 元，我现在也不想通过考试找工作了，感觉太难了，没有希望，现在的打算就是等我存够钱了，自己就出去开一个辅导机构，自己独立出来干，我觉得这个行业比较有潜力，因为人们对教育的重视程度越来越高。"

【个案访谈 3】LBY，男，大学专科学历，2011 年毕业于云南经济与管理学院，英语专业。毕业后没有参加任何考试，准备自己创业，目前在昆明市一家书法教育机构教授小学生的书法课，已婚，媳妇也是大学专科生，目前生育了一个女孩。访谈的时候（2019 年 3 月）孩子刚 3 岁，刚上幼儿园。在问到未来一段时期是否有生育二孩的意愿，打算在什么时候生育二孩时，LBY 回答："至少在 3~5 年内还没有这个打算，在昆明生活成本很高，像我们工资不高而且又不稳定，连自己的生活都有困难，哪敢考虑生育二孩，即便要生也是等到有经济能力了以后再考虑。"当我们问道："难道你不想再生一个儿子吗？如果你只要这一个孩子，你的父母不会反对吗？"LBY 回答："因为我父母是农村的，确实反对我们只要一个孩子，尤其是第一个孩子是女儿，重男轻女的思想非常严重，老人都催了很多次，叫我们赶快再生一个，一个女儿太孤单了，但是他们催也没有用，毕竟现在是现代社会了，生不生、什么时候生都是我和媳妇之间的事情，由我们自己决定，而且我觉得女儿也挺好的，女儿乖巧顺从，长大以后也比较贴心，不管儿子还是女儿都要有能力，没有能力就算养了十个儿子又能怎么样？"

上述虽然只是几个个案的定性访谈，但是据我们的调查与了解，现在有很多大学生甚至研究生，毕业后找不到合适的工作一般都不会待在家里，而是外出到一些发达的城市去打工或者自己创业，这类群体的受教育程度相对第一代农民工而言有着本质的差异，他们大多选择到一些电子厂、包装厂、服装厂做一些带有技术性的轻型体力劳动或者是脑力劳动，很少到建筑工地上去干苦力，虽然同样是打工，但是新生代和老生代农民工的职业有着明显的差别。可以预料，未来随着高等教育的进一步扩招和就业竞争更加激烈，将会有越来越多的大学生甚至是研究生进入流动人口的行列，流动人口受教育程度的提高对降低生育水平具有明显的促进作用，从生育意愿方面来看，受教育水平的提高有助于改变传统的生育观念，接受现代型生育观念，可以降低生育意愿。

3.7 流动情况

人口流动情况，包括流动时间、流动方式、流动范围等流动属性都可能会影响流动人口的生育决策与安排。已有的相关研究发现，人口迁移流动的地域范围与生育意愿存在一定程度的相关性。不同的流动范围、生育意愿和生育行为存在一定的差距，跨省流动的农村流动人口比省内流动的人口生育二孩意愿要强，即流动范围大的流动人口比小范围内流动的流动人口生育二孩的意愿更强烈（侯慧丽，2017）。流动范围是人口流动的重要属性，我们根据人口流动跨越的行政区划范围将流动范围分为市内跨县、省内跨市、跨省和跨境流动四种，对不同流动范围的流动人口生育意愿进行分析。2010~2017年流动人口流动范围变化趋势如表3-9所示。

表3-9 2010~2017年流动人口流动范围变化趋势　　　单位：%

年份 流动类型	2010	2011	2012	2013	2014	2015	2016	2017
跨省流动	70.31	69.64	68.86	68.02	50.96	49.88	49.07	49.29
省内跨市	23.67	22.79	22.68	22.82	30.33	30.34	33.58	32.95

续表

年份 流动类型	2010	2011	2012	2013	2014	2015	2016	2017
市内跨县	6.02	7.53	8.46	9.15	18.71	19.76	17.34	17.76
跨境	0.00	0.00	0.00	0.00	0.00	0.01	0.01	0.00
其他	0.00	0.05	0.00	0.00	0.00	0.00	0.00	0.00
合计	100.00	100.00	100.0	100.0	100.0	100.0	100.0	100.0

从表3-9可以看出，在2010~2017年，中国人口流动范围出现了一定程度的内卷趋势。所谓的人口流动内卷，是指人口流动的范围在不断地缩小。大范围的跨省流动的势头明显减弱，从2010年的70.31%减少到2017年的49.29%，而市内跨县和省内跨市的流动在不断增强，尤其是市内跨县的流动占比在监测期间几乎翻了两番，从6.02%增加到17.76%。这一变化在2014年表现得非常明显，市内跨县流动占比突然从2013年的9.15%猛增到2014年的18.71%，几乎翻了1倍还多。相应的跨省流动的比例也从2013年的68.02%迅速递减到2014年的50.96%，流动人口流动地域的内卷化趋势非常明显。按照已有的研究结论来解释，流动地域范围越大，生育意愿越强，流动地域范围越小，生育意愿越弱，那么可以推断未来中国流动人口的生育意愿可能会存在一定程度的减弱。流动范围的内卷性可能与金融危机有很大的关系，东部沿海地区过去很长一段时间吸引了大量的中西部地区的人口流入，但是由于金融危机导致一些工厂、企业经济不景气，一部分跨省流动人口纷纷回流，另外还可能与国家的经济发展战略调整有关，西部地区的吸引力在提升。从流动人口个体因素来看，由于流动人口的老龄化，退出了跨省的远距离流动，退回到市内县内的近距离流动。

人口迁移流动原因分析是流动人口研究的重要内容。不同群体、不同时期的人口流动原因差别较大。总体上看，人口迁移流动以务工经商为主，占到了流动人口总体的80%以上，但进一步分析，近年来经济型流动占比出现了一定程度的下降，社会型流动的占比在增加。人口迁移流动的原因可以折射出人口流动的相关特征。人口在地理空间上的流动从根本上讲主要是因为区域经济发展差距所导致，流动人口一般是从经济发展较为落后的中西部地区向发达地区流动，城乡间的流动也主要表现在乡村→城市的单向流动，虽然也有逆向的城市→乡村的流动，但后者流动的主要原因可能是社会原因,而非经济的原因,例如许多城市居民退休以后回到农村养老。

通过对流动人口的流动原因及其变化进行分析,可以看出人口流动的原因不同,对生育意愿和生育行为的影响也将不同。比如,同样是已婚的女性随迁流动人口,如果是为了在流入地相夫教子、照顾家庭而流动,那么她们流入城市以后的生育意愿可能会更高,但如果是为了在流入地务工经商等经济活动,流入城市主要是为了工作而不是照顾家庭,那么她们的生育意愿可能相对降低。因此,深入分析人口迁移流动的原因,对于把握流动人口的生育意愿和生育行为具有重要的理论意义。为此,接下来将对人口流动的原因及其变化进行分析。2010~2012 年没有对流动人口的流动原因进行调查统计,2013 年以后才开始对流动人口的流入原因进行调查。2013~2017 年人口流入原因的统计结果,如表 3-10 所示。

表 3-10　2013~2017 年人口流动原因分析　　　　单位:%

流动原因 \ 年份	2013	2014	2015	2016	2017
务工经商	86.80	88.13	84.39	83.60	83.60
家属随迁	10.52	9.57	11.75	9.34	8.64
婚姻嫁娶	0.40	0.48	0.49	2.35	2.43
拆迁搬家	0.08	0.13	0.72	0.62	0.50
投亲靠友	0.97	0.82	1.05	0.98	0.81
学习培训	0.30		0.55		
参军			0.01		
出生	0.09	0.13	0.14	0.20	0.23
其他	0.86	0.73	0.89	0.83	0.73
照顾老人				0.06	0.16
照顾小孩				2.02	2.29
合计	100.00	100.00	100.00	100.00	100.00

从 2013~2017 年的人口流动原因统计结果来看,务工经商的流动人口占流动人口总体的 80% 以上,成为流动人口的主体。经济型流动是流动人口的主要特征,而包括婚嫁、随迁、学习培训、照顾老人和孩子等社会型

流动占比合计不到20%，但是从流动原因的变化趋势来看，自2013年以来，经济型流动在减弱，社会型流动在加强。因婚嫁而流动的人口占比从2013年的0.4%增加到2017年的2.43%，据此可以推断，因婚嫁而流动的流动人口生育水平在未来几年可能会出现一定程度的上升。

社会融合理论认为，随着流动人口在流入地居留时间的延长，与流入地居民的关系趋于融合，同时由于工作时间的增加，收入也会相应提高，在经济方面的融合情况也会更加良好。因此，从这个角度来看，流动人口居留时间的增加，更有利于提高流动人口生育意愿和生育水平。流动人口长期化已经成为中国流动人口的主要发展趋势。早期的许多农村人口的流动大多属于季节性的巡回流动，外出劳动力人口具有"农民"和"工人"的双重身份，当处于农忙时节，他们的身份就回到了"农民"，当农村收种完毕以后，一部分农村劳动力就会纷纷流向城市，此时他们的身份就变成了"工人"。但当前的中国流动人口已经脱离了"亦工亦农"的初级阶段，发展成为彻底的"工人"，许多农村流动人口已将农村的土地通过转租、送人、抛荒等多种方式转手给别人，短期内不再从事农业生产活动，长期在流入地城市居留。

居留时间的长期化，有利于降低流动育龄群体的生育成本，包括各种物质成本和非物质成本。因此，从这意义上讲，居留时间的长期化将有助于提高流动人口的生育意愿。流动人口在流入地工作一段时间后，会考虑是否长期居住在本地。调查结果显示，有45.4%的流动人口打算在本地长期居住，11.3%则没有这个打算，43.3%的流动人口还在考虑中，没有想好这个问题。在对流动人口未来打算在哪里购房的调查分析中，有35.3%的人没有这种打算，有30.8%的人希望在流入地购房，相比较而言，更多的人还是打算回原籍或原籍所在省区购房。由于农村土地承包与户口挂钩，所以有50.5%的人不愿意把户口迁入本地，愿意迁入的占比为47%，对这件事没考虑过的仅仅占到2.5%。对流动人口是否愿意把家人带到本地生活的调查中，32.8%的受访者不愿意把家人带到本地生活，34.8%的受访者愿意或是先带一部分或是全部都带来，从中可以看出大部分流动人口还是愿意将家人带到所在城市的。从户主外出时间长短来看，外出时间越长的流动人口，在本地买房和定居的意愿越强。总体来看，45.4%的户主希望在本地定居。从户主外出流动时间看，外出10年以下、10~20年、20年以上的流动人口在本地定居的意愿分别为40.1%、21.7%和38.3%。长期流动的人口主要是年轻人，一般会考虑在本地定居，这对女性流动人口的影响可能更加明显，女性流动人口在城市流入地长期化，可以享受流入地卫生计生健康服务，减少生育的心理成本，可能在一定程度上提高生育意愿，进而影响流动人口的生育水平。

3.8　家庭结构

随着迁移流动人口规模的增大，中国家庭成员居住分离情况快速增加，户内人口匹配成功率在下降，2000 年普查数据的母子完全匹配率达到82.1%，2010 年第六次人口普查数据显示，户内母子完全匹配率为 76.6%（李丁和郭志刚，2014）。人口流动影响家庭结构，家庭结构作为家庭背景的主要方面也影响着人口流动。人口流动的家庭化程度指在流动人口中多少人生活在家庭中。家庭由核心家庭、一对夫妇户、二代联合家庭、三代或者四代家庭组成，不包括单人户。单人户流动人口越多，家庭化程度越低。户主流入本地时间越长，其家庭化流动程度越高。从户主流入本地年数看，流动人口的家庭化程度与流入时间长短成正比。在户主流入本地一年的家庭中，59.1%是单人户，35.7%是核心家庭，4.7%是一对夫妇户；在户主流入本地 1~5 年的家庭中，60.7%是核心家庭，36.2%是单人户，3%为一对夫妇户；在户主流入本地 5~10 年的家庭中，核心家庭所占比重上升到了 79.2%，单人户比重降低到了 17%，一对夫妇户占 3.5%；在户主流入 10 年及以上的家庭中，核心家庭比重高达 95.4%，单人户比重仅为2.1%，一对夫妇户比重为 2.1%。

表 3-11　按户主流入本地年数划分的流动人口家庭构成

年数 家庭结构类型	1 年及以下	1~5 年	6~10 年	10 年及以上	合计
单人户	59.1	36.2	17.0	2.1	39.9
一对夫妇户	4.7	3.0	3.5	2.1	3.7
核心家庭	35.7	60.7	79.2	95.4	56.1
两代联合家庭	0.4	0.1	0.2	0.2	0.3

续表

年数 家庭结构类型	1 年及以下	1~5 年	6~10 年	10 年及以上	合计
三代直系家庭	0.0	0.0	0.1	0.2	0.0
合计	100.0	100.0	100.0	100.0	100.0

从流动人口在流入地的家庭结构看，流动人口的家庭化程度也和户主流入本地的时间长短成正比。户主流入时间为 1 年及以下、1~5 年、5~10 年、10 年及以上的家庭中核心家庭占比分别为 21.7%、40.8%、62.2% 和 71.4%，单人户所占比重从 65.8% 依次下降到 42.4%、21.7% 和 9.4%，一对夫妇户比重变化不大，但也从 12.1% 依次增加到了 16.7%、15.7% 和 18.8%。卡方检验显示按户主流入时间分的家庭结构类型构成存在显著差异。

人口流动的地域范围越大，流动人口的家庭化程度越高。从流动人口的流动范围来看，跨省流动人口的家庭化程度高于省内跨市流动人口和市内跨县流动人口。跨省流动人口的单人户仅占家庭户的 28.2，省内跨市流动人口和市内跨县流动人口中的单人户比重却高达 48.8% 和 49.4%（见表 3-12）。人口流动范围与家庭化之间出现这种关系，其原因可能是近距离流动人口虽然单身居住，但回家的费用低，与家庭之间的往来比较方便。

表 3-12　按流动范围分的流动家庭结构类型构成

流动范围 家庭结构类型	跨省流动	省内跨市	市内跨县	合计
单人户	28.2	48.8	49.4	46.1
一对夫妇户	21.8	14.2	11.8	14.8
核心家庭	48.8	36.9	38.4	38.7
两代联合家庭	1.2	0.1	0.2	0.3
三代直系家庭	0.0	0.0	0.1	0.0
合计	100.0	100.0	100.0	100.0

户主文化程度越高，家庭化程度越低。从户主的受教育程度看，流动人口的家庭化程度与户主的受教育程度呈反向关系，即户主的受教育程度越高，流动家庭越可能处于单人户状态。但这一结果似乎受到了年龄的影

响。为此，我们按户主年龄组分析其文化程度与家庭成员的家庭类型构成。从数据分析结果看，高中是分界点，户主文化程度高于高中的，其家庭成员更多是非家庭化流动，而户主受教育程度低于高中的，其家庭成员更多处于家庭化流动状态，按户主文化程度分的家庭结构类型构成如表3-13所示。

表3-13 按户主文化程度分的家庭结构类型构成

文化程度 家庭结构类型	未上过学	小学	初中	高中	中专	大学专科	大学本科	研究生	合计
单人户	37.0	14.4	35.6	53.4	68.6	76.2	82.9	100.0	46.2
一对夫妇户	13.0	21.6	16.6	12.9	16.1	6.5	7.0	0.0	14.8
核心家庭	50.0	62.9	47.6	33.1	15.3	17.1	10.1	0.0	38.7
两代联合家庭	0.0	0.7	0.2	0.6	0.0	0.2	0.0	0.0	0.3
三代直系家庭	0.0	0.2	0.0	0.0	0.0	0.0	0.0	0.0	
合计	100.0	100.0	100.0	100.0	100.0	100.0	100.0	100.0	100.0

户主的就业身份也会影响家庭化程度。户主的就业身份与其家庭成员所在的家庭类型之间存在明显的关系。户主为雇员的流动人口，其家庭更多是单人户，即家庭化程度低。户主为雇主、自营劳动者的，其家庭成员在一对夫妇和核心家庭中的比重较高。户主是家庭帮工的，其家庭成员在核心家庭和一对夫妇家庭中的比重最高（见表3-14）。家庭帮工在调查中指在自家经营的摊位、商店、门市部或工厂工作的人。

表3-14 按户主就业身份分的流动家庭类型构成

户主就业身份 家庭结构类型	雇员	雇主	自营劳动者	家庭帮工	合计
单人户	76.0	21.5	17.6	4.4	47.3
一对夫妇户	9.2	21.1	21.1	12.6	14.8
核心家庭	14.8	57.1	60.9	77.8	37.5
两代联合家庭	0.0	0.2	0.3	5.2	0.3
三代直系家庭	0.0	0.0	0.0	0.0	0.0
合计	100.0	100.0	100.0	100.0	100.0

总而言之，流动人口的家庭结构类型比较单一，实际上主要以单人家庭、核心家庭和一对夫妇户三种形式为主。从家庭数量看，单人户家庭占流动家庭的一半以上，流动人口的家庭化程度还比较低。人口流动导致家庭的分离，完整家庭分解为在流入地的流动家庭和在户籍地的留守家庭。从家庭成员分离导致的完整家庭向流动家庭和留守家庭的转变看，因家庭成员的分离，完整家庭中的一对夫妇有 15.2% 转变成了单人户；完整家庭中的核心家庭有 20.8% 因子女留在户籍地或居住在其他地方而成为一对夫妇户，有 10.2% 因子女和配偶留在户籍地或者居住在其他地方而转变成了单人户。留守家庭主要以单人户和单亲核心家庭的形式存在。流动人口的家庭化程度与家庭在流入地居住的时间长短、户主的文化程度、户主的就业身份和流动范围等因素有关。户主在流入地时间越长，其家庭成员的家庭化流动程度越高；跨省流动人口的家庭化程度高于省内流动人口的家庭化程度；户主是经营者的家庭比雇员家庭更多以家庭化形式存在。流动人口的家庭化程度影响流动人口生育意愿和生育行为，也影响家庭成员的生存与发展。

3.9   计划生育服务管理

随着中国改革开放的持续深入和经济的快速发展，人口城镇化水平不断提高，社会主义市场经济体制日益完善，流动人口与日俱增。人口流动有利于发展经济、繁荣市场、促进劳动力资源的合理配置，缩小城乡经济发展差距，推动整个社会生产力的发展，但同时也给人口和计划生育服务管理带来了诸多新的困难和挑战。因此，做好流动人口计划生育服务和管理工作，不仅关系中国低生育水平的稳定，而且还关系到计生工作质量的全面提高。进入中国特色社会主义新时代，流动人口的计划生育服务管理面临的挑战也越来越艰巨，了解流动人口的生育和避孕节育情况及流入地、户籍地服务管理情况，对于做好流动人口计划生育工作、合理配置服务管理资源、促进流动人口基本公共服务均等化具有重要的社会现实意义。

3.9.1 流动人口的生育情况

（1）流动人口生育水平与模式。随着流动人口的代际结构不断更替，一些年轻的流动人口逐渐替换年龄较大的流动人口群体，"80 后""90 后"的新生代流动流动人口逐渐成为流动人口的主力军，流动人口的生育现象逐渐成为学术界关注的焦点。通过全国流动人口动态监测调查数据计算发现，35～39 岁组的流动已婚育龄妇女平均曾生育 1.62 个子女，与全国的生育水平较为接近，育龄期（15～49 岁）的流动已婚妇女平均曾生子女数和现子女数分别为 1.47 和 1.46。其中，有 1 个孩子的比例最高，占比达到了49.6%；其次是生育了 2 个孩子的已婚女性流动人口，占比达到了 38.3%；而尚未生育、生育 3 个孩子的已婚女性流动人口的占比分别为 5.7%、5.6%；其余的占 0.9%（见图 3-3）。

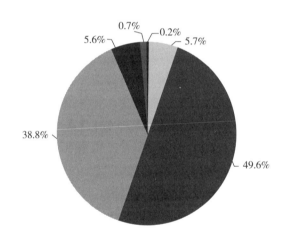

图 3-3 2017 年 15～49 岁已婚流动妇女生育子女数分布

已婚流动女性平均曾生子女数为 1.62 个，这一水平基本可以视为流动已婚妇女的终身生育率。从已婚流动女性的生育模式来看，生育高峰年龄为 25～29 岁，其次是 20～24 岁组，流动人口的生育模式与全国育龄妇女的生育模式差别不大，唯一有差别的是，流动人口的生育模式整体水平往前移动。也就是女性流动人口生育具有低龄化的特征。这与已有的相关研究结果不完全吻合，现有的国内外研究都发现，流动人口因为流动行为的阻隔作用，导致流动人口具有晚育的特征。进一步分析流动女性之所以会出现如此不同的模式，其原因大概可以归结如下：中国流动人口近年来出现了低龄化的趋势，而且迁移流动改变了原有的择偶模式，人口迁移流动为许多未婚青年流动人口提供了一个良好的择偶平台。青年流动人口的婚姻市场与流动存在密切的关系，青年流动人口在流动过程中择偶成家。当前很多农村普遍存在一个现象，即男性青年流动人口外出打工一段时间就可以领回媳妇，而女性青年在外打工一段时间后就嫁到外省去了。其实人口流动的主要作用不是推迟婚姻和生育，而是催促婚姻和生育，有的年轻女孩在流动过程中结识了恋爱对象，通常很短时间就选择同居并生育孩子，"未婚先孕""未婚母亲"在年轻的流动育龄群体中较为普遍，因此育龄流动人口的生育模式与全国的生育模式相比具有一定程度的前置性特征（见图3-4）。

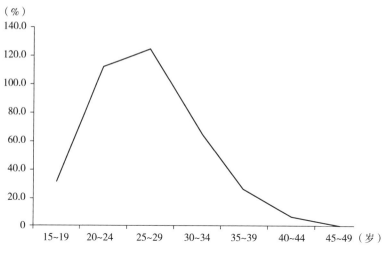

图3-4　2017年流动妇女的年龄别生育率

尽管流动人口的时期生育水平不能简单指向终身生育水平，并且因为流动行为和生育行为具有双向影响作用，不仅生育行为会影响迁移流动决策，流动行为也会反过来影响生育决策和生育水平，流动人口与非流动人口的生育水平具有显著的差异性，但它仍能揭示流动人口生育水平和模式的可能变化。准确估计其相对水平仍然有必要。但流动人口动态监测调查数据分析表明，现有流动人口监测似乎存在一些偏差，流动和生育之间是正向的促进作用，而非抑制关系，从全国流动人口的动态监测调查数据来看，2017 年被调查的流动人口中，男性和女性的平均初婚年龄分别为 23.45 岁和 22.58 岁，都未达到晚婚年龄，而且早婚率高达 18%，还有个别人士的初婚年龄为 15 周岁以下。从生育数量来看，已生育的流动人口家庭，平均生育孩子在 2 个以上，有 5%的家庭生育 3 个及以上孩子，高于全国的综合生育率水平，而且最近几年流动人口的生育率有回升的趋势，如表 3-15 所示。

表 3-15 流入本地时间不同的育龄妇女在各年份的总和生育率

流入时间 (年)	2006	2007	2008	2009	2010	2011	2012
	总和生育率						
2006	1.95	2.20	1.78	2.03	1.39	1.60	1.94
2007	1.96	2.01	2.28	1.53	1.72	1.63	1.58
2008	1.91	1.77	1.89	2.23	1.55	1.60	1.71
2009	1.63	1.73	1.80	1.97	1.91	1.80	1.88
2010	1.49	1.61	1.78	2.05	1.88	1.57	1.65
2011	1.60	1.64	1.60	1.76	1.73	1.85	2.02
2012	1.49	1.57	1.54	1.66	1.69	1.73	2.29
	一孩总和生育率						
2006	1.22	1.62	1.11	1.15	0.77	0.85	0.89
2007	1.33	1.28	1.61	0.94	0.90	0.93	0.84
2008	1.05	1.14	1.22	1.49	0.84	0.85	0.93
2009	1.08	1.05	1.11	1.22	1.21	1.09	1.05
2010	0.86	0.97	1.11	1.31	1.08	1.02	1.03
2011	0.89	0.93	0.95	1.07	1.07	1.15	1.25
2012	0.90	0.95	0.82	0.91	0.95	1.04	1.41

注：本表中的生育率是通过 Poisson 模型拟合得到的。

从表 3-15 中的回归结果可以清楚地看到，各年流入本地的流动妇女在流入前后两三年内的生育率特别高。比如 2011 年流入妇女的 2011 年总和生育率为 1.85，2012 年流入的妇女在 2012 年的总和生育率为 2.29。这些年份总和生育率较高与相应年份的一孩总和生育率较高有着密切的关系，从一孩总和生育率可以看到，对应的一孩总和生育率都在 1 以上。这种情况的出现，与现有全国流动人口动态监测调查数据依赖全员流动人口管理系统和流动人口管理行政系统进行抽样和执行有关。现有流动人口管理系统总是优先收集和登记各年流入人口中现孕或刚刚生育的妇女,作为抽样框的流动人口管理系统在此类妇女上的覆盖率更高,从而使监测样本中有过生育的妇女占比偏大,高估流入时期的生育水平。

流动人口动态监测调查如需避免这种选择性偏差,首先需要改善样本框。如果继续使用流动人口管理数据库作为抽样框,则要求在日常工作中平等对待各类流动人口,同样要重视那些近期并未或不会生育的妇女(未婚妇女、已婚已育大龄妇女)。实际上,这些近期没有生育风险的妇女同样需要良好的计生服务,以避免婚前怀孕和非计划生育。而如果使用其他独立于日常工作系统的样本框及调查系统,监测调查同样需要保证样本框的无偏性。在流动人口大量存在的情况下,原有的户籍登记系统和常住人口登记系统构成的抽样框都存在较大的覆盖误差。建议可以借鉴国内大型学术研究调查机构(中国人民大学中国调查与数据中心、北京大学社会科学调查中心、中国社科院调查与数据信息中心)采用的地图抽样法来进行末端家庭的抽样。

(2)流动人口子女出生的政策符合率逐渐提高。总体来看,2010~2013年,流动人口生育的一孩的政策符合率高达94.7%,二孩生育政策符合率为64.9%,三孩及以上仅有12.9%,流动人口的多孩生育现象依旧突出。分年份来看,政策符合率呈逐年上升的趋势,由2010年的78.3%上升到2013年的81.2%,四年内上升了近3个百分点,因此可以看出流动人口子女出生的政策符合率逐渐提高,这与过去社会的认识完全不同,流动人口外出流动并非为了躲避计划生育,主要还是经济原因驱使,我们应当摒弃以往对流动人口生育的偏见,客观地看待流动人口(见图3-5)。

(3)在现居住地出生的流动人口子女的比例在不断上升,流入地相关部门应当改善流动育龄人群的卫生计生服务,加强对新生流动婴幼儿的登记管理,更好地为流入地出生的新生儿提供健康服务。在2000年时,育龄人群在流入地生育的现象还不突出,在流入地生育的比例仅占流动人口总体的11%左右,但是到了2010~2013年,在现住地出生的流动人口子女的比例从34.7%上升到57.9%,短短三年时间上升了23.2个百分点,2014年便高达72.9%。由此可见,流动人口在流入地生育的比例上升趋势非常明显,这一数据背后反映出了流动人口在流入地长期生活的意愿在不断增强。相应地,流动人口在户籍地生育子女的比例明显下降。但这一趋势并没有

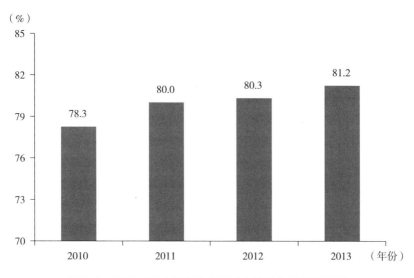

图 3-5　2010~2013 年流动人口子女的出生政策符合率

在流动范围上表现出明显的差异，跨省流动和省内流动的差别不大。也就是说，当前的流动人口不管是近距离的省内跨市流动或者市内跨县流动，还是远距离的跨省流动，在生育地点的选择上大多选择了在流入地生育，造成这一现象的原因与国家卫生计生政策的不断完善有着密切的关系，当前的流动人口怀孕了可以在流入地建册、孕检、产检、分娩，流动人口卫生计生服务制度的改革完善，促进了流动人口的生育水平。2010~2013 年流动人口子女出生地点的分布如图 3-6 所示。

　　流动人口在流入地生育子女的比例增加除了国家层面的制度完善，与流动人口自身个体也有很大的关系。流动人口在流入地长期居住以后，建立起熟悉的人际关系网络，经济能力也不断提高，对流入地的归属感不断增强，流动人口的家庭化和长期化趋势的增强促进了流动人口在流入地生育比例的快速增长，因此，未来对流入地的孕产妇保健需求不断上升。目前，流动人口的住院分娩率已达到 99%，孕期建册率达到 90%。需要注意的是，尽管流动人口的卫生计生服务得到了较大程度的改善，但是调查数据也发现仍有 25% 左右的流动人口未能得到产后 42 天的健康检查，接近 40% 的流动人口在产后 28 天内没有接受产后访视，流动孕产妇保健服务状况仍需进一步改善。

　　（4）流动人口子女出生性别比向均衡化发展。自 20 世纪 80 年代以来，

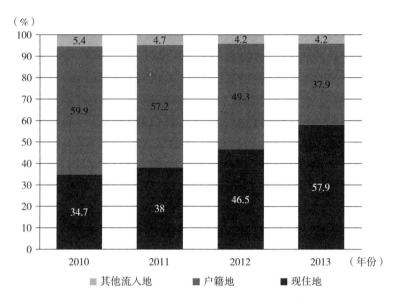

图 3-6 2010~2013 年流动人口子女出生地点的分布

中国的出生人口性别比就一直偏高，一直到 2009 年都保持持续增长，远远偏离了正常的出生人口性别比。国际上公认的出生人口性别比的正常值域在 103~107，可中国出生人口的性别比远远高于此值。中国的出生人口性别比偏高具有普遍性、持续性、深度性，无论是农村还是城市，无论是少数民族还是汉族，也无论是流动人口还是非流动人口，出生人口性别比都偏离了国际上的正常值。出生人口性别比长期持续偏高是中国人口发展过程中出现的突出人口结构性问题，它不仅是严峻的人口问题，而且是重大的经济社会问题，对建设社会主义和谐社会将产生直接和深远的影响。自1982 年第三次全国人口普查发现出生人口性别比开始偏高以来，中国已经经历了 30 多年的出生人口性别比偏高且持续攀升过程。出生人口性别比从1982 年的 107.17 升至 1990 年的 111.29，2000 年为 116.86，2004 年创历史最高纪录 121.20，把中国推到世界出生人口性别结构失衡最严重国家的位置。"十一五"前半期，出生人口性别比一直徘徊在 120 上下，2009 年步入下降通道，降至 120 以下，比 2008 年下降 1.11 个百分点，2010 年继续下降1.51 个百分点，2011 年再降 0.16 个百分点，降至 117.78，2012 年为117.70，出生人口性别比连续四年下降。然而，这是年度人口抽样调查的结果，抽样比一般在 1‰左右，从统计学意义分析是否真的出现了明显下降？

各类资料来源的出生人口性别比数据不一致问题也十分严重，给综合判断出生人口性别比的真实数值提出挑战。

在实际调查中，一个普遍的印象是流动人口的出生人口性别比偏高程度更加严重，因为有一部分夫妻就是为了躲避计划生育，到外面去生育儿子，等到孩子长大了才回来，那时即便发现超生也没有办法，最多是接受罚款而已。所以，流动人口是各地"两非"行为的主要发生人群，也是造成各地出生人口性别比偏高的主要原因。自20世纪80年代中国出生人口性别比开始偏高以来，一直受到学术界和人口计生部门的高度关注。国内研究文献主要集中在出生人口性别比状况和现实、偏高原因、偏高后果、控制对策等方面的研究。20世纪90年代对出生人口性别比偏高是否"真性"曾有争论。曾毅等（1993）、乔晓春（1992）、顾宝昌和徐毅（1994）认为，女婴漏报或瞒报是出生人口性别比偏高的首要因素。但随着中国出生人口性别比的不断走高及涉及区域的扩大，大部分学者逐渐否定漏报女婴说，开始担忧偏高态势的控制，并开始深层次、多角度探讨出生人口性别比失衡的原因。杨云彦等（2006）认为，偏高是"真性"已经普遍得到认同。陈胜利等（2008）认为，人口数据普查记录了中国出生人口性别比升高的真实轨迹。徐岚和崔红艳（2008）提出，在出生性别比偏高部分中，女婴漏报因素占24%，人为的性别选择因素占76%。进入21世纪以来，开始偏重追根溯源，力求在经济、社会、文化因素中取得突破。原新（2000）、穆光宗等（2008）等开始关注长期出生性别比偏高的经济社会后果；杨菊华等（2009）认为，影响出生性别比变化的因素是多元、复杂且变化的。宋健（2010）认为，社会性别不平等是滋生"男孩偏好"的土壤，并从根本上分析了导致出生性别比偏高的原因；吕红平（2007）认为，导致出生人口性别比上升的最重要原因是传统的社会性别意识及社会生活中的性别不平等。在比较研究方面，李树苗、原新、胡耀岭、宋健、金益基、尹豪等将中国、韩国、印度同时作为女性缺失型国家进行了比较研究。

国际上，对男孩偏好是出生性别比偏高的根源比较认同。Olischar等（2007）认为，性别偏好是衡量文化对生育行为影响的变量。Williamson等（2015）和Freedman（2010）提出，在世界范围内男孩偏好都是很普遍的现象，即使在美国这样的发达国家也不例外。Gupta（2018）探讨了普恩加比邦5岁儿童性别差异后的忽视机制。Morgan等（2017）以妇女在生育权上的自主权为切入点，认为社会性别较不平等的村庄会呈现出更加强烈的男孩偏好，改变性别不平等有利于降低男孩偏好。出生人口性别比偏高并非中国特色，韩国、印度、巴基斯坦等国家也普遍存在。在出生性别比偏高的原因分析中，国外学者普遍认为产前性别鉴定和性别选择流产是首要因素，Banister（1992）认为，男婴死亡率基本不变，女婴死亡率不断增高是主因。

但是因为研究资料的缺失，截至目前还没有相关的文献对全国层面的流动人口的出生人口性别比进行专题研究。流动人口监测调查数据可以很好地用来验证这一观点，通过对监测调查数据的计算分析发现，2010～2013年，流动人口的出生性别比不断趋于下降，被调查的流动人口共生育子女50191人，其中男孩27531人，女孩22660人，性别比为121.1。分年份来看，出生人口性别比呈现明显下降的趋势（见图3-7），由2010年的130左右下降到2013年的115左右。但是分孩次来看，不同孩次的流动人口出生性别比差距较大，总体趋势是随着孩次的升高而增加，一孩的性别比基本正常，为108.0，但二孩则达到136.1，三孩及以上更高。

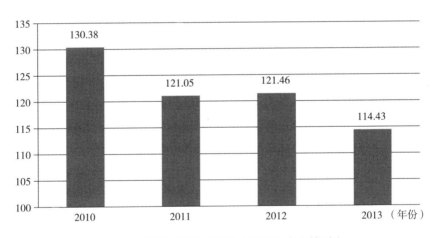

图3-7　2010～2013年流动人口子女出生性别比

在全国出生人口性别比回落的背景下，流动人口的出生性别比也发生了同样的变化趋势，2010～2013年的流动人口出生性别比逐年降低，2010年出生人口性别比严重失衡，超过了130，2013年虽然还没有回到正常值，但是和2010年相比降低了15个百分点。而且2014年及以后一直到2017年的流动人口出生性别比还在降低，有回归正常值域的趋势。流动人口出生性别比偏高趋势得到扭转大致与以下两个方面有关：首先是国家严厉打击"两非"行为，其次是流动人口的观念发生了转变。流动人口长期脱离农村生活场域，受到城市文化的熏陶和感染，逐渐改变农村"重男轻女"的性别歧视文化，更倾向于城市的"男女平等"的现代型生育观念。相比农村，城市更加注重性别的平等，而流动人口长期居住在城市，受城市居民和身边的流动人口群体的影响更加深刻。我们通过个案访谈也了解到一些有关流动人口生育性别意愿方面的情况。

【个案访谈①】LCS，男，1980年出生，江西瑞金人，2012年与CSQ结婚，2014年生育第一个女儿，2018年生育第二个女儿，两人结婚后就从老家出来在吉安打工，丈夫在建筑工地上班，平均每个月收入在5000元以上，妻子在服装厂上班，平均每个月收入在4000元左右，现在丈夫继续在原来的工地上班，妻子因为还在哺乳期，不能上班，随同丈夫流动，在家做饭带孩子，等二女儿大一点（到上幼儿园的时候）就把孩子送回老家读书，再准备来吉安打工，大女儿现在在老家上幼儿园，由爷爷奶奶照顾，我们每个月给老人汇一点生活费。

在访谈时问到CSQ女士："你们现在已经生育了两个女儿，将来是否还有生育第三胎的打算？"CSQ女士回答道："你开玩笑吧，不打算再生了，现在生育孩子的成本太高了，生不起，我们俩都是打工的，再生一个哪有能力来养，现在两个孩子都还小，小的还没有上学，我们都感觉非常吃力了，等以后两个孩子都上学了，可能连孩子读书都供不起。我这两年因为生孩子一直不能出来上班，都是在家带孩子，目前完全靠我老公一个人养我们全家老小，他也实在太辛苦了，每天都要加班到很晚才回来，有时候下班回来我都要睡觉了，我想等孩子大了我也要赶紧工作和他一起赚钱养家，我天天在家也心慌，农村老家好多人家都盖起了高楼大厦，我们家还住着老房子，要赶紧赚钱回家修房子。"

"那你婆婆和公公他们是否介意你们两个都是女儿，有没有要求你们再生一个（儿子）？"CSQ女士回答道："老人嘛，观念比较传统，虽然嘴上不说，但是我们还是感觉得到，想要我们生一个儿子，说他们还在可以帮我们带孩子，现在农村政策卡得不是很严，虽然国家只允许生两个，但是实

---

① 该案例访谈于2019年5月，访谈地点为江西省吉安市。

际上村里有好多都生了三个甚至四个的。但是我和我老公一致决定不生了，我们觉得女儿也没有什么不好，以前和我一起在厂里打工的朋友也都是女儿，她们都说不打算生了。不过我看得出来，我老公心里还是有一点落差的，只是不敢提出来说再生一个儿子。"

【个案访谈①】 LXR，女，1993 年出生，湖北恩施人，与丈夫 ZDW（河南人）2016 年成婚，2019 年 2 月生育了一对双胞胎女儿。两人于 2013 年在广东省一家电子厂打工认识，2014 年建立起恋爱关系并同居，2016 年结婚。

在访谈时问到 LXR 女士："你今年生育了一对双胞胎女儿，未来是否打算生育二胎？你老公家乡的'重男轻女'思想严不严重？是否打算生一个儿子？"

LXR 女士回答："我今年 2 月份生育了一对双胞胎，其实这个消息我们早就知道，在 3 个月产检的时候医生就告诉我们这个好消息，当时和双方的父母报了喜，老人们都高兴得不得了，都说我们中了 500 万的彩票。但是带双胞胎太辛苦了，现在才几个月，我感觉人都快散架了，不知道什么时候可以熬出头，现在只希望两个小家伙快点长大，目前这种情况绝对不敢生二胎，但是过几年可能会考虑，但至少是这对双胞胎上小学以后的事了，近三五年是不敢再有任何打算，我现在都还没有走出在产房生育她们的痛苦，我是真的怕了。我婆婆她们倒是强烈要求我们过几年还要生一胎，一定要生个孙子出来，有一次我和婆婆讨论这个问题时和她吵起来了，我直接告诉她说：'那你干脆自己再生一个儿子不就行了吗？'吵归吵，后来自己冷静下来也觉得不对，不应该和长辈这样说话，当时也是被气糊涂了。其实我和我老公也考虑过这个问题，万一后面又是一个女儿的话，那我岂不是还要再生第四胎？那就太恐怖了，连我自己也不敢想。如果以后有经济条件了，这对双胞胎也大了，可能还是会考虑再生一个（儿子），毕竟女儿也有，儿子也有，是很多人的理想子女构成，但到底未来生不生现在还真不好说。我们年轻人并不像他们老人那样，非得要一个儿子，我个人觉得，只要以后她们有出息就很好，不一定要儿子，如果孩子不成器，就算养十个儿子又如何？"

从以上两个案例不难看出，流动人口性别比逐渐下降，性别比趋于平

---

① 该案例访谈于 2019 年 4 月，访谈方式为网络访谈（该案例为笔者的朋友介绍）。

衡与流动人口外出流动对他们的生育观念的影响至关重要，因为外出流动以后与父母分居，一方面，受父母的传统观念影响减弱，父母在生育决策过程中的权利下降，虽然父母觉得"孙子重要"，但是生不生并不能由他们做主，而是掌握在自己的手中；另一方面，由于外出后，在城市中长期生活，来自城市文化和流动人口同类群体的影响较大，在生育决策的时候不知不觉地受到他们的影响。尽管流动人口的出生性别比向均衡化方向发展，但是当前的流动人口子女的出生性别比仍然偏离正常值，恢复出生性别比平衡可能需要一个漫长的过程。虽然流动人口从农村进入城市，完成了社会角色（由农民向工人）和空间位置（由农村向城市）等方面的转变，但大多数流动人口尚未实现生活方式和价值观念的转变。不可否认，自20世纪70年代推行计划生育政策以来，人们的生育观念发生了很大转变，但婚育观的彻底转变则需要一个长期的过程。因此，除采取法律、行政、经济、技术等手段治理出生性别比外，还应当创新文化载体，在人口文化阵地建设、人口文化传播内容和人口文化传播形式上实现突破，广泛开展社区人口文化宣传，满足流动人口多元文化需求，积极引导，促进流动人口婚育观的转变，促使流动人口子女的出生性别比逐渐回归到平衡位置。

3.9.2 流动人口的避孕节育情况

（1）流动人口避孕方式总体上以长效措施为主，但低龄人群更多地选择短效措施。15~49岁已婚有偶育龄妇女的避孕率为87.1%。在采取避孕措施的妇女中，使用宫内节育器的比例最高，达到41.0%，其次为避孕套和绝育，分别为29.7%和24.7%。避孕方法的年龄变化特征比较明显，低龄组以使用避孕药等短效避孕措施为主，29岁以下使用避孕套等短效避孕措施的比例超过50%；但随着年龄的提高，绝育、宫内节育器等长效避孕措施的比例随之上升（见图3-8）。

（2）流动人口的不同避孕措施获取途径差异较大，长效避孕措施主要从户籍地获得，短效避孕措施主要从流入地获得。流动已婚育龄妇女中，83.9%的绝育手术和69.3%的宫内节育器都是从户籍地获得的，并且主要由计生服务机构承担该项工作，明显高于流入地；避孕套等短效避孕方法则正好相反，主要从流入地获得，服务提供机构相对比较分散。分年份来看，流入地承担的工作量越来越大，无论是绝育、宫内节育器，还是避孕套，流入地提供的比例都越来越高。2010~2013年，流入地承担的绝育手术、宫

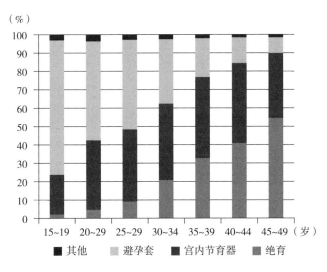

图 3-8 2017 年流动人口避孕方法选择

内节育器放置、避孕套发放的比例分别由 27.9%、37.8%、85.7% 上升到
41.6%、54.6%、88.7%。另外，先流动后结婚的女性对流入地避孕节育服
务的需求更大，无论何种避孕节育方式，先流动后结婚的女性在流入地接
受服务的比例均高于先结婚后流动的女性（见表 3-16）。

表 3-16　15~49 岁已婚有偶流动育龄妇女避孕方式的获取地

单位：人，%

避孕方法	人数	户籍地	流入地	两地都获得
合计	6312	52.2	44.6	3.2
绝育	17923	83.9	16.1	0.0
宫内节育器	27210	69.3	30.7	0.0
避孕套	19670	2.7	87.3	10.0
其他	1509	15.4	75.7	8.9

　　因此，要针对流动人口的特点及流动人口的不同类型，采用不同的手
段和方法，积极探索适合不同类型流动人口的避孕药具发放新模式，满足
不同人群的需求，为他们提供优质服务。要积极探索适应流出地、流入地
相互配合，流入地为主的流动人口避孕药具发放新模式。在流入地要建立
社区、用工单位为主体，计生服务机构、医疗卫生机构、流动售套机（箱）

为补充的避孕药具发放模式。

3.9.3 计划生育服务管理

流入地计生服务机构主要承担孕/环情检查，医疗机构则主要承担人工手术服务。流入地是流动育龄妇女孕/环情检查的主要承担者，74.6%的流动人口在流入地接受孕/环情检查，其中，74.8%的孕/环情检查服务是由计生服务机构提供的，以社区级和乡镇级为主。只有 1 个或 2 个孩子且最近一年生育过孩子的农业户口流动已婚育龄妇女或其丈夫为农业户口在流入地获得免费孕前优生健康检查的比例为 31.3%，这项服务也主要由计生服务机构提供，且以区县级以上服务机构为主。医疗机构承担人工流产及上/取环手术的比例较高，分别为 76.2%、52.2%，主要由区县以上的计生服务机构来承担（见表 3-17）。

表 3-17 不同计划生育服务项目由各个机构提供的比例

单位：人，%

服务项目	服务例数	计生服务机构	医疗机构	社区	药店/超市/售套机	自动取套机	其他
孕/环情检查	39785	74.8	8.0	16.7	0.0	0.0	0.5
避孕套/药	20755	37.7	1.2	44.0	14.4	1.6	1.1
上/取环手术	1627	46.7	52.2	0.1	0.0	0.0	1.0
人工流产	345	18.8	76.2	0.3	0.0	0.0	4.6
免费孕优	1672	68.6	19.4	12.0	0	0	0.1

流动已婚育龄妇女获得避孕套/药的途径相对比较分散，社区的比例最高，占到 44.0%，其次为计生服务机构，比例为 37.7%。流动人口获得避孕节育服务比较便利，尤其是获取避孕套/药，93.8%的流动人口生活聚居区都可以在半小时以内获取避孕服务，流动人口计生服务的获取机构及路途用时间如图 3-9 所示。

流动人口在流入地获得孕/环情检查、避孕套/药的免费率较高，接受计划生育手术的免费率低。孕/环情检查和避孕套/药基本不收费，免费的比例分别达到 97.4%和 87.0%，分别比去年降低了 0.8 个和 12.4 个百分点。人工流产的免费率是最低的，只有 46.8%，而且比去年降低了 35.8 个百分

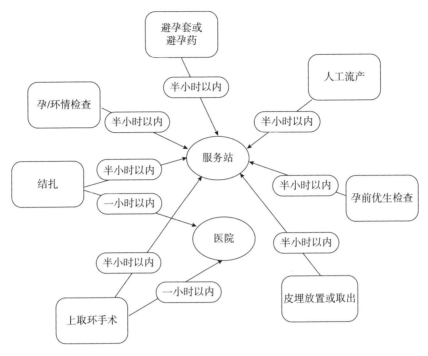

图 3-9　计生服务的获取机构及路途用时间

点。上环、结扎的免费率分别为 78.7%、74.4%，分别比去年下降 7.4 个百分点和提高 3.7 个百分点。尽管有相应的计划生育免费服务项目，但选择付费项目的流动育龄妇女中，有一半以上的项目是自愿选择收费服务的。单从计生服务机构来看，孕/环情检查、避孕套/避孕药、上/取环、结扎、人工流产的免费率分别为 99.2%、99.8%、79.3%、74.4%、81.3%，分别比医疗机构高出了 23.7 个、14.6 个、20.1 个、18.2 个、44.6 个百分点。从综合免费服务率来说，计生服务机构为 78.7%，比医疗机构高出 25.3 个百分点（见图 3-10）。

　　流入地计生部门承担大部分的避孕节育情况报告任务。在所有需要报送避孕节育情况的育龄妇女中，报送率为 85.6%，流入地计生部门是主要报送者，72.1% 的避孕节育情况由其负责报送，比上一年提高 7.9 个百分点，相应地，由本人/亲朋负责报送的比例则下降到 27.9%。从流动范围来看，跨省报告的比例较低，只有 70.3%，省内报告的比例相对较高，达到 75.3%。流动人口基本在户籍地办理一孩生育服务登记（证），在现住地通

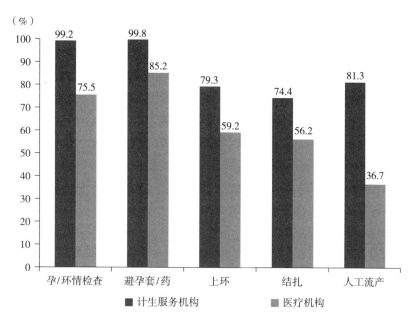

图3-10 各计划生育服务项目的免费率

过"承诺制"办理的比例为 45.8%。2012 年以来，一孩生育服务登记（证）的办理比例为 73.5%。从流动范围来看，省内流动的办证比例较高，达到 84.1%，比跨省流动高 15.5 个百分点。已办理一孩生育服务登记（证）的流动育龄妇女中，83.9% 在户籍地办理，其中，省内流动为 84.6%，跨省流动为 83.4%；16.1% 在流入地办理，其中，在现住地办理的为 14.8%，其他地方为 1.3%。在现住地办理登记的育龄妇女中，有 45.8% 是通过"承诺制"办理的，其中，省内流动为 44.5%，跨省流动为 46.5%。

流动人口对户籍地计划生育基本满意。通过对流动育龄人群的调查发现，流入地育龄妇女对其户籍地各项计划生育服务管理基本满意。通过标准化方法所得到的满意度基本上保持在 70% 左右，最高的为政策规定，满意度为 72.9%，最低的为技术水平，满意度为 65.2%。宣传咨询、服务态度、办事效率、管理方式的满意率分别 69.7%、72.8%、69.6%、66.1%。该结果与《流动人口卫生计生服务流出地监测调查》中流动人口对流入地计划生育服务管理的满意度基本一致（见图3-11）。

流动已婚育龄妇女办理《流动人口婚育证明》的比例为 51.8%。流出时间小于 3 年的流动育龄妇女办理率更低，只有 43.1%，其中，跨省流动、

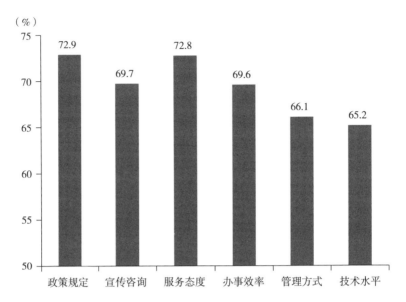

图 3-11 已婚有偶流动育龄妇女对户籍地计划生育技术服务项目的满意程度

省内流动分别为 41.7%、45.6%，差别不大。分年龄来看，年轻人办理率较低，随着年龄上升，办证率逐渐提高，在 30~35 岁时达到峰值的 60% 左右。尽管办理率比较低，但办证妇女在流入地对其使用率比较高，达到 90.2%，主要用于接受计生服务，其次为办理暂住证，用于租房、看病、办理社保等方面的比例较低。

3.9.4 流动人口计划生育服务管理建议

从前文的分析可以看到，流动人口计划生育服务管理工作取得了一定的进展，然而，在《流动人口婚育证明》办理、流动人口计划生育服务落实、避孕节育知识传播等方面还存在一定的问题，需要采取有效措施，进一步加强流动人口计划生育服务管理工作。需从以下几个方面努力：

（1）加快《流动人口婚育证明》和避孕节育信息的电子化改革。在开展《流动人口婚育证明》电子化改革试点和计划生育信息互联互通工作的基础上，不断提升计划生育信息化建设的水平和完善信息共享机制，制定全国流动人口电子婚育证明数据查询规范，建立全国流动人口电子婚育证明查询平台，强化数据动态更新机制，加大计划生育信息与身份信息、社保信息、住房信息等的整合力度，实现通过身份信息就可以实时查询流动人口的婚育情况和避孕节育情况，将此作为提供计划生育服务管理的基本依据，不再要求流动人口提供纸质证明，在切实减轻流动人口办证负担的同时，提高流入地和流出地的服务管理的效率。

（2）更加重视流入地计划生育服务管理，巩固流出地服务管理的基础。现住地承担的流动人口计划生育服务任务越来越多，但根据常住人口配置资源的保障机制尚未建立，流入地负担较重。因而，应加大流入地相关服务的投入力度和支持力度，加快实现流动人口计划生育基本公共服务均等化，提高现住地计划生育服务的水平和能力，提高现住地服务的积极性。当前的政策基本上是以加强流入地的服务管理为主，但也不能因此放松流出地的服务管理水平，必须随时做好流动人口回户籍地接受服务的准备，防止准备不足导致无法满足需求的情况。现住地和户籍地在计划生育上的职责具有明显的差异，两地之间应进一步加强沟通与协作，合理配置资源，以更好地满足流动人口的需要，切实减轻流动人口负担。

（3）通过手机等新媒体手段，进一步加强长效避孕措施的宣传。尽管流动人口使用宫内节育器等长效避孕措施的比例较高，但低龄组以使用避孕药等短效避孕措施为主，增加了意外怀孕的风险。已有研究表明，长效避孕措施是流动人口最安全可行的避孕措施。因而，应充分利用年轻人对于手机等新媒体易于接受的便利条件，加强同电商、网络服务提供商等机构的合作，进一步强化长效避孕措施在避孕、健康促进等方面的宣传推广力度，扩大知情选择及免费服务的范围，提高服务可及性和安全性。

（4）在机构改革过程中，保证国家规定的免费服务项目的落实计生和卫生服务机构的整合对于计划生育服务管理是机遇也是挑战。我们要在此过程中充分利用资源整合带来的技术水平提升、信息共享等优势，保证流动人口计划生育服务力量不断增强，统一服务标准和服务价格，加强免费服务安全性、适用性的宣传倡导，不断提高流动人口计划生育免费服务的水平，切实保障流动人口享受的免费服务的权利。

第4章

流动人口生育意愿的影响因素分析

生育意愿是人们关于生育的打算和计划安排，具体包括生育数量、生育时间、孩子性别、生育方式、生育地点等方面的打算和安排。学术界以前三者为研究焦点，对生育方式、生育地点的探讨分析较少。本章除了前三者，对后面两个方面也进行了一定的讨论分析。虽然生育意愿与生育行为之间存在一定的偏离，但是生育意愿可以在一定程度上反映人们的生育强度，并通过生育意愿和生育行为之间的偏离程度来调整完善相关的生育政策。对生育意愿的研究是人口学研究中的重要领域。

4.1 意愿生育数量的影响因素分析

生育数量是人们关于生育行为最直接的定量描述。人们在生育时最先考虑的因素就是生育数量。简单地说，就是人们打算生育几个孩子。随着世界经济的发展和人们生育观念的转变，人口生育水平逐渐由高变低。在古代，人们的生育行为几乎是人的一种纯自然的行为，很少受到政策的干预，但由于人口急剧膨胀，目前人口逐渐受到国家的干预，生育行为不仅是微观层面的个体行为，也是国家发展的战略选择，因此生育数量的影响因素越来越复杂。

流动人口作为中国公民的重要组成部分，规模庞大，目前已占全国常住人口的1/6左右，如此大规模的生育行为必将对整个国家的人口发展产生巨大的影响。流动人口因具有一定的特殊性，在生育方面可能还要受到更多因素的干扰。流动人口的意愿生育数量到底有多高？有哪些因素会影响他们的生育意愿？这是本章需要讨论的问题。本章首先描述生育意愿的单变量特征，然后通过列联表分析方法，检验与生育意愿可能存在一定关联性的因素，即进行双变量的相关关系分析与检验，最后，在此基础上挑选出有关联性的影响因素，建立模型进行回归分析。由于因变量（意愿生育为二分类的变量，即是否生育）的数据分布不属于正态分布，在具体的模型选择时，不宜采用线性回归，因此本章主要使用二元 Logistic 模型进行回归分析。

虽然 2009~2017 年连续 9 年都进行了流动人口动态监测调查，但是问卷中有关对流动人口生育意愿的调查仅涉及三个年份，即 2014 年、2016 年和 2017 年。由于 2016 年和 2017 年缺失生育意愿调查数据，因此主要使用 2014 年的流动人口生育意愿数据进行分析说明。2014 年全国流动人口动态监测调查的样本量是 200937 人，但是 2013 年国家的生育政策调整为"单独二孩"，即夫妻双方有一方为独生子女的家庭可以生育两个孩子，所以具体在回答生育意愿的时候系统缺失 124523 人，该问题的拒答率（包括不符合调查的对象）为 62%，只有 38%（76414 人）的已育一孩的调查对象回答了该问题，即便本问题的拒绝回答率较高，但是仍有 7 万多流动人口样本回答了生育意愿。流动人口的生育意愿基本特征主要有以下几个方面：

一是生育政策放开对二孩生育意愿有影响，但是总体上生育意愿并不高。2011 年 11 月，中国各地全面实施"双独二孩"政策，即夫妻双方均为独生子女的可以生育二孩；2013 年 12 月，为了缓解人口老龄化问题，促进人口结构均衡发展，国家调整实施了"单独二孩"的生育政策，即夫妻双方只要有一方为独生子女的家庭就可以生育二孩。生育政策调整以后，生育意愿是否会发生变化？从 2014 年的数据来看，尽管 2013 年国家放开了"单独二孩"的生育政策，但是人们的生育意愿并不高，已育一孩的流动人口群体中一半以上（54.04%）明确表示不打算生育二胎，还有 1/3 的流动人口群体还在持观望的态度，没有考虑好是否生育二孩，只有 11.5% 的流动人口群体明确表示要生育二孩，2014 年调查时已有 1.08% 的流动人口群体处于怀孕期间，流动人口生育意愿的基本特征描述如表 4-1 所示。

表 4-1　2014 年流动人口生育意愿描述

生育意愿	频率（人）	百分比（%）
是	8901	11.65

续表

生育意愿	频率（人）	百分比（%）
否	41294	54.04
没想好	25394	33.23
现孕	825	1.08
合计	76414	100.00

由此可见，即便国家的生育政策调整了，允许夫妻双方中只要有一方为独生子女的夫妻生育二孩，但是就流动人口群体来说，他们的生育意愿并不高。进一步分析流动人口群体的"政策知晓率"，在问卷中问到"您知道国家已启动实施单独二孩政策吗?"结果发现，九成左右的流动人口都知晓国家的生育政策已经调整放开，政策宣传是比较到位的，只有10.6%的流动人口对政策的调整并不知晓。据此可以推断，流动人口不愿意生育二孩，并不是政策宣传不到位的缘故，可能与流动人口群体自身的因素有很大的关系，如经济能力、时间因素、工作情况等。

为了分析"单独二孩"生育政策与生育意愿的关系，本章将夫妻双方的生育属性（丈夫或妻子是否为独生子女）与生育意愿进行了交叉分析，旨在讨论生育政策对生育意愿的影响作用，"单独夫妻"（夫妻双方一方为独生子女）与其他类型的夫妻组合是否存在显著的差别。具体结果如表4-2所示。

表4-2 2014年流动人口夫妻生育属性与生育意愿之间的关系

夫妻双方是否为独生子女	是	否	没想好	现孕	合计
男方是	21.34	33.27	43.87	1.52	100.00
女方是	17.79	37.41	43.17	1.63	100.00
两人都是	14.95	41.15	42.69	1.21	100.00
两人都不是	10.54	56.83	31.61	1.02	100.00
总计	11.65	54.04	33.23	1.08	100.00

注：卡方检验结果，Pearson 卡方值 = 1667.533，有效案例 N = 76414，渐进 Sig.（双侧）= 0.000。

根据夫妻双方是否为独生子女的属性，分析了流动人口的生育意愿，结果发现，不同的生育属性与生育意愿之间存在高度的关联性，夫妻双方是否为独生子女与生育意愿的选择有关系。从表4-2中的统计检验结果可以看出，无论男方是独生子女，还是女方是独生子女，"单独夫妻"的生育意愿要显著高于"非单独夫妻"，包括夫妻双方都是独生子女的"双独夫妻"和夫妻双方都不是独生子女的"双非夫妻"。男方为独生子女的夫妻打算生育二孩的比例为21.34%，女方为独生子女的夫妻打算生育二孩的比例为17.79%，夫妻双方都为独生子女的打算生育二孩的比例为14.95%，夫妻双方都不是独生子女的打算生育二孩的比例为10.54%，Pearson卡方检验结果显示差异显著。由此可以判断，夫妻双方是否为独生子女对生育意愿具有显著的影响。以下是一个真实的案例。

【个案访谈①】LLQ，女，1988年6月出生，云南曲靖人，家中有兄妹两人，2008年结婚。LLQ在广东打工期间认识了现在的丈夫LYP。LYP，男，1986年出生，重庆綦江人，为独生子女，两人因同在一家工厂上班认识，然后第二年回男方家办酒席，因父母反对跨省婚姻，一直到孩子上幼儿园才办理结婚登记手续，现生育一个儿子，9岁。

在访谈中问到LLQ女士："你们现在孩子已经9岁了，按国家的生育政策，你们早在2013年的时候就可以生育二胎，为什么你们一直没有再生一个孩子呢？是不是你们不知道有这个（单独二孩）生育政策？"

LLQ回答："哎，一言难尽呀，其实和我们年龄差不多的一起出来打工的朋友好多都已经有两个孩子了，我婆婆和公公他们也要求我们再生一个，因为我老公就是独生子，他们觉得还是很孤单，如果他们有个女儿现在就不会觉得孤单了，现在老两口待在家里，我们也很少回家，还好有小孙子陪伴他们，要不然真的是孤零零的。说起生二胎这个问题，我现在很难过，我们一直没有考虑生二胎不是因为不知道政策已经放开，主要是因为我们俩感情不和，去年还闹了几次离婚，离婚是我主动提出来的，我都做好了准备，离婚孩子给他，我什么都不要，抚养费各出一半。可是过年的时候回到家里，看着可怜的儿子又不忍心，最后还是和他和好了，打算以后好好过日子。既然现在决定不离婚了，后面我们也就准备生二胎，现在我已经怀孕一个多月了。现在国家的政策好，我们当然也要再生一个，一胎是儿子，希望这个（现孕）是个女儿。"

① 该案例访谈于2019年5月，访谈地点为广东省佛山市，访谈方式为面谈。

从 LLQ 的访谈资料中可以看到，国家的生育政策在影响生育意愿方面具有强烈的作用，不仅会影响"独生子女"一代的生育决策，还会影响独生子女的父母一代的生育观念，生育政策的松动有助于提高生育意愿，但是生育意愿能否转化为生育行为还受到诸多因素的影响，比如夫妻感情、经济能力、是否有人帮忙照顾，流动人口如果没有老人帮忙照顾孩子，可能会在很大程度上抑制生育意愿向生育行为的转化，很多流动人口可能是处于"想生也能生，但是不敢生"的矛盾状态。

二是流动人口再生一孩的生育意愿与受教育程度成正比关系。本书发现了一个与以往的研究不同的结论，即受教育程度的提高促进了二孩的生育意愿，打算生育二孩的比例增加，而不打算生育的比例降低。而以往的相关研究结论是，受教育程度提高会降低生育水平，两者大致成反比例关系。张航空（2012）利用中国人民大学人口与发展研究中心于2009年在北京朝阳区、广东东莞市和浙江诸暨市组织进行的流动人口调查数据，对流动人口的生育意愿与生育行为差异进行研究发现，流动人口的受教育程度和已有孩子的性别结构等因素对其生育意愿与生育行为的背离有显著影响。但是本书的研究结论却与此相反，受教育程度促进了生育意愿的提高，具体结果如表4-3所示。

表4-3　2014年流动人口再生一孩意愿与受教育程度的关系

再生育一孩意愿	未上过学	小学	初中	高中	大学专科	大学本科	研究生	总计
是	10.71	8.15	11.46	12.58	13.60	12.36	17.67	11.65
否	64.64	68.65	54.75	49.77	48.24	46.58	45.00	54.04
没想好	24.11	22.15	32.70	36.46	37.10	40.47	37.00	33.23
现孕	0.54	1.04	1.10	1.19	1.06	0.60	0.33	1.08

注：卡方检验结果，Pearson 卡方值 = 967.923，有效案例 N = 76414，渐进 Sig.（双侧）= 0.000。

进一步分析出现上述结论的原因，可能与以下因素有关：第一，生育意愿与生育行为之间存在较大的偏离，有生育意愿并不一定转化为生育行为。正如表4-3中的最后一行数据显示，从调查时点已经怀孕的流动人口来看，怀孕的比例随着受教育程度的提高而降低，也与以往的研究结论相一致。第二，受教育程度较高的流动人口就业机会多，就业选择空间大，就业相对来说也比较容易，而且就业质量也相对较好，因此收入也可能会更高，为二孩生育奠定了良好的经济基础，从而促进了他们的生育意愿。第三，表面上看上述现象可以用"人口素质逆淘汰"理论来解释。关于人们的生育数量与受教育程度之间的正向关系，学术界在以往形成了一种"人口素质逆淘汰"的理论，即人口素质越高，越应该多生，人口素质越低，越应该少生。该理论认为，受教育程度高的人，工作相对较好，收入较高，有较高的科学文化知识和能力培养好下一代，有利于培养和提高后代的教育文化素质，在政策上应当鼓励他们生育孩子，而受教育程度较低的人，能力和知识有限，在后代教育培养过程中发挥的作用较小，应该少生或不生，因为他们生出来可能也没有能力养，父母较低的文化素质会影响后代素质的提高，因此在政策上应当抑制他们的生育数量。当然，该理论一提出来就遭受了很多人的抨击，因为其严重违反了人类生育的公平原则，无论是穷人还是富人，也无论是文化程度较高的人还是文化程度较低的人，在生育选择上具有平等的权利，这是人类生育最基本的权利。而且，教育是靠后天培养的，受遗传的影响较小。父母文化程度不高，并不代表孩子长大以后就没有文化程度，父母可以没有能力教育，但是只要有能力抚养，孩子同样可以在学校学习科学文化知识，并不是所有的知识都来自父母和家庭。这个理论严重违反了人类发展的权利，因而受到了学术界和媒体的抨击。下面以一个例子来说明父母文化程度很低，但孩子受教育程度很高的情况。

【个案访谈①】LDG，男，汉族，1960 年出生，贵州凯里人，初中文化程度，妻子 BDX，女，汉族，1962 年出生，贵州贵阳人，两人结婚生育一个儿子和一个女儿，女儿 1986 年出生，文化程度为高中，儿子 1986 年出生，文化程度为博士。两人结婚后至今一直过着艰苦朴素的生活，早些年家中连基本的温饱问题都难以解决，一年的粮食只够吃半年，有时候半年吃的是包谷饭，只有半年的时间吃得上米饭，两个孩子上初中以后上学基本是依靠亲戚借款和高利贷款，女儿因没有考上高中，之后就外出务工为家里增加经济收入，儿子从小成绩就非常好，一直读到博士才开始工作，2015 年博士毕业后在一所高校当老师。

BDX（母亲）一天学都没有上过，连自己的名字都不知道，上厕所不

---

① 该案例访谈于 2019 年 1 月，访谈地点为贵州凯里，访谈对象为 LDG 夫妻。

知道"男""女"，唯一能看懂的就是几个阿拉伯数字。LDG（父亲）也只是一个初中文化程度的农民。夫妻俩虽然受教育程度都不高，妻子还是文盲，但是同样能够培养出中国一流大学的博士，在问到"你们是如何教育和培养孩子的？养育了一个这么优秀的博士。"LDG回答道："在我们农村，哪里可以和城市里的孩子相比，还有机会上课外培训班，我们家的孩子从小我们没有指导过一门功课，回家我们要求的就是帮忙做家务，而不是做功课，学习的事情完全由老师负责。我们没有时间管，也没有能力管，我才读到初中，而且很多都忘记了，小学低年级的作业还勉强可以看懂，到了高年级以后根本看不懂，根本不可能去辅导他。我们家的孩子能读到博士，首先是学校老师的培养和教育有方，其次是孩子自身的悟性高，学习基本不用我们去操心。我们父母唯一能够做的就是省吃俭用供他读书，兄妹俩读书共欠债十多万元，这些债是前几年儿子参加工作以后才还清的，都是得益于亲戚朋友的帮助，要不然他肯定早就回来结婚生娃了，还有什么机会读博士？"

以上这个案例否定了"人口素质逆淘汰"理论。这个理论看起来好像很合理，有利于优化人口素质结构，与著名的生物学家提出的生物进化"优胜劣汰"法则基本原理一致，但人类优劣、人类的进化与否不能单一地依靠受教育程度这一指标来判断。人类的生育选择不应该以民族、种族、宗教、受教育程度、社会经济地位、权利等政治、经济、文化因素为限制，人类享有平等的生育权。因此，流动人口的受教育程度与生育意愿之间的关系实际上用"人口素质逆淘汰"理论是解释不了的。本书认为，受教育程度的提高，促进的只是生育意愿，而对生育行为同样具有一定的抑制作用。

三是流动人口生育意愿的城乡差异明显，农业户籍流动人口生育意愿比非农业户籍流动人口生育意愿较高。城市和农村的社会经济具有显著的差异，农村以农业经济活动为主，经济结构单一，经济来源单一，整体上经济发展相对落后，城市以工业、商业、服务业、制造业和电子产业为主，经济结构复杂，经济来源多元化，总体上经济较为发达。改革开放以来，市场经济体制下的经济发展加剧了城乡之间的经济发展差距，城乡收入差距呈现扩大的趋势。通过对1978～2013年的城镇居民家庭人均可支配收入与农村居民家庭人均可支配收入的统计分析发现（见表4-4），改革开放以来，虽然城市和农村的居民家庭人均收入绝对数都在增加，但是在 2009 年以前，城市居民的家庭人均收入相对于上一年的增长速度都比农村快，在 2010 年以后农村居民家庭的人均收入相对于上一年的增长速度才赶上城市。从城乡家庭人均纯收入的比值来看（城乡收入差距），总体上城乡差距是呈增加的趋势。

表 4-4　1978~2013 年中国城乡居民家庭人均收入和指数统计

年份	城镇居民家庭人均可支配收入			农村居民家庭人均纯收入			城乡比
	绝对数（元）	指数（上年=100）	指数（1978年=100）	绝对数（元）	指数（上年=100）	指数（1978年=100）	
1978	343.4		100	133.6		100	2.57
1980	477.6	109.7	127.0	191.3	116.6	139	2.50
1985	739.1	112.2	160.4	397.6	107.8	268.9	1.86
1990	1510.2	108.5	198.1	686.3	101.8	311.2	2.20
1991	1700.6	107.1	212.4	708.6	102.0	317.4	2.40
1992	2026.6	109.7	232.9	784.0	105.9	336.2	2.58
1993	2577.4	109.5	255.1	921.6	103.2	346.9	2.80
1994	3496.2	108.5	276.8	1221.0	105.0	364.3	2.86
1995	4283.0	104.9	290.3	1577.7	105.3	383.6	2.71
1996	4838.9	103.8	301.6	1926.1	109.0	418.1	2.51
1997	5160.3	103.4	311.9	2090.1	104.6	437.3	2.47
1998	5425.1	105.8	329.9	2162.0	104.3	456.1	2.51
1999	5854.0	109.3	360.6	2210.3	103.8	473.5	2.65
2000	6280.0	106.4	383.7	2253.4	102.1	483.4	2.79
2001	6859.6	108.5	416.3	2366.4	104.2	503.7	2.90
2002	7702.8	113.4	472.1	2475.6	104.8	527.9	3.11
2003	8472.2	109.0	514.6	2622.2	104.3	550.6	3.23
2004	9421.6	107.7	554.2	2936.4	106.8	588.0	3.21
2005	10493.0	109.6	607.4	3254.9	106.2	624.5	3.22
2006	11759.5	110.4	670.7	3587.0	107.4	670.7	3.28
2007	13785.8	112.2	752.5	4140.4	109.5	734.4	3.33
2008	15780.8	108.4	815.7	4760.6	108.0	793.2	3.31

续表

年份	城镇居民家庭人均可支配收入			农村居民家庭人均纯收入			城乡比
	绝对数（元）	指数（上年=100）	指数（1978年=100）	绝对数（元）	指数（上年=100）	指数（1978年=100）	
2009	17174.7	109.8	895.4	5153.2	108.5	860.6	3.33
2010	19109.4	107.8	965.2	5919.0	110.9	954.4	3.23
2011	21809.8	108.4	1046.3	6977.3	111.4	1063.2	3.13
2012	24564.7	109.6	1146.7	7916.6	110.7	1176.9	3.10
2013	26955.1		1227.0	8895.9		1286.4	3.03

注：表中绝对数按当年价格计算，指数和平均增长速度按可比价格计算。

资料来源：《中国统计年鉴2014》。

流动人口虽然短期脱离了农村，流入城市务工经商，但是农业户籍对他们的影响仍然非常明显，不同户籍的流动人口生育意愿具有较大的差别。农业户籍的流动人口打算再生育一个孩子的比例为12.30%，农业转居民的流动人口打算再生育一个孩子的比例为11.22%；非农业户籍的流动人口打算再生育一个孩子的比例为8.69%，非农业转居民的流动人口打算再生育一个孩子的比例为9.13%。统计检验结果显示，农业与非农业流动人口的生育意愿存在一定的差距，如表4-5所示。

表4-5 2014年流动人口再生一孩的意愿与户口性质的关系　单位:%

是否打算再生育一个孩子	农业	非农业	农业转居民	非农业转居民
是	12.30	8.69	11.22	9.13
否	52.96	58.76	58.48	56.09
没想好	33.55	31.96	29.05	34.78
现孕	1.19	0.59	1.25	0.00
合计	100.00	100.00	100.00	100.00

注：卡方检验结果，Pearson卡方值=248.491，有效案例N=76414，渐进Sig.（双侧）=0.000。

由于中国城乡经济发展的巨大落差，当前城乡收入差距在3倍以上。经济基础决定上层建筑，农村落后的经济限制了人们观念的转变，在广大的农村地区还没有转变传统的生育观念，"多子多福"的生育观念影响颇深，导致农业户籍的流动人口生育意愿相对于非农业户籍的流动人口来说显著偏高。前面部分个案访谈资料也可以证明这一点，农村的农业人口生育意愿在数量上偏多，性别结构有一定的男孩偏好，导致"双女户"家庭的生育意愿更高，"生男即止"在一定程度上不仅不利于人口数量控制，也容易造成人口性别结构的失衡。

四是流动人口生育意愿的性别差异明显，具体表现为男性流动人口生育意愿比女性流动人口生育意愿偏高。虽然男性流动人口打算再生育一个孩子的比例仅比女性高出 1 个百分点，男性为 12.09%，女性为 11.07%，女性流动人口调查时明确表示不生的比例为 55.69%，比男性流动人口高出 3 个百分点，但是在统计上仍为显著（见表4-6）。截至调查时点，还没有做好生育打算的流动人口群体中，男性占比为 34.11%，女性占比为 32.08%，两者之间的差别不是特别明显，现孕（具体是指被调查者的妻子或被调查的育龄妇女本人在调查时点正怀孕）的比例分别为 1.16%、1.02%，两者的差别也非常不明显，主要是因为流动人口样本中调查时已经怀孕的绝对数量本身就不大，女性流动人口调查时已经怀孕的人数为 383 人，男性流动人口的妻子调查时已经怀孕的人数为 442 人，调查时正处于怀孕期间的样本量多。

表4-6 2014 年流动人口再生一孩意愿与流动人口性别的关系　单位:%

是否打算再生育一个孩子	男	女	合计
是	12.09	11.07	11.65
否	52.77	55.69	54.04
没想好	34.11	32.08	33.23
现孕	1.02（妻子现孕）	1.16	1.08
总计	100.00	100.00	100.00

注：卡方检验结果，Pearson 卡方值=72.855，有效案例 N=76414，渐进 Sig.（双侧）= 0.000。

生育行为与夫妻双方都有直接的关系，在生育意愿和生育行为决策方面，需要夫妻共同商量决定，但是女性作为生育孩子最直接的承担者，在怀孕到孩子分娩这一段时期承担了几乎所有的责任和负担，即便孩子生下以后，在哺乳期间母亲承担了更多的责任和义务，生育对女性（妻子）的影响远远超过男性（丈夫）。

五是流动人口的生育意愿与流动距离关系不大。外出流动范围属于流动人口的流动特征，以往有关研究发现，迁移流动特征对流动人口的生育意愿存在一定的影响。谢永飞和刘衍军（2006）以广州市为例，对流动人口生育意愿的影响差异进行分析发现，外出距离所花时长在5.5小时及以下的流动人口，基本上来自广东本省内部，这些流动人口大部分都能够听和说粤语。夫妻双方均外出的比例要高于外出距离需要花费时间在6小时及以上的流动人口，近距离外出流动对他们的生育意愿影响更大。本书利用2014年的全国流动人口动态监测调查数据分析发现，流动范围对生育意愿的影响并不明显，无论是跨省的远距离流动，还是相对较近的省内跨市和市内跨县的人口流动，打算再生一孩的比例差别不是特别明显。跨省流动人口打算再生一孩的比例为11.66%，省内跨市流动人口打算再生一孩的比例为11.60%，市内跨县流动人口打算再生一孩的比例为11.69%。总体上看，流动范围对生育意愿的影响不大，如表4-7所示。

表4-7　2014年流动人口再生一孩意愿与流动范围的关系　　单位:%

是否打算再生育一个孩子	跨省流动	省内跨市	市内跨县	合计
是	11.66	11.60	11.69	11.65
否	51.71	56.61	55.66	54.04
没想好	35.45	30.76	31.74	33.23
现孕	1.18	1.03	0.92	1.08
总计	100.00	100.00	100.00	100.00

需要说明的是，虽然调查数据的统计结果显示人口迁移流动距离、流动范围对生育意愿的影响不明显，但并不能说明流动距离对生育意愿的影响不重要，流动距离和流动范围可能是通过其他因素对生育意愿产生作用。外出距离较短者，与家乡的联系更为密切，其思想、观念也与家乡人更为接近，生育意愿更接近于农村流出地；而对于迁移流动距离较远、与家乡的联系较弱的流动人口，受农村的影响可能较小，而受城市现代生育观念的影响可能更大。

六是育龄妇女已有子女的数量和性别与流动人口再生育意愿具有显著的相关性。以往的相关研究发现，已有孩子的数量和性别均会对育龄群体的再生育意愿产生影响，尤其是已有孩子的性别结构。如果已有孩子的性别结构为单一性别结构（都是男孩或者都是女孩），则育龄妇女（或者是其丈夫）的生育意愿更加强烈，其中，都是女孩的生育意愿比都是男孩的生育意愿更强，主要是"重男轻女"的传统生育观念影响导致。相反，如果已有孩子的性别结构为双性别（已生子女中既有男孩也有女孩），在国家生育政策相对紧缩的情况下，生育意愿就会相对较弱。就流动人口而言，流动育龄群体的生育意愿也与已有孩子的数量和性别存在密切的关系，具体结果如表 4-8 所示。

表 4-8　2014 年流动人口再生一孩意愿与已生育孩子数量的关系　单位:%

是否打算再生育一个孩子	已生子女数				
	0	1	2	3	4
是	25.96	11.75	3.40	7.32	0.00
否	45.11	53.72	73.55	65.85	100.00
没想好	22.55	33.46	22.43	24.39	0.00
现孕	6.38	1.07	0.62	2.44	0.00
总计	100.00	100.00	100.00	100.00	100.00

注：卡方检验结果，Pearson 卡方值 = 337.755，有效案例 N = 76414，渐进 Sig.（双侧）= 0.000。

从表 4-8 中的统计检验结果可以看出，流动育龄群体已生子女数与其生育意愿具有显著的相关关系，随着孩子数量的增加，打算再生一孩的意愿显著降低，没有孩子的流动人口打算生育一孩的比例为 25.96%，生育了一个孩子的流动人口打算再生育一孩的比例为 11.75%，生育了两个孩子的流动人口打算再生育一孩的比例为 3.40%，生育了三个孩子的流动人口打算再生育一孩的比例为 7.32%，流动人口的生育意愿随着已生孩子数量的增加而降低。而不打算生育孩子的比例明显增加，调查时点"没想好"的流动人口占流动人口总体的 22%~34%。再从流动人口已有孩子的性别构成来看，流动人口的已生育孩子的性别与生育意愿具有显著的相关性，具体结果如表 4-9 所示。

表 4-9　2014 年流动人口再生一孩意愿与已生育孩子性别的关系

是否打算再生育一个孩子	第一孩性别		第二孩性别		第三孩性别	
	男	女	男	女	男	女
是	7.56	17.93	3.31	3.79	7.14	6.25

续表

是否打算再生育一个孩子	第一孩性别		第二孩性别		第三孩性别	
	男	女	男	女	男	女
否	60.34	44.26	73.54	73.15	78.57	50.00
没想好	31.56	35.94	22.35	22.55	10.71	43.75
现孕	0.54	1.88	0.79	0.52	3.57	0.00
总计	100.00	100.00	100.00	100.00	100.00	100.00

注：P1＝0.0000，P1 表示第一孩性别与生育意愿的显著性；P2＝0.896，P2 表示第二孩性别与生育意愿的显著性；P3＝0.082，P3 表示第三孩性别与生育意愿的显著性。

从表4-9中的统计结果可以看出，流动人口生育意愿与第一孩的性别显著相关，但与第二孩和第三孩的性别无关。也就是说，流动人口的生育意愿主要与第一个孩子的性别有关，第一个孩子是男孩还是女孩对流动人口的生育意愿具有显著的影响作用，如果流动人口的子女中第一个是男孩，流动人口打算再生一个孩子的育意愿只有7.56%，如果第一个是女孩，流动人口打算再生一个孩子的育意愿则为17.93%，生育女孩是生育男孩的两倍多，两者差异非常明显。流动人口生育意愿的孩子性别差异特征与流动人口"重男轻女"的思想有着高度的关联性，流动人口虽然长期生活在城市，脱离了农业生产活动，但是农村传统文化的影响根深蒂固，传统生育观念一时难以消除，这对他们的生育意愿会产生一定的影响。

本书得出了与以往研究不一致的结论。以往的相关研究发现，流动人口因为长期生活在城市，受城市的文化影响较大，改变了传统的生育观念，对生育性别没有明显的偏好，他们的生育性别更加趋于均衡。但是本书从一定程度上反映了流动人口同样存在"重男轻女"的性别偏好思想，已生育了男孩的流动人口生育意愿相对较弱，而已生育了女孩的流动人口生育意愿相对较强，这种生育意愿的孩子性别差别主要体现在第一个孩子上，在第二个孩子及以上没有差异。这可以从另一个层面反映流动人口的生育意愿在数量方面不高，对于多数流动人口而言，两个孩子可能足矣，但是希望两个孩子中最好是一男一女的双性别结构，如果两个孩子是单一性别，则会增加他们的生育意愿。

七是流动人口生育意愿的地域差异较大，来自西部和东南沿海地区的流动人口生育意愿较高。笔者根据2014年流动人口的户籍地制作了流动人口的生育意愿分布图。

从流动人口生育意愿的地区分布来看，来自不同地区的流动人口生育意愿差异较大，总体特征是西部地区和东南沿海地区的生育意愿比较高，在 12%~22%，中部地区、东部地区和东北地区的生育意愿较低，几乎都在 10% 以下，但是个别省份，如人口大省山东省和河南省流动人口的生育意愿比较高。

造成中国流动人口生育意愿的空间差异明显的原因主要有以下两个方面：

一是地区经济发展水平差异。生育意愿与经济发展水平大致呈反向的关系，经济发展水平相对落后的地区生育意愿比较高，经济发展水平较高的地区生育意愿相对较低，但是个别省份的生育意愿并不完全与经济的发展水平相关，如北京、山东、河南的生育意愿也较高，究其原因，可能与国家 2013 年的生育政策调整有很大的关系。西部地区因为工商业不发达，以农业为主，农业属于劳动密集型产业，需要大量的劳动力人口作为支撑，因此这些地区的男孩生育意愿较高。此外，这些地区受传统的农耕文化、传统的生育文化影响颇深，难以在短期内彻底消除传统的"多子多福"的生育观念。加之，2015 年国家的生育政策再次调整，释放了累积已久的生育潜能。国家为了缓解人口老龄化进程，2015 年 10 月 29 日，党的十八届五中全会会议决定："坚持计划生育的基本国策，完善人口发展战略，全面实施一对夫妇可生育两个孩子政策。"这是继 2013 年党的十八届三中全会决定启动实施"单独二孩"政策之后的又一次人口政策调整。全面二孩生育政策自 2016 年 1 月 1 日起施行，此次生育政策的调整不论对生育意愿还是生育行为都产生了一定的影响，虽然总体上国家生育政策放开并没有出现人口反弹的情况，但是从微观的个体层面来看，确实对一部分家庭的生育意愿和行为产生了影响。

【个案访谈①】LSM，女，1974 年出生，云南宣威人，1998 年与 ZJS 结婚，ZJS，云南曲靖东山人，两人结婚后不久从家里带了一部分创业资金来到曲靖市创业，开了一家粮油店，1999 年生育第一个女儿，2010 年生育第二个女儿。生完第二个女儿后做了结扎手术。2015 年国家生育政策放开后，

———————————

① 该案例访谈于 2019 年 5 月 10 日，访谈地点为云南省曲靖市，访谈对象为 GSM。

夫妻俩到昆明一家医院重新解开输卵管，备孕第三胎，经过长期的努力终于在 2017 年怀上了第三胎，可不幸的是，在胎儿 4 个月产检的时候发现胎儿没有胎心搏动，于是做了流产手术。夫妻俩不甘心，手术后半年又开始备孕，2018 年再次怀孕，在我们访谈的时候已经临近预产期。

在我们访谈时问到 LSM 女士："你已经四十多岁了，四十多岁生孩子属于高风险，而且在此次怀孕半年前还做过一次人流，你这个很危险的，会有生命危险的，而且你已经生育第三胎了，违反了国家的生育政策，你们不知道吗？"

LSM 女士回答说："我和我老公都知道这个选择是非常冒险的，但是已经走出了第一步（解开输卵管），就没有回头路了，也算是赌一次，在我们这里都要有个儿子，虽然在城里感觉不出来，但每次回到我老公他们老家，村里的人都会议论我们，那种感受实在不好。现在我们这边农村好多都生育三胎，生四五个的都有，我们三个根本就不算多。"

从上述案例不难发现，全面二孩生育政策的放开提高了一部分群体的生育意愿甚至生育行为。通常情况下，人们的实际生育意愿和生育水平都要高于生育政策允许的水平，尤其是在农村表现得较为突出，生育政策允许生 1 个的时候，人们想法设法地生 2 个，生育政策允许生 2 个的时候，人们想方设法地生 3 个，总想在国家允许的水平上做加法。由此可见，农村的生育意愿和生育水平与生育政策之间存在一定的关联性，生育意愿就是对生育政策的放大，但这种情况在城市不太一样，在很多城市刚好相反，政策允许生，而人们不愿意生，因为城市的经济压力很大，生育孩子明显会增加家庭经济负担，而且城市居民大多属于工薪阶层，有固定的上下班时间，生育孩子意味着暂时放弃工作，这对很多女性来说是极其不愿意的事情。

二是流动人口的生育时间安排具有不确定性。进一步分析有二孩生育意愿的流动人口群体，结果发现，计划在 2015 年生育的比例为 14.81%，2016 年生育的比例为 12.01%，计划在其他时间生育的比例为 15.78%，57.4% 的流动人口群体在调查时虽然有生育意愿，但是具体计划在什么时候生育并没有想好，流动人口二孩生育时间具有较大的不确定性，具体生育时间如图 4-1 所示。

流动人口生育安排的不确定性与流动人口居住、就业等行为的不稳定

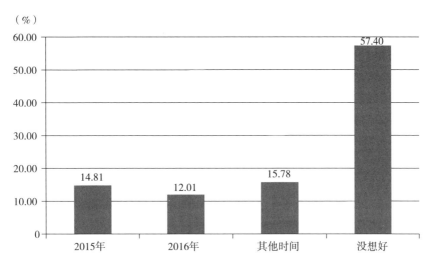

图 4-1　2014 年流动人口生育时间安排

性具有很大的关系。生育孩子需要一个安稳的环境，奔波流离的生活不宜怀孕生子，流动人口从一开始出现就具有较强的不稳定性。首先是就业的不稳定。流动人口大多在一些私营企业、个体企业上班，就业形式灵活，就业质量不高，就业缺乏保障，大多数没有签订劳动合同，不稳定的就业决定了不稳定的收入。其次是居住的不稳定性。流动人口居住环境较差，以租住私房和廉租房或工棚为主，很多时候因为工地搬迁导致随之搬迁。流动人口就业和居住的不稳定性在很大程度上影响了流动人口的生育意愿。

4.2　意愿生育时间的影响因素分析

　　人口流动对初育年龄的影响。初育前是否有外出流动经历对农村妇女初育年龄影响的分析结果如表 4-10 所示，样本选择方程与回归方程均具有统计学意义。从选择方程中可以看到，较高的受教育程度、年轻的出生队列对农村妇女初育前流动有促进作用，而新引入的初婚年龄变量对农村育龄妇女初育前流动亦有轻微的促进作用。

表 4-10　初育前是否流动对农村妇女初育年龄的影响分析

变量	样本选择方程			回归方程		
	系数	稳健标准误	p	系数	稳健标准误	p
教育程度						
小学						
初中	0.06	0.02	0.002	0.07	0.02	0.001
高中	0.18	0.02	0.000	0.16	0.03	0.000
大学	0.55	0.04	0.000	0.26	0.04	0.000
出生队列						
1960s						
1970s	0.67	0.03	0.000	−0.09	0.03	0.000
1980s	1.50	0.03	0.000	−0.52	0.03	0.002
1990s	2.25	0.04	0.000	−1.08	0.03	0.000
民族						
少数民族						
汉族	0.03	0.03	0.295	−0.13	0.03	0.000
户籍地						
东部						
中部	0.01	0.02	0.447	−0.09	0.02	0.000
西部	0.03	0.02	0.129	0.04	0.02	0.044
初婚年龄	0.10	0.002	0.000	0.96	0.003	0.000
夫妻年龄差				−0.01	0.002	0.007
初育前是否流动						
否						
是				0.16	0.03	0.000
常数项	−3.81	0.07	0.000	3.01	0.08	0.000

注：①选择方程：Chi2 = 15.91，p = 0.000；回归方程：Chi2 = 166258.28，p = 0.000。②未调整流动与未流动的初育年龄差为 1.16，p = 0.000；回归调整流动与未流动的初育年龄差为 0.39，p = 0.000。为节省篇幅，详细分析结果略。

资料来源：2014 年国家卫计委流动人口动态检测调查数据。

　　在初育年龄影响因素分析的回归方程中，较高的受教育程度依然表现为对初育年龄的推迟效应，大学毕业的农村妇女平均初育年龄较小学文化程度的农村妇女推迟 0.26 岁，但本书未发现农村妇女生育年龄的推迟存在向高、低两极教育程度分化的现象（于俊荣，2008）。处于年轻出生队列的农村妇女初育年龄存在明显偏低的现象；汉族农村妇女的初育年龄略低于少数民族；与东部地区相比，中部和西部地区农村妇女初育年龄的变化方向尽管相反，但变化幅度相对较小，均未超过 0.1 岁。与对初婚年龄的影响强度不同，夫妻年龄差对初育年龄的影响尽管仍然显著，但作用已很微弱；初婚年龄的引入对初育年龄产生了直接影响，即农村妇女初婚每增长 1 岁，初育年龄对应地也增长近 1 岁。

初育前是否有过流动经历在回归方程中的影响作用是显著的，亦表现出初育前发生过外出流动行为会推迟她们的平均初育年龄（郑真真，2002），具体推迟幅度为 0.16 岁。与初婚年龄类似，如果使用传统方法分析外出流动对初育年龄的影响作用，结果也会有所不同。初育前有外出流动经历的农村妇女平均初育年龄为 24.76±3.46 岁，未曾流动的农村妇女平均初育年龄为 23.6±2.95 岁。未调整的独立样本 t 检验显示，初育前流动的农村妇女平均初育年龄推迟 1.16 岁，回归方程调整结果显示，初育前流动使农村妇女平均初育年龄推迟 0.39 岁。与干预效应模型分析比较可见，未调整的、回归调整的初育前流动对农村妇女初育年龄推迟效应分别高出 1 岁、0.23 岁，均高估了初育前有流动经历对农村妇女初育年龄的影响作用。

人口流动对再育年龄的影响。人口流动对农村妇女二孩生育年龄的影响效应分析结果如表 4-11 所示，样本选择方程与回归方程均有统计学意义。较高的受教育程度、年轻的出生队列、初婚年龄依然表现出对再育前流动的促进作用，但不同于民族对初婚初育前是否流动无显著影响，汉族特征对农村妇女再育前外出流动有显著的正向效应。与东部地区相比，中西部地区农村妇女再育前外出流动比例较低。

表 4-11 再育前是否流动对农村妇女再育年龄的影响分析

变量	样本选择方程			回归方程		
	系数	稳健标准误	p	系数	稳健标准误	p
教育程度						
小学						
初中	0.07	0.02	0.001	0.37	0.05	0.000

续表

变量	样本选择方程			回归方程		
	系数	稳健标准误	p	系数	稳健标准误	p
高中	0.16	0.04	0.000	0.43	0.08	0.000
大学	0.46	0.09	0.000	0.31	0.16	0.052
出生队列						
1960s						
1970s	0.75	0.03	0.000	0.35	0.08	0.000
1980s	1.45	0.03	0.000	-2.3	0.1	0.000
1990s	2.15	0.09	0.000	-4.97	0.15	0.000
民族						
少数民族						
汉族	0.12	0.04	0.001	0.25	0.08	0.001
户籍地						
东部						
中部	-0.07	0.03	0.004	-0.31	0.06	0.000
西部	-0.10	0.03	0.001	-0.25	0.07	0.000
初婚年龄	0.09	0.004	0.000			
夫妻年龄差			-0.03	0.01	0.000	
初育年龄				0.80	0.01	0.000
初育子女性别						
男孩						
女孩				-0.22	0.05	0.000
再育前是否流动						
否						
是				2.51	0.12	0.000
常数项	-2.91	0.10	0.000	8.81	0.24	0.000

注：①选择方程：Chi2 = 3.00，p = 0.008；回归方程：Chi2 = 25064.88，p = 0.000。②未调整流动与未流动的再育年龄差为 2.12，p = 0.000；回归调整的再育年龄差为 2.12，p = 0.000。为节省篇幅，详细分析结果略。

资料来源：2014 年国家卫计委流动人口动态检测调查数据。

回归方程中受教育程度对再育年龄仍有推迟作用，但不同组间推迟效应在 0.31~0.44 岁波动，未表现出趋势。年轻出生队列的再育年龄也更趋于年轻，20 世纪 90 年代出生队列的农村妇女再育年龄较 60 年代出生队列低约 5 岁；而汉族农村妇女再育年龄较少数民族妇女却平均高出 0.25 岁；中部和西部地区农村妇女平均再育年龄均比东部地区农村妇女低 0.3 岁左右。

婚育因素方面，可以看到夫妻年龄差增长会轻微地降低农村妇女的再育年龄，而初育年龄每推迟 1 岁，农村妇女再育年龄平均推迟 0.8 岁。结合前文分析发现，农村妇女婚育年龄关系上存在连锁效应，农村妇女初婚年龄增大带来初育年龄相应增大，初育年龄推迟直接导致再育年龄推迟。考虑初育子女性别影响，相对于初育子女性别为男孩，初育女孩的农村妇女再育年龄下降 0.22 岁。农村妇女初育女孩后更急于生第二个孩子，在一定程度上表明了二孩生育行为可能存在性别偏好，但也可能与普遍二孩前中国农村实施多年的 1.5 孩生育政策有关，即第一孩为女孩可以生二孩的政策有可能促使农村妇女初育女孩后再育。

农村妇女再育前流动使其再育年龄平均推迟 2.51 岁，不难看出，人口流动对农村妇女再育年龄的推迟效应远高于对她们初婚、初育年龄的推迟效应。再育前有流动经历的农村妇女平均再育年龄为 29.27±4.08 岁，未曾流动的农村妇女平均再育年龄为 27.15±4.42 岁。未调整的独立样本 t 检验显示，再育前有外出流动经历的农村妇女再育年龄推迟 2.12 岁，回归方程调整亦显示出与未调整相同的推迟效应，较干预效应模型分析结果低 0.39 岁。与对初婚、初育年龄的高估不同，未调整或回归调整的传统分析方法却明显低估了人口流动对农村妇女再育年龄推迟的幅度。由此也凸显出样本偏性会导致参数估计的不确定性，样本选择偏性的控制尤为必要。

4.3　意愿生育性别的影响因素分析

生育性别与生育数量是相互依存的、相互联系的，有生育数量就一定有生育性别；反之亦然。生育性别的研究是人口学、生物学研究的重要内容，但是两者所关注的焦点不一致，人口学关注的是性别的总体特征与规律，如人口性别结构。生物学关注的是个体的生物特征及其差异，如男性和女性的生理构造及其差异、性别的遗传差异。

男性和女性生理特征的差异造成男性和女性的在身体方面具有显著的差异，女性体力柔弱，男性身体健壮，再加上社会对男性与女性的不同期待，塑造了男性和女性不同的社会经济地位。前文分析发现，流动人口作为中国公民的重要组成部分，仍然具有明显的性别偏好意识。本部分将进一步对流动人口生育意愿偏好的相关因素进行分析，指出到底哪些因素可能与流动人口生育性别偏好有关。

4.3.1　意愿生育性别的代际差异

婚姻和生育在中国不仅是两个人的事，也是两个家庭的事。当今社会，父母在子女婚姻和生育决策过程中虽然不能发挥决定性的作用，但是也具有重要的参考价值，会对生育意愿产生影响。因此，在意愿生育性别结构的分析中，我们分别讨论了被调查者父母一代的意愿生育性别结构(见表4-12)和被调查者的意愿生育性别结构（见表4-13），以比较意愿生育性别的代际差异。

表4-12　被调查者父母一代意愿生育性别结构

父母期望孙子女性别结构	迁移流动	未迁移流动	总计
都是男孩	7.36	9.74	8.86
都是女孩	1.97	4.37	3.49
至少一个男孩	4.99	3.99	4.36
至少一个女孩	0.53	0.84	0.73
儿女双全	52.43	41.10	45.28
无所谓	32.72	39.65	37.09
不要孩子	0.00	0.31	0.19
合计	100.00	100.00	100.00

注：卡方检验结果，Pearson 卡方值=34.963，有效案例 N=2065，渐进 Sig.（双侧）=0.000。

表4-13　被调查者意愿生育性别结构

自己期望子女性别结构	迁移流动	未迁移流动	总计
都是男孩	6.72	8.42	7.86
都是女孩	6.35	7.56	7.16
至少一个男孩	3.78	3.51	3.60

自己期望子女性别结构	迁移流动	未迁移流动	总计
至少一个女孩	2.95	2.28	2.50
儿女双全	23.48	13.71	16.94
无所谓	54.88	61.89	59.57
不要孩子	1.84	2.64	2.38
合计	100.00	100.00	100.00

注：卡方检验结果，Pearson 卡方值＝54.521，有效案例 N＝3282，渐进 Sig.（双侧）＝0.000。

根据表4-12和表4-13的统计结果发现，流动人口与其父母一代的生育意愿具有显著的差异。"儿女双全"的均衡性别结构是老一代流动人口的生育理想，被调查者父母一代的意愿生育性别结构中"儿女双全"的比例为52.43%，在被调查者一代的意愿生育性别结构中，"儿女双全"的比例只有23.48%，取而代之的是对其所生子女的性别持"无所谓"的态度。可以看出，随着时代的进步与发展，人们的生育观念也发生了一定的变化。此外，"不要孩子"的比例，被调查者自身一代为1.84%，而被调查者父母一代几乎为0。另外，都希望生育男孩或女孩比例都在下降，至少希望生育一个男孩的比例也下降。为了分析上述生育意愿的变化是否与迁移流动有关，进一步根据被调查者的迁移流动状况，将被调查者分为"迁移流动人口"和一直居住在调查地的"非迁移流动人口"，然后进行比较分析，从中可以看出，迁移流动人口和非迁移流动人口无论是在被调查者父母一代，还是在被调查者自身一代都存在显著的差异，人口迁移流动与意愿生育性别存在显著的相关性。总体上看，人口迁移流动可以适当降低育龄人群都生育男孩或女孩的意愿，有利于人口性别的均衡发展。

4.3.2　意愿生育性别的基本特征

家庭理想子女数是生育意愿的主要衡量指标，数量和性别是相互影响的，数量是性别结构的前提，反过来性别结构也会影响数量的变化。从个体层面来看，已有孩子的合理、均衡的性别结构会适当降低再生育意愿，而已有孩子不合理、不均衡的性别结构则会在很大程度上刺激生育意愿。调查结果显示，几乎90%的家庭理想生育子女数是一个或两个，其中理想子女数为一个的家庭比例为44.10%，为两个的比例为54.20%，不要孩子和三个及以上的占比不到 10%，如表 4-14 所示。

表 4-14　家庭理想子女数

一个家庭最理想的子女数量	频数（家）	百分比（%）
0	28	0.90
1	1446	44.10
2	1780	54.20
3	16	0.50
4	5	0.20
5	4	0.10
6	3	0.10
合计	3282	100.00

　　生育两个孩子是多数家庭的理想决策，两个孩子为实现"儿女双全"的双性别偏好提供了数量基础，在理想子女数为两个的情况下，70.84% 的人都希望"儿女双全"，在一个的情况下，75.43% 的流动人口对子女的性别无所谓，家庭最理想的子女数与理想性别结构的交叉分析如表 4-15 所示。

表 4-15　家庭最理想的子女数与理想性别结构的交叉分析

理想的子女性别结构	0	1	2	3	4	5	6	合计
都是男孩	0.00	10.93	0.51	6.25	0.00	25.00	0.00	5.15
都是女孩	0.00	9.48	0.67	0.00	0.00	0.00	0.00	4.54
至少一个男孩	0.00	2.21	2.58	25.00	0.00	0.00	0.00	2.50
至少一个女孩	0.00	1.73	1.29	6.25	0.00	0.00	0.00	1.49
儿女双全	0.00	0.21	70.84	37.50	80.00	75.00	33.33	38.95
无所谓	0.00	75.43	24.10	25.00	20.00	0.00	66.67	46.51
不要孩子	100.00	0.00	0.00	0.00	0.00	0.00	0.00	0.85
合计	100.00	100.00	100.00	100.00	100.00	100.00	100.00	100.00

注：卡方检验结果，Pearson 卡方值 =5108.766，有效案例 N=3281，渐进 Sig.（双侧）= 0.000。

　　从表 4-15 的统计结果可以看出，理想生育数量与理想生育性别之间存在显著的相关性。家庭最理想的子女数为一个的时候，对孩子的性别大多持"无所谓"的态度，但是希望是男孩的比例稍高；家庭最理想的子女数为两个的时候，七成以上的都希望是一个儿子和一个女儿，儿女双全是人们最大的愿望；家庭最理想的子女数为三个的时候，大多希望儿女双全或者至少有一个儿子；家庭最理想的子女数为四个的时候，80%希望"儿女双全"，其余的20%则无所谓；家庭最理想的子女数为五个的时候，75%希望"儿女双全"，其余的25%希望都是男孩，不同理想子女数量的性别结构组合差异较为显著。

4.3.3 意愿生育性别的影响因素回归分析

前面对流动人口的生育意愿的相关性进行了论述和分析，但只是进行两个变量间的相关性分析，没有加入控制变量，而且两个变量间只能看出相关关系，并不能得出因果关系。因此，有必要进一步对意愿生育性别的影响因素进行回归分析，以控制其他变量对生育性别的影响，找出变量间的因果关系。由于因变量意愿生育孩子的性别并非单一的"男"和"女"的二分变量，而是以多个孩子形成的组合结构，一共分为七个类别，即"1"表示"都是男孩"、"2"表示"都是女孩"、"3"表示"至少一个男孩"、"4"表示"至少一个女孩"、"5"表示"儿女双全"、"6"表示"无所谓"、"7"表示"不要孩子"。由于因变量为多分类的变量，所以采用多项式的 Logistic 回归模型进行分析较为恰当（见表4-16）。

表4-16 意愿生育性别的影响因素回归分析

效应	模型拟合标准	似然比检验		
	简化后的模型的−2 倍对数似然值	卡方值	自由度	显著水平
截距	2900.446	0.000	0	0.000
性别	2902.432	1.986	6	0.921
年龄	44186.937	41286.491	84	0.000
受教育程度	44974.443	42073.997	36	0.000
户口性质	42920.786	40020.340	6	0.000
是否迁移流动	43733.980	40833.534	6	0.000
年总收入	2892.627	33020.340	342	0.000
配偶年龄	2896.271	28020.340	126	0.000

续表

效应	模型拟合标准		似然比检验		
	简化后的模型的-2倍对数似然值	卡方值	自由度	显著水平	
现有孩子数量	42212.485	39312.039	12	0.000	
健康状况	42520.435	39619.989	6	0.000	

通过对流动人口生育意愿的性别结构进行分析后发现，无论是男性还是女性人口，对生育孩子的性别无明显的差异，但是年龄、受教育程度、户口性质、是否迁移流动、现有孩子数量及健康状况对意愿生育性别的影响较为显著。影响生育意愿、生育决策的因素很多，主要有经济因素、住房条件、时间因素、夫妇的身体状况、夫妇的年龄、现有孩子的数量、对孩子的喜恶、孩子照料问题、配偶的态度、双方父母的态度、周围亲朋的生育状况、国家政策、对事业发展的影响、今后的回报及其他因素。本书通过对影响生育孩子的上述因素的重要性进行排序分析，表4-17中列出了第一影响因素。

表4-17　影响生育意愿的第一因素

影响生育决定的第一因素	有效样本（人）	百分比（%）
经济因素	1933	58.95
住房条件	271	8.26
时间因素	262	7.99
夫妇的身体状况	193	5.89
夫妇的年龄	62	1.89
现有孩子的数量	23	0.70
对孩子的喜恶	59	1.80
孩子照料问题	173	5.28
配偶的态度	55	1.68
双方父母的态度	37	1.13
周围亲朋的生育状况	7	0.21
国家政策	119	3.63
对事业发展的影响	79	2.41

续表

影响生育决定的第一因素	有效样本（人）	百分比（%）
今后的回报	2	0.06
其他	4	0.12
合计	3279	100.00

表4-17中的统计结果显示，经济因素是影响生育意愿的重要因素，其他因素对生育的影响不是十分明显，生育行为虽然并不能完全用经济理性的思维来思考，但是在市场经济体制的发展背景下不得不考虑抚养孩子的成本。无论在农村还是城市，当今社会抚养一个孩子的成本都是非常高的，尤其是在城市抚养孩子的成本更高，这就导致中国"独生子女"政策之后的多次生育政策的调整并没有使生育水平大幅度回升，即便生育政策松开，由于抚养孩子的直接成本和间接成本较高，人们的生育意愿不高。其次是住房条件。住房条件对人们生育意愿的影响也比较大，一部分家庭在生育二胎的时候会将住房条件作为主要考虑的因素，住房面积宽敞、质量好则有利于提高生育意愿；反之则会降低生育意愿。在我们的个案访谈中也发现了类似的情况。

【个案访谈①】YXP，男，汉族，高中文化程度，1984年出生于江西省瑞金市，2010年与ZBJ结婚后生育了一个女儿。YXP于2012年开始外出打工，先后去过多地，在广州、深圳、福建等地都待过，2016年以来一直在南昌市一家电子厂上班，在省内这几年一直都是夫妻俩一起上班。我们于2018年8月做"全面二孩生育政策放开对生育意愿的影响"个案访谈的时候联系到了YXP。我们问到YXP："国家全面二孩生育政策已经在2016年的时候放开，你们当时是否考虑过生育二胎？现在是否准备生育二胎？如果愿意，为什么现在愿意生，而以前不愿意生？如果不愿意生育二胎，请问主要原因是什么？"

YXP回答道："生育孩子这个事情不好说，每个人的情况不一样，我们前两年一直没有打算生，主要原因是没有钱抚养，直接的原因是住房面积小，二胎生出来，以后孩子大了需要独立居住，连房间都没有。我们现在

---

① 本案例访谈于2018年8月，访谈地点的江西省南昌市。

有生育二胎的打算，因为去年在老家刚建了新房子，现在我们家住房条件改善了。"

从上述个案访谈资料中可以看出，影响 YXP 夫妇生育二胎的直接原因是住房条件较差，根本原因也可以归结为经济的因素。因为一旦经济发展了，很多问题就可以解决，住房也就不再成为问题。由此可见，在知识经济时代，人们在后代的培养上可能更加注重的是孩子的质量，希望把有限的精力和能力都放到孩子的教育发展和培养上，不希望有限的资源被稀释掉。随着社会主义市场经济的发展和完善，人们越来越意识到经济的重要性，在生育意愿和生育决策过程中也将经济因素列为首要考虑的因素。

4.4　生育地点的选择

在前文关于流动人口基本特征的分析中发现，中国的流动人口几乎80%以上来自农村。农村人口的乡—城流动是中国流动人口的主要形式。如果没有人口迁移流动，农村育龄妇女的生育地点毫无疑问只能选择在农村户籍地，但是因为人口迁移流动，而且很有可能在迁移流动过程中怀孕生育，因此流动后的生育地点选择除了农村老家户籍地外，还有可能选择在流入地城市。育龄妇女流入本地后有相当的比例出现了生育行为。流入时间越长，生育孩子的比例越高。流入时间超过 6 年的妇女，60%以上流入后生育过孩子，而且其中 1/3 以上是在流入本地三年内发生的。可以说，流入前后是妇女生育发生的高峰年份，流动人口的生育服务应该从一流入就着手。这些流入本地之后发生的生育超过 60%孕期和生育地都在流入地，而且较近年份的生育在本地的比例更高，绝对生育规模也越来越大。这些妇女 2012 年发生的生育中有 71.5%孕期主要在流入地且在流入地生产，20%的孕期主要在流入地但在户籍地生产，孕期主要在老家的比重为 10%左右。后面这两类孕期或生产地在老家的生育（合计 30%左右）能够进入监测数据，说明调查时生育者已经回到了监测调查地，她们只是临时回老家生育孩子。进一步的分析表明，流动人口最近四年发生在流入地的生育 98%以上都是在医院进行的，这无疑对流入地的卫生保健资源提出新的要求。

第5章

流动人口生育行为分析

　　本章在前一章的基础上进一步分析了流动人口的生育行为，主要利用2013年流动人口动态监测调查的原始数据对流动人口的生育情况进行了统计分析。本章主要包括五部分：第一部分对数据使用方法进行了介绍，并对流动育龄妇女的基本特征进行了描述和探索，以期对研究对象有一个基础的了解。第二部分对流动人口的生育水平和生育模式进行了分析，采用了不同的生育率测量指标（总和生育率、已婚生育率、递进生育率等）和生育模式（平均生育年龄、年龄别生育率）刻画方法。第三部分主要分析了人口流动对于生育安排及生育水平的影响，以及流动人口的非政策生育情况如何等。第四部分对流动人口的出生性别比的基本特征与治理对策进行分析。第五部分是关于流动与人口生育的关系探讨，一方面分析了人口流动对生育的影响，另一方面分析了生育对流动的影响。以上这些都是流动人口生育研究中关注较多的问题。通过对流动人口生育数据进行研究和分析，主要得出如下结论：2012年流动监测数据表明，2009年、2010年和2011年的流动人口总和生育率分别为1.74、1.64和1.74。然而流动人口监测样本的生育率远高于2010年第六次全国人口普查的流动人口总和生育率1.14。流动人口监测样本近三年的一孩总和生育率均高于1.0，表现出显著的时期一孩出生堆积，然而第六次全国人口普查数据显示，流动人口的一孩总和生育率却只有0.77。流动人口监测样本近三年的二孩总和生育率均高于0.57，这种水平也远远高于2010年第六次全国人口普查时的流动人口的相应水平0.32。流动人口监测样本的多孩总和生育率从2009年的0.08下降为2011年的0.05，这一水平已经略低于2010年第六次全国人口普查时期流动人口的相应水平。

5.1 数据与方法说明

2013 年流动人口动态监测调查是国家人口计生委在 2013 年 5 月举行的，本次监测的个人调查对象规定为：全国 31 个省（区、市）和新疆生产建设兵团中跨县（市、区）及以上行政区域流动且在流入地居住达 1 个月的人群中，2013 年 5 月年龄为 15~59 周岁（1953 年 6 月~1998 年 5 月出生的人口）。抽样总体中不包括调查时在车站、码头、机场、旅馆、医院等地点的流入人口。本次调查数据共包括 198795 名流动人口调查对象应答者，在计算生育率时，本书只使用了直接回答问卷的流动妇女（92067 人）中的育龄（15~49 岁）妇女的生育信息。由于统计年份不同，对应的育龄妇女人数也不同，而且这些妇女在对应年份也并不一定就是流动妇女，确切地说，本书研究流动妇女的生育水平只是 2013 年 5 月属于流动妇女的妇女以往年份的生育水平。这在往年的数据分析中已经研究指出。往年的数据分析显示，这种口径计算的生育水平最为方便，与同时利用男性代答信息并加权的结果相近。因为将男性受访者提供的生育信息考虑进来会造成两方面的影响。

第一，因再婚、离婚和丧偶等造成男性代答的部分生育信息无法与直接承担生育的育龄妇女的信息相联系。当然，考虑到本调查数据中所有调查对象再婚、离婚和丧偶者所占的比例极少，我们可以忽略上述问题，假定丈夫应答的生育都是由现任妻子生育的。

第二，使用男性代答的生育信息将导致生育信息中已婚妇女和未婚妇女的抽样概率发生变化，需要进行再次加权。假定当前全国流动人口是被等概率地抽取出来形成目前获得的样本。

设定流动人口总体中上述四类人口的总数分别为 $P_{已婚男}$、$P_{已婚女}$、$P_{未婚男}$、$P_{未婚女}$，则理论上无偏样本中的女性比例应为 $\dfrac{P_{已婚女}+P_{未婚女}}{P_{已婚女}+P_{未婚女}+P_{已婚男}+P_{未婚男}}$。按照这一调查的设计，当某一部分有生育史的女性的丈夫被抽中时，他们替代她们回答了有关生育信息。那么有生育信息的人口比例已经变成了

$\dfrac{P_{\text{已婚女}}+P_{\text{未婚女}}+P_{\text{已婚男}}}{P_{\text{已婚女}}+P_{\text{未婚女}}+P_{\text{已婚男}}+P_{\text{未婚男}}}$，生育信息中已婚女性和未婚女性的比例关系也

由原来的 $\dfrac{P_{\text{已婚女}}}{P_{\text{未婚女}}}$ 变成了 $\dfrac{P_{\text{已婚女}}+P_{\text{已婚男}}}{P_{\text{未婚女}}}$。也即简单地将代答了妻子生育史的男性所提供的生育信息作为一条流动妇女的信息纳入数据中，将出现个体被抽中概率的变化，从而导致样本中已婚女性的比例增高，带来生育率估计的偏差。对于上述情况，从理论上来说，可以通过再加权解决。含有男性代

答生育信息的样本中，未婚女性比例为 $\dfrac{P_{\text{未婚女}}}{P_{\text{已婚女}}+P_{\text{未婚女}}+P_{\text{已婚男}}}$，已婚女性比例

实际上是 $\dfrac{P_{\text{已婚女}}+P_{\text{已婚男}}}{P_{\text{已婚女}}+P_{\text{未婚女}}+P_{\text{已婚男}}}$。为了使未婚女性和已婚女性的比例关系和原

有总体一致（$\dfrac{P_{\text{已婚女}}}{P_{\text{未婚女}}}$），对每一个已婚妇女案例需要乘以一个权重，这个权

重为 $\dfrac{P_{\text{已婚女}}}{P_{\text{已婚女}}+P_{\text{已婚男}}}$，而未婚女性则无须加权。再加权后，已婚女性比例将变

为 $\dfrac{P_{\text{已婚女}}+P_{\text{已婚男}}}{P_{\text{已婚女}}+P_{\text{未婚女}}+P_{\text{已婚男}}}\times\dfrac{P_{\text{已婚女}}}{P_{\text{已婚女}}+P_{\text{已婚男}}}=\dfrac{P_{\text{已婚女}}}{P_{\text{已婚女}}+P_{\text{未婚女}}+P_{\text{已婚男}}}$。同时，已婚女性

和未婚女性的比例关系恢复为 $\dfrac{P_{\text{已婚女}}}{P_{\text{未婚女}}}$。

进行假定和再加权后，纳入男性提供的信息会使样本的统计功效有所增加，但由于再加权和部分信息不匹配带来的偏差也会变大。简单起见，本书主要使用直接应答的妇女的信息来估算生育率。不过，在计算已婚生育率时会使用男性样本提供的生育信息计算对应的生育率作为旁证。此外，实际的抽样并非等概率抽样，各二级层内的抽样比并不相同，需要估计全国情况必须加权。本书在数据处理时使用原数据案例的加权变量（W_1）、初级抽样单元（town）、分层变量（strat）进行了抽样权重设置，相关结果为加权后的结果。

本书数据处理主要分析步骤和方法如下：

（1）先将原始的妇女个人生育史调查记录转换为人年记录格式。由于采用人年格式数据，本书所做的所有生育率的时间口径均对应某一日历年度。男性代为提供的生育信息亦做了类似处理，并将男性提供的配偶的信息链接起来。

（2）选择相应人年记录进行有关生育和生育率的统计分析，比如计算各类年龄别生育率，包括常规的按年度和孩次划分的单岁年龄别生育率，也包括按年度和孩次划分的单岁已婚年龄别生育率。

（3）在年龄别生育率结果的基础上累计为总和生育率，以反映时期生育水平的变化。

（4）根据分孩次的年龄别生育率，计算以生育率水平加权的孩次别平均生育年龄（Bongaarts and Feeney，1998），以反映时期生育水平是否受到生育年龄变化的影响。

（5）充分利用本次调查数据中所能提供的信息，对影响生育率水平的可能原因进行探索。

除此之外，本书尝试使用了 Poisson 模型计算 TFR 的方法，具体使用 Stata 程序 TFR2，相关介绍可以在 Stata 中 help TFR2 安装和查看。在使用这一程序进行生育水平的计算时，需要将数据处理成类似如下格式的数据（见图 5-1）。

caseid	v005	v009	v011	b3_01	b3_02	b3_03	b3_04	b3_05	b3_06	b3_07	b3_08	b3_09	b3_10
1	773970	1299	972	1230	1217	—	—	—	—	—	—	—	—
2	773970	1299	790	1294	1268	1227	1205	1178	1153	1122	1097	1079	1052
3	773970	1299	1079	—	—	—	—	—	—	—	—	—	—
4	773970	1299	1097	—	—	—	—	—	—	—	—	—	—
5	773970	1299	931	1283	1214	1189	1165	—	—	—	—	—	—
6	773970	1299	1093	—	—	—	—	—	—	—	—	—	—
7	773970	1299	961	1244	1220	1197	1175	1164	—	—	—	—	—
8	773970	1299	1035	—	—	—	—	—	—	—	—	—	—
9	773970	1299	800	1241	1214	1130	1078	—	—	—	—	—	—
10	773970	1302	1036	1270	1250	—	—	—	—	—	—	—	—

图 5-1 2013 年流动人口监测调查数据处理

其中，v005 为权重，v008 为调查时间，v011 为妇女出生时间，b3_01 至 b3_10 为各个孩次的生育时间。在本调查中最多有五个孩次。所有的时间都处理为距离 1900 年 1 月 1 日的月数，被称作 Century Month Code（CMC）。TFR2 可以使用 tabexp 自动汇总除风险期数（exposure period）和风险期内的事件（event）——生育数。并基于这些来拟合 Poisson 模型，得到特定时间内的年龄别风险比率，进而汇总得到对应时间内的总和生育率水平 TFR。

5.2　流动育龄妇女的基本特征

　　流动人口监测调查在样本代表性上做了很多努力，由于缺乏其他可比数据，对于数据的代表性的评估并非本书的任务，但在进行生育水平的汇总之前，有必要对所分析的数据的特征进行基本的描述，避免"假数真算"。在这些描述的基础上，我们将对监测数据的可能不足有所警惕，从而对后文的结论更为慎重。在进行探索和描述的过程中，我们将 2013 年的样本数据与其他可得的数据，特别是以往年份的监测数据进行对比。

5.2.1　流动育龄妇女的年龄结构

　　2011~2013 年的流动育龄妇女的年龄别构成情况，以及 2010 年第六次人口普查 1‰样本汇总的流动育龄妇女的年龄结构如图 5-2 所示。从图 5-2 中可以看出，2011~2013 年的流动人口动态监测调查在育龄妇女年龄结构上具有较高的一致性。但与第六次人口普查数据中流动育龄妇女的年龄结构存在较大的差异，主要体现在流动监测的育龄妇女在 23~45 岁生育高峰年龄组比例较高，普遍高 1 个百分点以上，而在 15~22 岁年龄别比例显著低于总育龄妇女 1~2 个百分点。合计后，监测调查 15~22 岁育龄妇女比普查对应年龄组的育龄妇女人数少了总育龄妇女数的 16%以上，而 23~45 岁组多了 17%以上。

　　图 5-3 提供了按户籍类型划分的不同年龄的流动育龄妇女比例。从图 5-3 中可以看出，监测调查的农业户籍流动育龄妇女年龄构成与上述全国口径特征相同。然而对于非农户籍而言，监测数据育龄妇女样本集中于 27~31 岁达到峰值，而第六次全国人口普查数据的峰值则处于 20 岁，因而两者之间的年龄组成差距比较大。

　　监测样本与第六次全国人口普查样本之间的巨大差异可能来自流动人口统计口径的差异，第六次人口普查中将所有跨乡镇且离家半年以上的流动定义为流动，而流动人口动态监测调查样本中将跨区县流入一个月以上的流动定义为流动。这种差异可能扩大上述年龄结构上的差异。为了提高可比性，我们分别汇总得到了第六次全国人口普查流动人口数据中跨省流

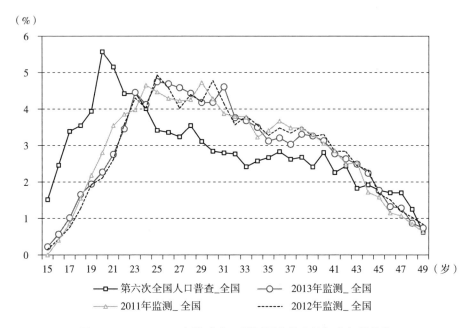

图 5-2　2011~2013 年流动人口监测调查的育龄妇女年龄结构

动的育龄妇女和监测调查中跨省流动的育龄妇女年龄别比例。

从图 5-4 中可以看到，第六次全国人口普查数据中跨省流动育龄妇女的年龄结构与监测调查中的跨省流动育龄妇女的年龄结构更为接近。相对于全部流动育龄妇女，跨省流动的育龄妇女中 19 岁以下的妇女较少，而 22 岁以上和 45 岁以下的妇女较多。

不同流入年份的育龄妇女年龄构成情况也许可以在一定程度上说明监测样本年龄结构与普查数据存在差异。从图 5-5 可以看到，在 2013 年的监测调查样本中，流入本地时间越晚，育龄妇女年龄结构越年轻，而那些流入年份较早且仍然留在本地的育龄妇女的年龄结构则相对较老。要使监测调查的育龄妇女结构偏老，只需调查更多流入年份更早的妇女即可。

即便来自同一个监测调查的男女样本的年龄结构也存在一定的差异（见图 5-6）。普查中不同性别的流动人口的年龄结构也存在一定的差异，30 岁及以下的年轻女性较多。而在监测调查数据中，20~36 岁的女性相对较多，其他年龄组的女性占比都低于男性。而且监测调查中男女的年龄构成差异比普查数据要大一些。如果以普查数据作为参照，监测数据中的女性样本在年龄结构上偏差更大。

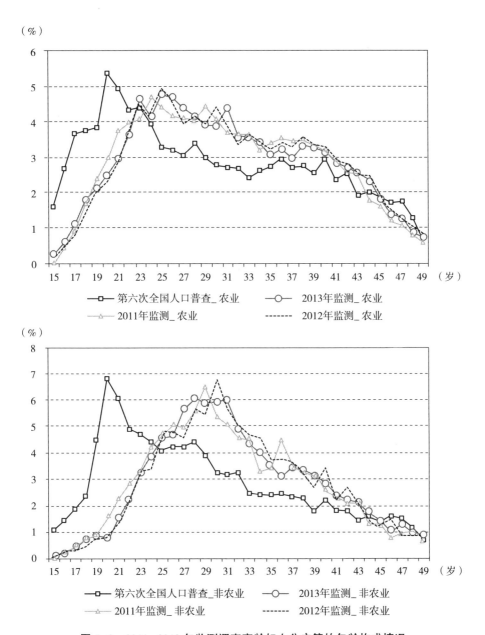

图 5-3　2011~2013 年监测调查育龄妇女分户籍的年龄构成情况

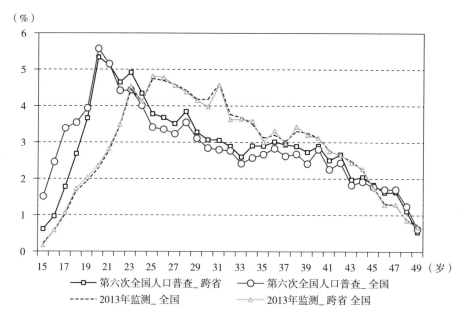

图 5-4 2013 年监测调查分流动范围的育龄妇女年龄构成

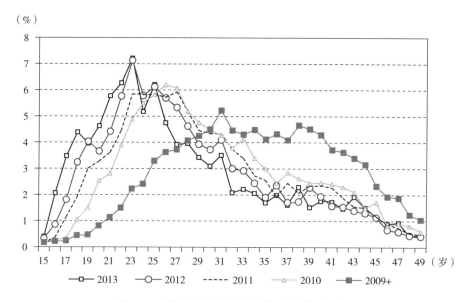

图 5-5 不同流入年份的育龄妇女的年龄构成

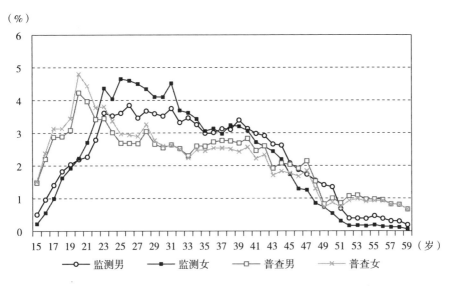

（%）

图5-6　2013年监测调查妇女样本与男性样本的年龄构成情况

监测男　监测女　普查男　普查女

5.2.2　流动育龄妇女的年龄别已婚比例及其变化趋势

图5-7展示了2013年流动人口动态监测调查时流动育龄妇女年龄别已婚比例曲线。为了便于比较，图5-7中还提供了2010年第六次全国人口普查全国流动妇女的相应比例曲线，从中可以看到21~29岁流动妇女已婚比例明显高于第六次全国人口普查结果，甚至高出2012年监测调查4个百分点。总体而言，2013年监测调查流动育龄妇女已婚比例比第六次全国人口普查流动育龄妇女已婚比例高出15个百分点以上。

图5-8提供了2016年流动人口动态监测调查流动妇女按户籍分类年龄别已婚比例。结果表明，非农户籍育龄妇女年龄别已婚比例与第六次全国人口普查结果存在较大的差异，2013年监测调查的非农流动育龄妇女已婚比例比2010年第六次全国人口普查流动育龄妇女高出将近25个百分点，农业流动育龄妇女高出13.5个百分点。如果2010年和2013年流动人口的年龄结构未发生剧烈的变动，上述差异应该来自统计口径或抽样框差异。

前面的分析发现，与2010年第六次全国人口普查中的流动妇女的年龄结构相比，2013年流动监测样本的流动妇女在年龄结构上偏重于23~39岁年龄段，而在育龄妇女的低龄段和高龄段则比例显著较低。样本年龄结构的差异可能意味着潜在的抽样偏差。监测调查末端样本名单来自管理监测

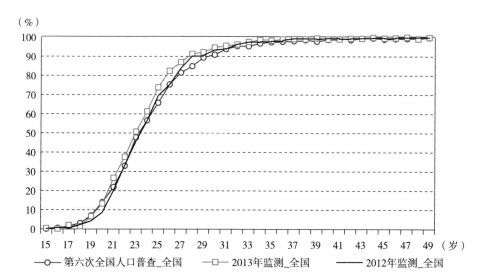

图 5-7　全国流动妇女已婚比例及变化趋势

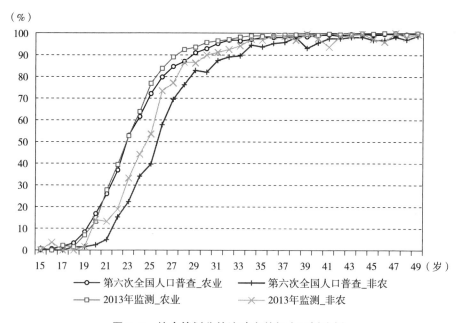

图 5-8　按户籍划分的流动育龄妇女已婚比例

数据库，这个数据库是否有可能更倾向于覆盖那些在本地居住时间更长、职业更为固定、活动场所更为公开、目标更为明显（如已经生育并携带子女）、调查合作度更高的流动人口值得研究。这已经超出本书的研究范围，有待后续相关研究进行论证，后文的几点特征描述仅在于提供些许信息。

5.2.3　流动育龄妇女年龄别曾生子女数

从流动育龄妇女的曾生子女数来看（见图5-9），2013年监测调查数据与2012年监测调查数据相比的差异主要表现在如下几个方面：第一，2013年监测样本中各个年龄的未生育妇女的比例更少；第二，2013年监测样本中26岁以前有一孩的比例较高，而26岁以后只有一孩的比例较低；第三，2013年样本中有二孩的妇女比例在20~40岁各个年龄组上都相对较大。这种孩次结构与后文分析的流动人口在2012年抢生了"龙宝宝"可能存在一定的关系。

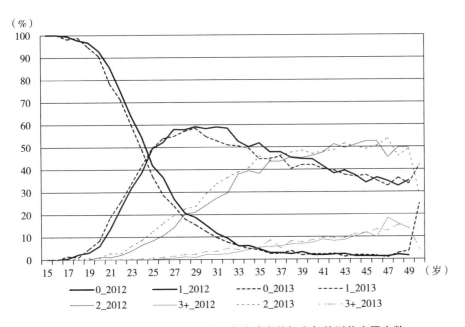

图5-9　2012年和2013年监测调查流动育龄妇女年龄别曾生子女数

5.2.4　流动育龄妇女的流入时间分布

从流入本地的时间分布来看（见图5-10），监测样本中流入本地时间超过六年的比例达到30%以上。如果与第六次全国人口普查数据中流动人口离开户籍地的时间进行比较（这种口径差异还涉及年龄方面，第六次全国人口普查数据的流动人口没有设置年龄限制，但并无其他可比数据进行参照），可以看到，流动监测调查中流入本地时间较短的人口比例偏少，而流入本地时间三年以上的人口相对较多，对应地在全部流动人口中的比例多了16%左右。显然，如果两个指标具有可比性，监测调查样本的选择性是明显的。为了增加可比性，数据的开放共享是可行途径之一，另一途径则是在监测调查与其他人口普查之间保持口径一致。

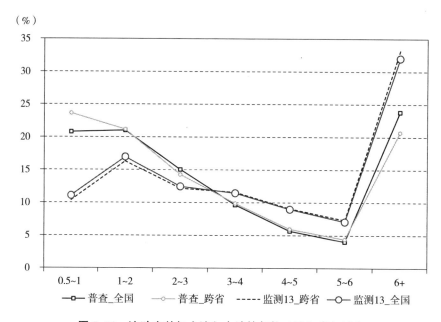

图5-10　流动育龄妇女流入本地的年数（流入半年以上）

5.2.5　流动育龄妇女的流动范围

从人口流动范围来看，跨省流动妇女占到全部流动育龄妇女的2/3以上，达到68.0%，流入超过半年的人中，跨省的比例也在67%以上，大大高于人口普查流动育龄妇女跨省流动的比例。2010年人口普查显示，除去市辖区内人户分离人口，户口在本乡镇街道之外的外来妇女中，户口在外省的占36.24%左右。第六次全国人口普查样本数据的流动育龄妇女属于跨省迁移的只有42.18%。如果将普查数据中户籍在本县市的流动人口排除在流动人口之外，户籍在省外的人口也就占到跨县市流动人口的一半左右

（见表5-1）。

表5-1 监测样本分流入时间的流动范围构成情况 单位:%

	全部男女监测样本			育龄妇女			第六次全国人口普查
	半年内	半年以上	合计	半年内	半年以上	合计	
跨省流动	72.9	67.3	68.0	72.2	67.5	68.0	50.4
省内跨市	20.2	23.2	22.8	20.7	23.3	23.0	49.7
市内跨县	6.9	9.5	9.2	7.1	9.2	8.9	
合计	100.0	100.0	100.0	100.0	100.0	100.0	100.0
样本量	24858	173937	198795	11348	82585	93933	170565343

资料来源：2013年流动人口监测调查。

本部分的分析结果表明，流动人口监测调查样本有一些比较显著的分布，在流动育龄妇女的生育行为特征方面与其他人口调查，特别是第六次人口普查的流动育龄妇女的结果存在明显的差异。本书认为，流动监测调查样本更偏重于反映那些流入年数较长、已婚、跨省流动、最近有过生育经历的育龄妇女。因此，本书不建议将后文流动人口监测调查生育水平与其他调查的结果进行简单对比，本书中的生育水平仅仅作为一个参照，不宜直接用作衡量流动人口的真实生育水平。

5.3 流动人口的生育情况

5.3.1 总和生育率水平

本书根据2013年的流动人口动态监测调查数据计算了不同口径条件下2011~2013年各年份流动人口的总和生育率及分孩次的总和生育率［TFR(i)］。统计口径为日历年份，并且将它们与其他数据来源的流动育龄妇女的生育率统计进行比较。可以看到，本次流动人口监测调查流动妇女的总和生育率在2010年、2011年、2012年分别为1.648、1.646和1.953。监测调查结果与2005年全国1%人口抽样调查（以下简称小普查）和2010年第六次全国人口普查的流动人口生育率结果存在较大差距，后两个人口数据反映出流动人口的总和生育率水平极低，分别只有 1.137 和 1.143。不过，2013 年监测调查与 2012 年监测调查保持更高的一致性，尤其是对于流动妇女在 2010 年生育水平的估计。但与 2011 年的生育水平相比，2012 年的生育水平要高很多，达到 1.953。汇总 2012 年 5 月至 2013 年 4 月的生育水平得到的只有 1.82。在监测调查中，这种相对高水平生育率的出现可能与2012 年为中国农历龙年，民众抢生 "龙宝宝" 有关。

表 5-2 2013 年流动人口监测的近年分孩次总和生育率

资料来源：年份	TFR (1)	TFR (2)	TFR (3+)	TFR
2013 年流动监测：2010 妇	0.948	0.617	0.082	1.648
2013 年流动监测：2011 妇	0.961	0.612	0.072	1.646
2013 年流动监测：2012 妇	1.174	0.675	0.104	1.953
2012 年流动监测：2009 妇	1.094	0.574	0.076	1.743
2012 年流动监测：2010 妇	1.013	0.577	0.049	1.639
2012 年流动监测：2011 妇	1.119	0.576	0.047	1.743
2005 年小普查	0.838	0.262	0.037	1.137
2010 年第六次全国人口普查	0.770	0.316	0.058	1.143

资料来源：根据 2012 年及 2013 年流动人口监测调查数据计算。第六次全国人口普查和 2005 年小普查结果根据其样本中的流动人口数据计算，后同。

如表 5-2 所示，近年流动人口监测生育率与全国普查结果之间的差异表现出以下几个特点：第一，监测调查的流动人口生育率高于其他来源相应生育率的原因之一是其一孩生育率 TFR (1) 相对更高，2012 年的 TFR (1) 甚至和 2012 年监测调查汇总的 2009~2011 年的结果一样，高于1.0。这种 TFR (1) 超过 1.0 通常出现于出生补偿时期，比如战争和经济困难等特殊时期之后。多年的监测调查数据显示一孩生育率高于 1.0，这意味着监测育龄妇女样本中最近生育过一孩的母亲比例特别高。这种结果是否代表实际流动人口总体情况？如果是，为什么流动人口具有这种较高的一孩生育率呢？生育的人更可能在流动，还是流动者中生育的更可能在样本中？第二，监测调查的流动人口二孩生育率 TFR (2) 同样显著高于其他来源相应水平，二孩生育率几乎是其他相应统计值的 2 倍，相差幅度在 0.3

左右，与一孩生育率偏高带来的影响一样大。不过，二孩总和生育率并不是特别高。第三，近三年的三孩生育率相对稳定，且三孩总和生育率很低。

表 5-3　2013 年流动人口监测的近年各孩次总和生育率所占比例

资料来源：年份	TFR（1）占比	TFR（2）占比	TFR（3+）占比	TFR
2013 年流动监测：2010 妇	57.6%	37.5%	5.0%	100%
2013 年流动监测：2011 妇	58.4%	37.2%	4.4%	100%
2013 年流动监测：2012 妇	60.1%	34.6%	5.3%	100%
2012 年流动监测：2009 妇	62.8%	32.9%	4.3%	100%
2012 年流动监测：2010 妇	61.8%	35.2%	3.0%	100%
2012 年流动监测：2011 妇	64.2%	33.1%	2.7%	100%
2005 年小普查	73.7%	23.0%	3.3%	100%
2010 年第六次全国人口普查	67.4%	27.6%	5.0%	100%

表 5-3 提供了本次监测调查的全国各孩次别生育率占总和生育率的比例。2013 年监测调查汇总的三个年份的一孩生育率占比都在约 60% 及以下，低于 2012 年监测调查结果及普查相关统计；而其二孩生育率占比在 33% 及以上，高于其他来源统计；多孩生育率占比均在 4% 左右，与 2010 年全国人口普查的相应占比（5%）类似。

综合判断，我们可以肯定流动人口有较为明显的一孩和二孩出生堆积，但超生并不严重。如果说人们的生育行为仍然不适合内在的自我选择和控制，而主要由计生部门的行政管理所限制，那么流动人口的计划生育无疑使管理最为困难。针对这样一个群体的存在潜在选择性的监测样本（这种选择性偏向于扩大生育率），汇总出来龙年的总和生育率水平还在更替水平以下。可以推测，流动人口常规年份的生育水平一定在上述水平之下，而人们并未想方设法地突破和寻找管理空白以追求多生。

表 5-4 提供了本次监测调查各统计口径的全国各孩次的平均生育年龄（Mean Age at Child-bearing，MAC），并同时提供了其他来源的相应统计进行比较。可以看到，流动监测调查的各孩次平均生育年龄都显著低于普查来源相应统计。并且，监测的孩次别平均生育年龄相对稳定，但 2012 年一孩生育年龄有明显后推，而二孩、三孩生育年龄有明显前移，这可能与生育条件早已成熟的人们抢生"龙宝宝"有很大的关系。

表5-4 2013年流动人口监测的近年各孩次平均生育年龄

资料来源：年份	MAC（1）	MAC（2）	MAC（3+）	MAC
2013年流动监测：2010妇	24.56	29.48	31.11	26.73
2013年流动监测：2011妇	24.71	30.00	31.91	27.00
2013年流动监测：2012妇	25.51	29.05	31.27	27.04
2012年流动监测：2009妇	24.32	29.82	32.68	26.49
2012年流动监测：2010妇	24.91	30.04	32.20	26.93
2012年流动监测：2011妇	24.91	29.67	31.88	26.68
2005年小普查	25.17	30.59	32.66	26.66
2010年第六次全国人口普查	26.59	31.12	35.05	28.26

5.3.2 按户籍分类的总和生育率

接下来，我们分别按农业户籍和非农业户籍两种类型更细致地对流动人口动态监测调查的生育数据展开分析（见表5-5）。从下面的结果可以看到，即使与往年的监测调查进行比较，2013年监测调查数据反映出来的2012年流动人口的生育情况也具有明显的特征，那就是非农户籍的流动妇女抢生一孩，而农业户籍的流动妇女抢生二孩、三孩更为明显。从一孩生育平均年龄并不低这一点来看，这实际上是推迟到一定程度后的集中爆发。

表5-5 2013年流动人口监测按户籍类型的近年分孩次总和生育率

资料来源：年份	户籍类型	TFR（1）	TFR（2）	TFR（3+）	TFR
2013年流动监测：2010妇	农业	0.953	0.677	0.094	1.724
	非农	0.820	0.326	0.018	1.164
2013年流动监测：2011妇	农业	0.926	0.668	0.077	1.671
	非农	1.029	0.312	0.051	1.392
2013年流动监测：2012妇	农业	1.052	0.744	0.118	1.913
	非农	1.694	0.292	0.032	2.018
2012年流动监测：2009妇	农业	1.079	0.653	0.088	1.820
	非农	1.057	0.195	0.006	1.258
2012年流动监测：2010妇	农业	0.992	0.634	0.056	1.681
	非农	0.997	0.299	0.019	1.316

续表

资料来源：年份	户籍类型	TFR（1）	TFR（2）	TFR（3+）	TFR
2012 年流动监测：2011 妇	农业	1.045	0.642	0.055	1.742
	非农	1.330	0.238	0.007	1.575
2005 年小普查	农业	0.839	0.304	0.045	1.188
	非农	0.797	0.126	0.011	0.934
2010 年第六次全国人口普查	农业	0.760	0.348	0.063	1.172
	非农	0.814	0.174	0.030	1.018

从生育水平来看，流动人口的总和生育率近年来有一定程度的降低趋势，2012 年的总和生育率为 1.82，2013 年的总和生育率为 1.72，与全国人口普查中的流动人口生育水平相比偏高。2010 年普查时的育龄妇女生育水平为 1.14，分户籍来看，农业户籍的育龄妇女生育水平为 1.17，非农业户籍的育龄妇女生育水平为 1.018。

分孩次的总和生育率也出现了类型的差异。总体上，流动育龄妇女的生育率随着孩次的增加而降低，根据 2012 年监测调查数据计算，一孩的总和生育率农业户籍为 1.079，非农业户籍为 1.057，而根据 2013 年监测调查数据计算，一孩的总和生育率农业户籍为 0.953，非农业户籍为 0.820。

表 5-6 显示的是按流动人口户籍类型分的近年分孩次总和生育率占比，从总和生育率的占比来看，流动人口生育以一孩为主，这与近年来流动人口的代际更替有关，新生代流动人口逐渐成为流动人口的主体，而这些流动人口目前正处于婚育年龄阶段，一孩的总和生育率占总和生育率的 50% 以上，而且农业户籍和非农业户籍的差别非常大，非农业户籍一孩占比高于农业户籍。

表 5-6 2013 年流动人口监测按户籍类型的近年分孩次总和生育率占比

资料来源：年份	户籍类型	TFR（1）占比	TFR（2）占比	TFR（3+）占比	TFR
2013 年流动监测：2010 妇	农业	55.3%	39.3%	5.5%	100.0%
	非农	70.5%	28.0%	1.6%	100.0%
2013 年流动监测：2011 妇	农业	55.4%	40.0%	4.6%	100.0%
	非农	74.0%	22.4%	3.7%	100.0%

续表

资料来源：年份	户籍类型	TFR（1）占比	TFR（2）占比	TFR（3+）占比	TFR
2013 年流动监测：2012 妇	农业	55.0%	38.9%	6.1%	100.0%
	非农	84.0%	14.5%	1.6%	100.0%
2012 年流动监测：2009 妇	农业	59.3%	35.9%	4.9%	100%
	非农	84.1%	15.5%	0.5%	100%
2012 年流动监测：2010 妇	农业	59.0%	37.7%	3.3%	100%
	非农	75.8%	22.8%	1.5%	100%
2012 年流动监测：2011 妇	农业	60.0%	36.9%	3.2%	100%
	非农	84.5%	15.1%	0.5%	100%
2005 年小普查	农业	70.6%	25.6%	3.8%	100%
	非农	85.3%	13.5%	1.2%	100%
2010 年第六次全国人口普查	农业	64.9%	29.7%	5.4%	100%
	非农	79.9%	17.1%	2.9%	100%

再从流动人口的平均生育年龄来看，流动人口的平均生育年龄为 26～28岁，但是不同孩次之间的生育年龄差距较大，一孩平均生育年龄在 24～27岁，二孩的平均生育年龄在 28～31 岁，三孩及以上平均生育年龄在 31～35 岁，流动育龄妇女基本上在 35 岁以前完成生育（见表5-7）。

表 5-7 2013 年流动人口监测按户籍类型的近年孩次别平均生育年龄

资料来源：年份	户籍类型	MAC（1）	MAC（2）	MAC（3+）	MAC
2013 年流动监测：2010 妇	农业	24.19	29.24	31.06	26.55
	非农	27.24	32.29	30.39	28.70
2013 年流动监测：2011 妇	农业	24.22	29.83	31.31	26.79
	非农	27.31	32.04	37.23	28.73
2013 年流动监测：2012 妇	农业	24.90	28.96	31.20	26.87
	非农	27.61	31.41	32.81	28.24
2012 年流动监测：2009 妇	农业	23.86	29.69	32.60	26.38
	非农	27.05	31.34	30.23	27.73
2012 年流动监测：2010 妇	农业	24.43	29.90	31.91	26.74
	非农	27.76	31.50	35.16	28.72

资料来源：年份	户籍类型	MAC（1）	MAC（2）	MAC（3+）	MAC
2012 年流动监测：2011 妇	农业	24.27	29.58	31.79	26.46
	非农	27.75	31.94	32.55	28.40
2005 年小普查	农业	24.80	30.30	32.50	26.50
	非农	26.80	32.70	34.40	27.70

5.3.3　已婚生育率

沿用常规总和生育率的计算方法，只将已婚育龄女性作为统计对象，而已婚女性只是全部育龄妇女中的一部分，因此，已婚总和生育率并不能像常规总和生育率那样理解成一个假设队列的终身生育水平。然而，随着社会经济的发展，中国女性结婚年龄相比几十年前已经显著提高，并且仍然保持继续提高的趋势。在这种情况下，低龄女性中已婚者相对更少，已婚生育率与常规生育率的差距可能越大。实际上，育龄妇女低龄组中已婚者很少，而且往往低龄妇女的已婚状态确实与生育密切相连，所以低龄组的已婚生育率往往很高，并且极不稳定，对已婚总和生育率影响非常大。为了展示并消除这种统计的不稳定性，后面的研究中我们不仅按常规方法累计 15~49 岁的已婚总和生育率（MTFR），而且提供仅仅累计 20~49 岁的删截已婚总和生育率（CMTFR），结果如表 5-8 所示。

表 5-8　2013 年流动人口监测的近年分孩次已婚总和生育率

资料来源：年份	MTFR（1）	MTFR（2）	MTFR（3+）	MTFR
2013 年流动监测：2010 妇	3.006	0.813	0.091	3.910
2013 年流动监测：2011 妇	3.149	0.818	0.085	4.052
2013 年流动监测：2012 妇	4.068	1.010	0.119	5.196
2013 年流动监测：2010 男	3.323	0.780	0.095	4.197
2013 年流动监测：2011 男	2.888	0.879	0.103	3.870
2013 年流动监测：2012 男	4.318	1.283	0.100	5.700
2012 年流动监测：2009 妇	4.515	0.816	0.081	5.412
2012 年流动监测：2010 妇	3.195	0.841	0.059	4.095
2012 年流动监测：2011 妇	4.196	0.912	0.055	5.163

资料来源：年份	MTFR（1）	MTFR（2）	MTFR（3+）	MTFR
2010年第六次全国人口普查	2.809	0.475	0.072	3.356
资料来源：年份	CMTFR（1）	CMTFR（2）	CMTFR（3+）	CMTFR
2013年流动监测：2010妇	1.473	0.752	0.091	2.316
2013年流动监测：2011妇	1.514	0.737	0.084	2.335
2013年流动监测：2012妇	1.850	0.848	0.118	2.816
2013年流动监测：2010男	1.524	0.725	0.092	2.341
2013年流动监测：2011男	1.464	0.797	0.103	2.364
2013年流动监测：2012男	1.840	0.940	0.098	2.879
2012年流动监测：2009妇	1.779	0.728	0.081	2.588
2012年流动监测：2010妇	1.595	0.714	0.058	2.367
2012年流动监测：2011妇	1.795	0.729	0.055	2.579
2010年第六次全国人口普查	1.334	0.399	0.066	1.798

资料来源：根据2012年、2013年流动人口监测调查数据计算。第六次全国人口普查结果根据样本中的流动人口数据计算。

从表5-8中可以看到，近四年一孩总和已婚生育率都远远高于1.0。然而，流动人口在二孩和多孩上的已婚总和生育率低于或接近1.0的结果反过来可以表明，已婚流动人口的生育率仍然较低。2013年监测调查显示，距离监测年份越近，一孩已婚总和生育率越高。而且2013年的监测数据中15~20岁已婚生育的案例比2012年的监测要少一些，这表现在2013年的已婚总和生育率和删截的已婚总和生育率之间的差异比2012年监测结果对应的差异要小很多。

为了便于比较，表5-8还提供了2013年监测样本已婚男性提供的其配偶的生育信息汇总的已婚生育率及2010年第六次全国人口普查样本的流动育龄妇女的已婚生育率。从中可以看到，男性提供的生育信息汇总的生育水平与女性直接提供的信息汇总的生育水平近似，特别是删截的已婚生育率非常接近。此外，监测结果2012年各孩次已婚生育率都比第六次全国人口普查相应统计值高，其中一孩和二孩结果相差更多。删截计算的已婚总和生育率[CMTFR(i)]起到了稳定统计结果的作用，但是同样反映出以上的问题。从上述结果可以看出，较高的已婚总和生育是其监测调查总体生育率水平的主要原因。

5.3.4　递进生育率

常规生育率受到孩次结构的影响，监测样本中已婚比例过高等结构性偏差将使常规的生育水平指标脱离真实的生育水平，采用孩次递进生育率指标可以控制孩次结构偏差带来的影响。如果用递进生育率来表达，该指标的统计性质便能排除掉样本孩次结构特征的影响，则一孩总和递进生育率 PTFR（1）绝不会出现大于等于 1.0 的情况，因而合计的总和递进生育率 PTFR 可以摆脱生育堆积对常规生育率指标的影响。在本节分析中，我们将采用马瀛通等（1986）提出的年龄别孩次递进模型来计算 2013 年流动监测样本的递进生育率，并且这种递进生育率指标也可以进一步推算出总和递进生育率中各孩次递进生育率所占的比例，以及各孩次递进生育的平均生育年龄。

表 5-9 给出了 2013 年及 2012 年监测调查近年的孩次递进生育率。可以看到，与相应常规生育率相比，一孩递进生育率水平有所降低，且都低于 1.0。

表 5-9　2009~2013 年监测妇女在不同年份的递进生育率水平

年份	指标	一孩	二孩	三孩+	合计
2013 年监测 2012 年	PTFR	0.995	0.643	0.104	1.742
	占比例	57.1%	36.9%	6.0%	100.0%
	MAC	25.06	29.45	30.92	27.03
2013 年监测 2011 年	PTFR	0.975	0.594	0.062	1.632
	占比例	59.8%	36.4%	3.8%	100.0%
	MAC	25.46	30.44	31.33	27.50
2013 年监测 2010 年	PTFR	0.968	0.581	0.079	1.628
	占比例	59.5%	35.7%	4.9%	100.0%
	MAC	25.39	29.84	30.79	27.24
2012 年监测 2009 年	PTFR	0.973	0.589	0.082	1.644
	占比例	59.2%	35.8%	5.0%	100.0%
	MAC	23.75	28.97	30.92	25.97

续表

年份	指标	一孩	二孩	三孩+	合计
2012 年监测 2010 年	PTFR	0.981	0.572	0.047	1.600
	占比例	61.3%	35.8%	2.9%	100.0%
	MAC	24.34	29.56	31.46	26.41
2012 年监测 2011 年	PTFR	0.988	0.582	0.049	1.619
	占比例	61.0%	36.0%	3.0%	100.0%
	MAC	23.93	29.16	31.05	26.02

从表 5-9 中可以看出，合计的递进生育率比相应常规生育率要低，并且各年份的总和递进生育率之间的水平差异比对应常规总和生育率之间的差异变小。但可以看到，在 2012 年，无论在何种孩次上，递进生育水平都提高了。

5.3.5 流动人口的年龄别生育模式

（1）年龄别生育率。图 5-11 提供了 2013 年流动人口监测调查的 2012 年分孩次的年龄别生育率，并提供了 2010 年第六次全国人口普查样本的流动人口在普查前一年的年龄别生育率作为参照。从中可以看出：第一，全国流动人口的年龄别生育模式主要由农业户籍的流动妇女的生育模式及一孩生育模式所决定。第二，农业户籍与非农户籍的流动妇女生育率模式差别巨大。在一孩生育上，出现了 23 岁以上非农户籍的流动妇女生育水平高于农业户籍流动妇女的情况，两类妇女年龄别生育曲线的峰值水平相差很大，生育曲线的峰值年龄也相差很大。相对于第六次全国人口普查中的流动人口在普查前一年的生育情况，2013 年监测调查数据汇总的 2012 年流动妇女生育水平显著较高。

（2）年龄别已婚生育率。图 5-12 提供了本次监测调查数据对流动育龄妇女按户籍分类计算的在 2012 年时的年龄别已婚比例，同时提供了第六次全国人口普查流动妇女在普查前一年的已婚生育率情况。从图 5-12 也可看出，全国的已婚生育率年龄模式主要由一孩生育模式和农业流动妇女生育水平所决定。而一孩生育模式受到农业户籍和非农业户籍流动妇女年龄别已婚生育模式的共同影响，非农业流动妇女的已婚生育率水平甚至与全国的流动妇女的一孩生育水平更为接近；而二孩及以上孩次的年龄别已婚生育水平和模式主要受农业户籍的妇女的生育影响。监测调查的已婚生育率水平在主要年龄段上都显著高于第六次全国人口普查的结果。

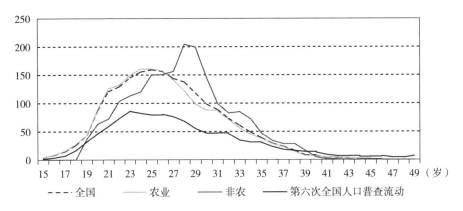

图 5-11　2013 年不同口径的年龄别生育率

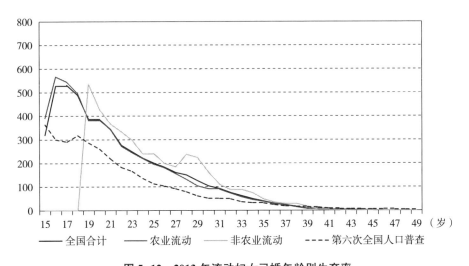

图 5-12　2013 年流动妇女已婚年龄别生育率

（3）年龄别已婚比例标准化后的总和生育率。前一部分提供了根据 2013 年流动监测中直接应答妇女的生育数据计算的总和生育率，结果发现监测数据的总和生育率高于普查数据结果。但是监测样本年龄别已婚比例偏高，如果我们消除已婚结构的影响，得到的生育水平将发生怎样的变化呢？已婚生育率是一种方法，另一种方法则是对监测数据进行加权矫正，使其与可比较的其他数据具有相同的年龄别已婚结构，设监测调查中育龄妇女的实际年龄别生育率为 $f = \dfrac{B}{W}$，调查年龄别已婚比例为 $m\% = \dfrac{W^{m}}{W}$，如果怀疑实际调查中育龄妇女的已婚比例 $m\%$ 有误，那么假定存在一个标准年龄别已婚比例 $m\%^{s}$，可以推出按此标准已婚比例的条件下年龄别调整生育率 f^{s} 为：

$$f^{s} = f \times \frac{m\%^{s}}{m\%} = 实际生育率 \times \frac{标准已婚比例}{调查已婚比例}$$

如果以第六次全国人口普查流动妇女年龄别已婚比例为标准已婚比例，计算出各年龄组的已婚比例比（第六次全国人口普查数据中已婚比例/监测已婚比例），用作生育率调整系数。依照上述公式得到已婚结构标准化的生育率如图 5-13 所示。

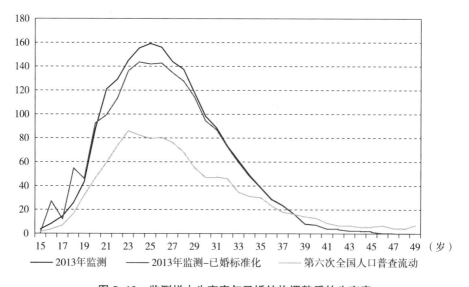

图 5-13　监测样本生育率与已婚结构调整后的生育率

结果发现，已婚比例标准化后的调整总和生育率为 1.882，比原来的 1.954 降低了 0.072。这种结果相当于原来总和生育率的 96.3%。也就是说，流动人口动态监测生育率较高仅小部分源于样本已婚比例比第六次全国人口普查高，已婚生育率高才是主要部分。这与前文有关已婚生育率的比较得出的结论是一致的。

　　本部分的研究发现，2013 年流动监测数据表明，2012 年的流动人口总和生育率为 1.954，高于监测数据汇总得到的 2011 年和 2010 年的总和生育率，更高于第六次全国人口普查等其他来源数据汇总得到的总和生育率。从分孩次的生育率看，2013 年流动人口监测样本 2012 年的一孩总和生育率为 1.174，存在显著的时期一孩出生堆积；二孩总和生育率为 0.675，明显高于往年和其他数据汇总结果。2012 年和 2013 年的流动监测样本的一孩生育率和二孩生育率水平都远远高于第六次全国人口普查流动人口相应水平，多孩生育率与第六次全国人口普查相差不大。从分户籍的情况来看，2012 年非农户籍的流动妇女一孩生育率达到了 1.69 以上，存在非常明显的抢生"龙宝宝"现象。而农业户籍流动妇女二孩生育率达到了 0.744，远远高于监测调查计算的其他年份的二孩生育水平，同样存在较为明显的"抢生"现象。已婚生育率和已婚比例标准化后的调整总和生育率的比较都表明，已婚生育率较高是监测调查生育水平比第六次全国人口普查调查的生育水平高的主要原因，已婚结构上的偏差有一些影响，但影响不大。已婚生育率结果的比较显示，2012 年生育率较高与 20 岁以上非农妇女的一孩已婚较高及农业户籍妇女各孩次的已婚生育率较高紧密相关。这从年龄别的生育率及年龄别的已婚生育率曲线的对比中也可以看到。

5.4　流动人口的出生性别比基本特征

　　出生人口性别比长期持续偏高是中国人口发展过程中突出的人口结构性问题，它不仅是严峻的人口问题，更是重大的社会问题，直接挑战男女平等和人口计划生育两项基本国策的落实。长期以来，由于统计资料缺乏，对流动人口出生性别比的研究一直是空白。2013 年全国流动人口动态监测调查资料提供了数据基础。本书采用分时段、分地区的方法，分析和判断流动人口出生性别比的现状、演进历程，并与总人口的出生人口性别比进行比较。

　　按照 2013 年全国流动人口动态监测调查中的定义，流动人口是指在调查地本地居住 1 个月及以上，且不具有本区（县、市）户籍的人口。流动人口的出生人口则通过婴儿出生时间和地点两个维度来界定，是指流动人口在流入地生育的孩子。流动人口出生性别比是指流动人口所生育的活产婴儿的男性与女性之比，具体计算公式如下所示：

$$流动人口出生性别比 = \frac{流动人口活产男婴数}{流动人口活产女婴数} \times 100\%$$

国际上众多国家的人口资料统计发现，出生人口性别比在不受人为因素干扰的情况下基本在 103～107 范围波动。换句话说，如果一个国家或地区的出生人口性别比长期偏离该值，则意味着出生人口性别比受到了人为因素的干扰。流动人口具有一定的特殊性，流动人口的出生人口性别比是否具有不一样的特征，目前学术界并没有专门的讨论和分析。本书基于流动人口动态监测调查数据进行分析，以深入了解流动人口的生育行为。

5.4.1 流动人口出生性别比的特征

本小节利用 2013 年全国流动人口动态监测调查数据、2000 年第五次人口普查和 2010 年第六次全国人口普查资料及 2005 年全国 1% 人口抽样调查资料和国家统计局年度人口变动抽样调查资料，对流动人口出生性别比进行分析判断，主要得出以下结论：

（1）全国流动人口出生性别比水平略高于全国平均值；变动趋势与全国趋同，表现为先升后降。数据分析显示，流动人口出生性别比明显高于全国平均水平。2010～2013 年流动人口出生性别比为 118.86（N = 13451），既高于同时期年度人口变动抽样调查所得的全国出生人口性别比 117.80，也高于住院分娩登记的全国出生人口性别比 115.58。2000～2013 年全国流动人口的平均出生性别比为 119.36（N = 29177），高于同期全国平均出生性别比（118.68）0.68 个百分点。流动人口出生性别比先升后降，与全国变动趋势一致，如图 5-14 所示。

（2）东部地区流动人口出生性别比偏高程度高于中部地区和西部地区。第一，流出人口比较。2010～2013 年东部地区的流出人口出生性别比最高，达到 122.87（N = 4005），中部地区和西部地区的流出人口出生性别比基本一致，在 116 上下。第二，流入人口比较。东部地区的流入人口出生性别比偏高水平与西部地区基本相同，分别为 119.87（N = 6307）和 119.62（N = 4443），均明显高于中部地区 110.09（N = 3290）水平。第三，与各地区 2010 年第六次全国人口普查出生性别比比较，东部地区流入人口出生性别比明显低于本地人口，而流出人口出生性别比略高于本地人口；中部

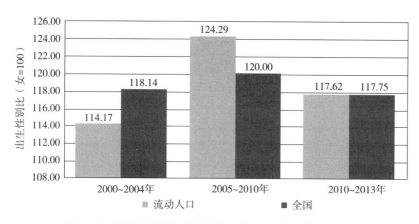

图 5-14 流动人口出生性别比与全国出生人口性别比比较

资料来源：2013 年全国流动人口动态监测调查问卷（A）数据；2000 年和 2010 年全国人口普查资料；2005 年全国 1%人口抽样调查资料；国家统计局历年人口变动抽样调查资料。

地区流入人口和流出人口的出生性别比均显著低于本地人口；西部地区与东部地区相反，表现为流入人口出生性别比高于本地人口，流出人口出生性别比与本地人口基本相同（见表 5-10）。基本判断结论如下：综合治理出生人口性别比工作中，在普遍关注流动人口的基础上，要特别关注东部地区的流出人口和西部地区的流入人口。

表 5-10 2010~2013 年东部、中部和西部地区流动人口出生性别比

流动属性	东部地区		中部地区		西部地区	
	出生人口（人）	出生性别比（女=100）	出生人口（人）	出生性别比（女=100）	出生人口（人）	出生性别比（女=100）
流入人口	6307	119.87	3290	110.09	4443	119.62
流出人口	4005	122.87	6346	115.12	4974	116.73
2010 年人口普查	471456	122.02	399588	124.07	319016	116.56

资料来源：2013 年流动人口动态监测调查问卷（A）的数据；2010 年全国第六次人口普查资料（短表数据）。

（3）从户籍属性来看，农业户籍的流动人口出生性别比显著高于非农业户籍的流动人口。2010~2013 年农业户籍的流动人口出生性别比平均值为 118.94（N=12508），同期非农业户籍的流动人口出生性别比为 111.80（N=2783），农业户籍比非农业户籍高 7.14。2000~2013 年，农业户籍的流

动人口出生性别比为 119.88（N=24508），非农业户籍流动人口出生性别比
为 116.79（N=4596），依然是农业户籍流动人口出生性别比高于非农业户
籍流动人口。流动人口中的农业户籍人口是治理出生人口性别比的重点
人群。

（4）从孩次来看，一孩出生性别比基本正常，二孩和多孩出生性别比
严重偏高，且呈现出生性别比随孩次增加而升高的特征。流动人口的一孩
出生性别比基本在正常范围内，2010～2013 年的平均值为 107.70（N=
9199），2000～2013 年的平均值为 106.65（N=16815）。二孩和多孩出生性
别比严重偏高，2010～2013 年和 2000～2013 年二孩出生性别比分别为
129.22（N=5570）和 133.41（N=10982），达到严重偏高的程度；相同时
间段的三孩及以上出生性别比分别为 203.83（N=556）和 200.65（N=
1380）（见表 5-11）。一孩出生性别比始终基本正常，二孩出生性别比有下
降趋势，多孩出生性别比呈上升态势。治理流动人口出生性别比的重点是
二孩和多孩生育。上述流动人口性别比偏高的特点与总人口大体相当。

表 5-11　流动人口分孩次的出生性别比

年份	一孩		二孩		三孩及以上	
	出生人数（人）	出生性别比（女=100）	出生人数（人）	出生性别比（女=100）	出生人数（人）	出生性别比（女=100）
2000~2004	2232	98.05	1442	131.46	271	194.57
2005~2009	5384	108.60	3970	140.31	553	200.54
2010~2013	9199	107.70	5570	129.22	556	203.83
2000~2013	16815	106.65	10982	133.41	1380	200.65

资料来源：2013 年流动人口动态监测调查问卷（A）的数据。

（5）总人口出生性别比高的省份，流出人口的出生性别比也比较高。
根据 2010 年第六次全国人口普查资料，出生人口性别比最高的安徽、福建、
海南、湖北、湖南、江西、广西、贵州、广东、山东、浙江、河南、甘肃、
江苏、陕西和河北 16 个省（区）为全国综合治理出生人口性别比偏高的重
点省。根据 2010 年第六次人口普查数据统计，重点省的出生人口性别比平
均值为 124.64，累计对出生人口性别比偏高部分的贡献率为 89.84%。流动
人口动态监测调查发现，总人口出生性别比严重偏高的省份，其流出人口

的出生性别比也严重偏高。2010～2013 年上述 16 个重点省份的流出人口的出生性别比平均值为 122.10（N=10994），属于重度偏高，略低于重点省总人口出生性别比的平均水平。16 个重点省份流出人口出生性别比累计对全国流动人口出生性别比偏高部分的贡献率为 86.61%。重点省份流出人口在 2000～2013 年的出生性别比平均值 125.27（N=20378），比全国流动人口出生性别比均值（119.36）高 5.91。总人口出生性别比和流动人口出生性别比严重偏高的省份高度一致，出生人口性别比偏高的 16 个重点省（区）也是流动人口出生性别比的重点治理的对象。

5.4.2 流动人口出生性别比治理对策

目前，中国流动人口已婚育龄妇女占全国已婚育龄妇女的近 1/4，流动人口的出生人口数量占全国出生人口总量的 1/3。综合治理流动人口出生性别比偏高对实现全国出生人口性别比综合治理目标举足轻重。为此建议：

（1）加强政策引导和宣传教育，促进流动人口生育观念的改变。新型城镇化建设中，促进流动人口市民化和社会融合，不断完善包括流动人口在内的社会保障、医疗卫生、教育、就业、收入分配、住房保障等改善民生的制度安排，从社会发展的层面弱化和消除女孩的社会弱势。加强宣传教育，逐渐促进社会生育观念的改变。

（2）加强流动人口出生性别比治理的统筹协调和区域协作。为有效控制流动人口出生性别比的失衡，应建立区域协作机制，形成"人口流出区与流入区相互协作""重点区域一盘棋""全国一盘棋"的综合治理格局，把出生性别比治理工作纳入流动人口服务管理区域协作框架体系；加强流动人口出生信息的共享，明确流入地和流出地对流动人口生育管理的职责，有效掌握流动人口生育情况，制订有针对性的治理方案；在流动人口相对聚集地区和毗邻地区，联合开展宣传教育、打击"两非"、出生性别比专项治理等活动。

（3）加强对重点区域流动人口出生性别比指导工作的力度。跟踪流动人口重点省份流动人群的迁移和发展趋势，对该类重点省份探索实行动态化的管理机制，制定有针对性的引导政策，促进流动人口出生性别比的下降，同时监控非重点省份，严防出生性别比的升高；明确重点人群，对生育二胎和多胎的人群，特别是流动人口和农村已婚生育一个女孩的人群，要做好孕情全程服务管理工作；通过建立全国流动人口动态监测网络，利用流动人口动态监测数据，进一步研究和探索重点区域流动人口出生性别比偏高的规律和特点，总结地方治理的成功经验，实现全国范围内的经验推广。

（4）探索建立更加科学的分析评价方法。鉴于流动人口的流动性，在管理和治理上都存在较大的难度，为监控流动人口性别比及各地综合治理的情况，建议利用全国的网络信息资源，依据流动人口动态监测系统的数据，制定科学的监测评估指标体系，进行多维度的量化分析后，对流出地、流入地有针对性地制定多项考核指标，判断人口出生情况发展趋势，为下一步制定有效可行的政策提供依据。

5.5 人口流动与生育的关系

人口迁移流动与生育之间的关系，笼统地看，显然是相互影响的。一方面，人口转变后期，人口迁移流动对生育产生负面的影响。人口迁移流动总体而言是从落后的地区向相对发达的地区流动，主要是基于经济原因的迁移流动。经济的发展及对于经济效益的追求会使人们抑制自身的生育与人的再生产。相关研究表明，人口迁移流动导致生育水平进一步下降。另一方面，人口生育会对迁移流动产生一定的影响。怀孕生育需要有一定的生养条件，为了追求更好的生养条件，人们可能会进行流动或者暂停流动。例如，有的妇女为了追求更好的生养环境，可能选择同配偶随迁进入城市，而另一些妇女，因为老家可以享受到更好的公共医疗服务而选择返回老家。在当前生育相关的公共服务仍与户籍有着紧密联系的背景下，生育事件总体上而言会对妇女外出流动产生抑制作用，孕期及产前回流的比例较大。当然，以往的监测数据也表明，近年来在外生育的妇女越来越多，生育地点安排似乎受流动的影响越来越弱。

5.5.1 流动人口的生育安排

生育安排分为两个方面——生育地点与生育时间。流动妇女近年发生的生育时间和生育地点的具体情况如表5-12所示。

表 5-12 　流动妇女近年发生的生育时间与地点选择　　　　单位:%

生育年份	生育地			生育时间			生育数
	本地	户籍地	其他地方	在此次流入前	初次外出前	孕3个月后流入	
1999	6.1	91.2	2.7	95.6	81.8	0.5	37283
2000	13.3	81.0	5.7	88.0	56.8	2.0	3929
2001	13.7	79.3	7.0	85.7	50.2	1.8	4148
2002	15.2	79.0	5.9	85.1	49.1	1.6	3974
2003	17.6	76.5	5.9	82.8	45.5	2.7	4254
2004	20.2	73.1	6.7	77.2	39.2	2.0	5100
2005	21.6	71.4	7.1	74.9	34.5	3.1	5299
2006	24.6	69.6	5.9	71.9	32.4	3.5	5890
2007	28.1	64.2	7.7	68.2	27.9	4.1	6178
2008	29.6	64.0	6.4	63.1	23.8	5.7	6211
2009	34.0	60.0	6.1	58.4	19.1	6.3	6640
2010	39.3	55.3	5.4	52.0	14.0	7.4	6225
2011	47.4	48.3	4.3	41.9	9.5	8.5	6126
2012	59.2	37.2	3.6	26.9	4.7	14.2	7266
2013	80.4	17.8	1.8	7.7	0.8	19.8	1574
合计	22.8	72.4	4.8	74.1	46.1	3.9	110097

　　从表 5-12 可以看到，流动育龄妇女的生育有相当部分发生在户籍地，而非流入地。这一比例即使在 2012 年的生育中也达到了 37.2%。生育的年份越早，选择在户籍地生育的比例越高。从生育的时间来看，监测流动妇女 2012 年发生的生育有 26.9% 发生在此次流动本地之前，2011 年的生育中这一比例达到 41.9%，2010 年为 52.0%，距离监测时间越远，相应年份的生育为本次流入本地前的生育的比例越大。但从计划生育管理的角度来看，流入地理应逐渐成为流动人口生育管理的主要依托，流动人口的生育半数及以上发生在流入地。

　　在时间安排方面，从生育时间与首次流出时间的比较来看，距离监测年份越近的生育为初次外出打工之后才发生的生育的比例越高。也就是说，近年来流动妇女的生育很少是发生初次流出之前。很多人在生育之前都有外出流动经验。不过，受访者回答的各个孩次生育事件记录中关于孕前是否流动的信息统计结果与表中的数据存在一定的差异。即使是最近三年发生的生育，也有超过 1/3 受访者认为在怀孕前没有流动经历。即便这样，从计划生育宣传教育来看，在外务工期间的宣传教育能够为此后的生育实践提供较好的提前影响作用。

2012 年发生的生育中有 14.2% 是流入本地后 7 个月之内发生的，这意味着此次流入本地时，对应的妇女已经怀孕。2013 年 1~5 月发生的生育中，这一比例达到了将近 20%。这或许意味着有部分流动本身就是因为生育引起的，这类流动属于随迁等非务工经商类流动的比例更高。

从孕期与生育地点的安排来看，流动育龄妇女近三年来的生育，如果孕期主要或一直在外地，则在外地生育的占到多数，达到甚至超过 2/3。而从监测到的妇女的生育来看，最近三年有过的生育孕期主要在老家的比例都在 1/3 以下。孕期也可能主要居住在流入地，并且有半数及以上是在流入地生产的，流动妇女近年生育的孕期与生产地安排如表 5-13 所示。从这个意义上讲，政府部门准备提供的孕期公共服务，如果是针对流动人口，流入地应该是重要的提供地点。

表 5-13　流动妇女近年发生的生育的孕期与生育地点安排情况　单位:%

生育年份	孕期在外、老家生产	孕期在外、外地生产	孕期在老家、老家生产	孕期在老家、外地生产	生育数量
1999	9.8	6.7	81.3	2.1	37283
2000	16.5	16.9	64.5	2.1	3929
2001	18.1	18.7	61.2	2.0	4148
2002	18.1	19.1	60.8	1.9	3974
2003	21.1	21.1	55.4	2.4	4254
2004	22.3	23.9	50.8	3.0	5100
2005	23.7	25.8	47.7	2.8	5299
2006	25.3	27.7	44.3	2.8	5890
2007	23.8	33.3	40.4	2.5	6178
2008	24.7	33.0	39.3	2.9	6211
2009	25.0	37.5	34.9	2.5	6640
2010	25.3	41.6	30.0	3.1	6225
2011	25.3	48.9	22.9	2.8	6126

续表

生育年份	孕期在外、老家生产	孕期在外、外地生产	孕期在老家、老家生产	孕期在老家、外地生产	生育数量
2012	23.7	59.5	13.5	3.3	7266
2013	14.2	78.3	3.6	3.9	1574
合计	18.4	25.0	54.0	2.5	110097

　　生育与流动之间的上述关系可以通过分流入时间统计各年生育率水平反映出来。从表5-13可以清楚地看到，各年流入本地的流动妇女在流入前后两三年内的生育率特别高。比如，2011年流入的妇女的2011年总和生育率为1.85，2012年流入的妇女在2012年的总和生育率为2.29。这些年份总和生育率较高与相应年份的一孩总和生育率较高有着密切的关系，从表5-14可以看到，对应的一孩总和生育率都在1以上。这种情况在其他调查数据中是否存在？如果不是数据偏差的问题，这实际上意味着，对于流动人口而言，迁移流动和生育并非相互冲突的关系。相反，两者甚至有可能是相互促进的，因为流动前后的生育率反而比较高。监测数据之外的其他数据的确证非常必要。

表5-14　流入本地时间不同的育龄妇女在各年份的总和生育率

流入年份	生育年份						
	2006	2007	2008	2009	2010	2011	2012
总和生育率							
2006	**1.95**	**2.20**	1.78	2.03	1.39	1.60	1.94
2007	**1.96**	**2.01**	**2.28**	1.53	1.72	1.63	1.58
2008	1.91	1.77	**1.89**	2.23	1.55	1.60	1.71
2009	1.63	1.73	1.80	**1.97**	**1.91**	1.80	1.88
2010	1.49	1.61	1.78	**2.05**	**1.88**	1.57	1.65
2011	1.60	1.64	1.60	1.76	1.73	**1.85**	**2.02**
2012	1.49	1.57	1.54	1.66	1.69	1.73	**2.29**
一孩生育率							
2006	**1.22**	**1.62**	1.11	1.15	0.77	0.85	0.89
2007	**1.33**	**1.28**	**1.61**	0.94	0.90	0.93	0.84

续表

流入年份	生育年份						
	2006	2007	2008	2009	2010	2011	2012
一孩生育率							
2008	1.05	**1.14**	**1.22**	**1.49**	0.84	0.85	0.93
2009	1.08	1.05	1.11	**1.22**	**1.21**	1.09	1.05
2010	0.86	0.97	1.11	**1.31**	**1.08**	1.02	1.03
2011	0.89	0.93	0.95	1.07	1.07	**1.15**	**1.25**
2012	0.90	0.95	0.82	0.91	0.95	1.04	**1.41**

注：本表中的生育率是通过 Poisson 模型拟合得到的。

通过分析流动人口生育的时间与地点安排、流入时间与生育时间之间的关系来探索流动与生育之间的关系。流动人口的孕期和生育距离监测年份越近，发生在外地的比例则越高。近期发生的生育有相当部分是流入本地之后发生的，生育之前有流动经历，甚至有一部分是明确已经怀孕之后才流入的。从流入的时间与生育的时间的关系来看，流入本地前后的三四年是流动妇女生育最多的时间段，流入前后的总和生育率普遍较高，而且一孩生育率明显高。这种情况的出现有一部分迹象表明样本的偏差，如生育峰值年龄妇女偏多。样本数据甚至显示出流动与生育之间的正向关联，这与我们的常识和推理存在一定的差异。相关的研究结论值得利用其他数据进行再次验证分析。

5.5.2　生育对人口迁移流动的影响

生育和流动是每个人一生中最重要的两项决策行为。两个行为之间可能相互影响。在上一部分我们讨论了流动对生育的影响，这一部分主要讨论生育对流动的影响。生育行为对流动的影响以青年女性最为显著，其次是青年男性，而对中老年人的影响不大。但是需要注意的是，虽然中老年群体已经过了生育的黄金时期，但是对于老年人来说，子女的生育行为通常会阻碍其外出迁移流动。

（1）生育对青年育龄人群迁移流动的影响。流动人口群体具有高度的年龄选择性特征，一般来说流动人口以青壮年为主，老年流动人口的规模并不大。流动人口的年龄与生育高峰期的年龄段具有较高的重叠性。生育的主体也是流动的主体，但是女性青年人群怀孕生子将会阻碍迁移流动行为的发生，一部分流动育龄妇女在外地怀孕了一段时间，到了后期都要返回老家生育，只有等到孩子大一些才能选择再次外出，生育将会中断育龄女性的流动行为。对于从未有过外出经历的青年女性而言，怀孕生育会延迟甚至终止流动行为。生育除了对女性有直接的阻碍作用外，对男性也有一定的影响，对于青年男性来说，影响更加复杂，既有积极的促进作用，也有消极的阻碍作用。妻子生育孩子，家庭开支自然会有所增加。因此，男性即将承担更大的经济负担，经济压力转化为迁移的动力，从而推动男性人口外出务工赚钱，因此从这个意义上看，生育会促进男性青年外出流动。但是从短期来看，生育行为也可能会对男性外出流动产生抑制作用，因为当孩子很小的时候，需要留在家里照顾妻儿，生育孩子在一定程度上成为外出流动的一个障碍因素。

（2）生育行为对老年群体迁移流动的影响。生育行为与青年人群有着直接的联系，但是老年人为了照顾孙子女或外孙子女，迁移流动也会受到影响。在中国人的代际互动关系中，通常是由祖父母或外祖父母带孩子，中国的隔代抚养特征较为明显。但是，现有的研究中几乎没有关注隔代抚养对老年人口迁移流动的影响。随着中国居民生活质量的提高，人均寿命大大延长，一部分刚进入老年的人口还具有较强的劳动生产能力，其实这部分老年人如果有机会，他们完全有能力重返劳动力市场，但是这一部分群体为了帮助子女照顾孙子女/外孙子女，却不能外出流动。因帮子女照顾孩子而不能外出流动的情况非常多，尤其是在全面二孩生育政策放开以后，对低龄老年人的影响更大。这种现象我们可以从以下个案访谈资料中得到反映。

【个案访谈①】ZLX，女，1959 年出生，小学文化程度，儿子 LXF，1986 年出生，在四川省成都市打工。LXF 于 2010 年结婚，2011 年生育了第一孩（男孩），现在在四川省成都市一所私立学校上小学三年级，2017 年生育了第二孩（男孩），孩子生下一岁以后就开始交由奶奶（ZLX）照顾，在访谈时问到 ZLX 关于照顾孙子的态度和看法。ZLX 回答说："爷爷奶奶照顾孙子是天经地义的事情，天底下没有不照顾孙子的爷爷奶奶，我非常愿意

---

① 该案例访谈于 2019 年 5 月，访谈地点为四川省成都市，访谈方式为面谈。

帮儿子看娃娃，他们的两个娃娃断母乳以后就交给我带，现在大的已经上小学了，小的也马上上幼儿园，我儿子他们来成都做生意（开饭馆），平时工作很忙，没有时间看孩子，所以我就过来帮他们带孩子，已经过来好几年了，带孩子虽然很辛苦，但和孩子在一起不无聊，最大的问题就是这边生活开支很大，看着儿子儿媳很辛苦，想帮他们减轻一点负担，在老家有亲戚帮忙联系可以去广东打工，一个月四五千块钱，可惜现在走不开，只能再等一年，等明年小的这个孙子上幼儿园了，如果老板不嫌弃年龄大的话再去，现在是没有办法出去了。"

上述案例反映了生育不仅对父母一代的迁移流动产生影响，也有可能对祖父母一代产生影响，具体表现为阻碍祖父母的外出迁移流动。由此可以看出，生育行为对迁移流动的影响较为深远，一部分家庭可能出现了生育的跨代际影响。生育行为在中国不仅是两个人的私事，也是整个家庭的大事，在生育决策时也要考虑到老人的因素，比如老人是否可以帮忙照顾，现在很多城市的上班族不愿意生育二胎，其实最重要的原因对于他们来说，可能不是抚养成本高的问题，而是没有老人帮忙带孩子。西方国家在研究人口迁移流动时发现，一个家庭为了实现经济利益的最大化，通常将"家庭"作为决策的最小单位，而不是"个人"。在一个家庭中，哪个成员迁移，哪个成员留守，哪个成员先迁移，哪个成员后迁移，都是一个家庭经过理性思考之后的决策结果，而不是随意的决定。上述这个案例所反映的现象，实际上也可以用西方学者在研究人口迁移流动时提出的"新经济移民"理论来解释。一个家庭中的老人不管留守也好，外出流动也好，都是为了帮助孩子发展事业，创造更多的家庭收入，以实现整个家庭利益的最大化，为了这个目标，老人愿意放弃一些自己个人的目标。老人在帮忙带孩子的过程虽然没有创造出直接的经济价值，但是他们带孩子可以使其子女有更多的时间做一些重要的事情，从而为家庭带来间接的价值。

本章利用 2013 年流动人口监测调查数据，对流动育龄妇女的生育行为特征进行描述，结果发现流动人口动态监测数据存在一定的偏差，即便如此，反映出来的生育水平仍在可控范围内。更值得我们关注的是，流动人口的生育安排情况发生了很大的变化。监测调查能够看到的流动人口的近期的生育主要是在本地发生的，昔日的流动人口到底有多少在老家生育通过监测调查并不好估计，这需要针对流动人口进行追踪调查而不是截面监测。从能够监测到的情况来看，无论是在规模上还是在比例上，近年来在流入地度过孕期和在流入地生育的妇女越来越多。二胎及以上的胎次生育行为更有可能在本地发生。而婚前怀孕情况的增加则要求今后的避孕支持服务应该进一步向未婚流动人口拓展。在本地生育的妇女社会经济地位更高，更多地享受了本地的社会保障和计生卫生服务，户籍地很少为这些妇女提供避孕及计生支持。那些在户籍地生育的妇女更多地享受户籍地的社会保障和计生卫生服务，以绝育上环、皮埋等方式避孕的比例更高，从流入地获得避孕支持和计生服务的比例比在流入地生育的比例略低一些。如何协调流入地和流出地的资源与信息，更好地为流动人口的计划生育提供服务仍有较大的改进空间，相关政策应避免两头落空，以免导致流动人口的服务政策出现真空的状态。

第6章

生育意愿与生育行为之间的辩证关系

生育意愿是人们关于生育行为的态度及看法（陈蓉和顾宝昌，2014）。主要包括对孩子数量、质量、性别等方面的期望和偏好（王薇，2008）。也有学者认为，生育意愿是指人们对于生育子女的数量、性别、目的的态度和看法（吴天依，2017）。生育行为是指人们实际的生育结果，生育行为是生育意愿在现实生育中的实际表达。生育行为有广义和狭义之分。狭义的生育行为是指个体不受社会因素影响的受孕、怀孕和分娩生育的自然过程；而广义的生育行为则是指在一定观念和社会制度影响下，育龄妇女或夫妇对其生育年龄、生育数量和性别的选择过程，更加注重生育的社会属性（王跃生，2018）。

关于生育意愿和生育行为之间的关系，在理论上学术界将其分为四种：第一种观点是相同论，即生育意愿和生育行为完全相等或者近似相等，两者之间几乎不存在明显的差异；第二种观点是无关论，也就是生育意愿和生育行为没有任何关系，前者是人们的心理活动，后者是实际的行为，从心理活动到实际行为需要经历一系列的复杂过程，两者之间关系不大；第三种观点是大于论，认为生育行为高于生育意愿；第四种观点是小于论，认为生育行为小于生育意愿（人口研究编辑部，2011）。生育意愿与生育行为的偏离同时发生在发达国家和发展中国家（Bongaarts，2001），但是发达国家和发展中国家的变化规律出现了不一样的特征，发达国家主要表现为生育意愿大于生育水平，而发展中国家表现为生育意愿小于生育水平的相反规律特征（杨菊华，2008）。但是近年来有关研究发现，中国居民的生育意愿与生育行为关系上出现了和发达国家类似的特征（马小红，2011）。从数量上看，流动人口的生育意愿以等同论为主体，生育意愿等于实际生育数的占比为59.17%，生育意愿大于实际生育数的占比为32.26%，生育意愿小于实际生育数的占比为8.57%（廖庆忠等2012）。关于理想生育子女数量与实际生育子女数量的不一致引起了学界的关注，大部分研究都显示理想生育子女数量高于实际生育子女数量，造成生育意愿与生育行为背离的原因是多方面的：生育政策的强度、低胎次子女的性别、初婚年龄及其提高、早年的理想生育意愿、非意愿不孕不育、竞争性因素、养育孩子的机会成本、养育孩子的直接成本等（倪姝囡，2016）。

　　对于流动人口而言，生育意愿与生育行为之间可能具有更高的一致性。随着中国流动人口规模日益增加及人口迁移流动范围逐渐扩大，农村外出流动人口受流出地和流入地的人口计划部门的行政管理功能削弱，流动人口实现生育意愿的可能性也相对较大，因此流动人口的生育意愿与生育行为之间可能具有较高的一致性（徐丽娟，2007）。其实，也有研究发现，流动人口中既存在生育意愿与生育行为背离的一面，又有一致的一面，从生育的四个维度来看，不同维度上均有所表现，在生育时间、间隔和性别上两者更多表现为背离，但是在数量上更多表现为一致。[1]本章将从流动人口的生育意愿和生育行为的辩证关系角度进行分析与讨论。

6.1　生育意愿对生育行为的作用

　　生育意愿是人们关于生育现象的主观认识，因为从生育意愿到生育行为需要经历一系列的决策过程才能转为实际的生育行为。在实地调查中发现，在很多流动人口集聚的大城市，比如北京、广州、上海等地，存在很多未婚青年流动人口同居的现象，其中有一部分群体同居后就出现了"未婚先孕"甚至"未婚先育"的现象。婚前怀孕在流动人口群体中的表现日趋普遍，最近几年结婚但已经生育小孩的流动人口将近四成在婚后 7 个月以内一孩就已经出生，这个事实背后折射出一个问题，即"奉子成婚"。2012年结婚且监测时已生育的流动人口中这一比例甚至达到了将近 70%。分析发现，婚前怀孕的流动妇女生育时的年龄相对较低，超过 20% 的生育年龄在 20 岁及以下，54% 的在 20~24 岁；婚后怀孕的妇女 20 岁以前生育的占比只有 10% 左右，在 20~24 岁生育第一胎的比例只有 49%（见图 6-1）。这提

---

① 张航空. 流动人口的生育意愿与生育行为差异研究 [J]. 南方人口, 2012, 27 (2): 44-50.

示我们应该将免费提供避孕药具等计生卫生服务向未婚流动人口延伸，监测调查本身也可以适当关注未婚同居、未婚生育、婚前避孕等问题。经济发展和人口迁移流动带来的生育行为及与此高度相关的性行为的变化等问题有必要引起卫生计生部门的关注。

图 6-1　不同年份结婚的全部监测样本一孩生育时间分布

　　进一步调查发现，这些未婚已孕和未婚已育的青年流动人口几乎 90% 都没有生育意愿，大多是因为没有采取有效的避孕措施而产生的意外怀孕，对于这一部分青年流动人口来说，虽然有生育行为的发生，但是没有生育意愿，因此她们一旦发现怀孕通常的做法就是去医院做人流手术，有一部分女性青年流动人口卫生保健意识非常差，竟然认为人工流产是一种避孕的方法，有的未婚女性青年流动人口人工流产手术高达 10 次以上，这对女性的身体伤害非常大，有可能导致终身不孕。

　　对于大多数人而言，有生育意愿就会自然出现生育行为，但是我们也不能排除一些客观的生育障碍因素。因为从生育意愿到生育行为大致需要经历以下几个主要环节：生育意愿→生育安排与实施（性结合）→生育能力（排除不孕不育的因素）→孕育能力（保证胎儿正常发育）→生育行为，其中的任何一个环节被中断，生育行为就不会出现。从生育意愿到生育行为的转化过程大致如图 6-2 所示。

　　图 6-2 从生物学的角度分析了生育意愿到生育行为的转化过程，也就是说在排除了社会、经济等一切外在因素的干扰下，潜在的生育意愿最少

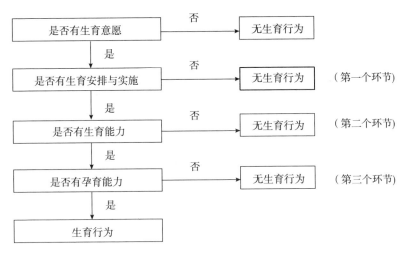

图 6-2 生育意愿到生育行为的转化过程

需要经历以上三个环节才有可能转化为实际的生育行为。在此过程中，任何一个环节的中断都将会导致生育行为的终止。从图 6-2 的分析可以发现，生育意愿对生育行为发挥了基础性的作用。实际上，生育意愿向生育行为的转化，不仅受到夫妻双方的生理条件的影响，也会受到家庭经济、社会制度、传统文化等因素的影响。

6.1.1 生育意愿与生育行为的一致性

在生育意愿和生育行为关系的分析中，有专家和学者认为，两者存在高度的一致性，即"等同论"的观点，认为生育意愿和生育行为完全相等或者近似相等，两者之间几乎不存在明显的差异，有什么样的生育意愿就有什么样的生育行为。分别从生育意愿的三个维度来看，意愿生育数量等于实际生育数量，意愿生育时间等于实际生育时间，意愿生育性别等于实际生育性别。在这种情况下，生育意愿对生育行为起着决定性的作用。当然，这种关系在理论上是存在的，在现实生活中也只能是以微观的个体形式存在，而在宏观的整体层面上不可能出现生育意愿完全与生育行为吻合。从一个区域的整体情况来看，生育意愿和生育行为始终会存在一定的偏差，正是因为生育意愿向生育行为的转化不仅受到夫妻双方的生理条件的影响，也会受到家庭经济、社会制度、传统文化等因素的影响，从而导致生育行为始终与生育意愿不完全吻合，生育意愿与生育行为的背离才是生育的主要特征。接下来将对生育意愿与生育行为的背离性进行分析讨论，两者的偏离是常态。

6.1.2 生育意愿与生育行为的背离性

尽管我们每个人都希望按照自己的生育意愿来完成生育行为，不仅希望在合适的时机生育孩子，不受其他因素的干扰，而且也希望生育理想的孩子数量和理想的孩子性别。但是人类社会具有主观能动性，具有调整自身行为的能力，生育行为不能完全放任自由。历史证明，没有调控的人口生育行为将会导致整个社会发展无序，人类的生育行为在本质上属于社会行为，与动物的繁殖行为有着本质的区别。在现实社会生活中，人们的生育行为总会受到各种主观与客观因素的制约，从而导致生育意愿和生育行为之间必定发生不同程度的偏离，在不同的国家或者同一国家在不同的历史发展时期，两者的关系会发生截然不同的变化，这可以在图6-2中得到反映。生育意愿与生育行为的背离性主要通过两种方式表现出来：第一种是生育意愿高于生育行为（本书仅以生育水平为例进行说明），通俗地讲就是"人们想生，也愿意生，但就是不敢生"；第二种是生育意愿低于生育行为，生育意愿很低，但是生育水平很高。虽然当前中国的全面二胎生育政策已经完全放开，任何人都有机会生育二胎，但是对于大部分的家庭而言，生育二胎可能面临抚养孩子的问题，大部分家庭可能处于"生得起，却养不起"的尴尬境地。在知识经济竞争的时代，孩子的质量而不是数量成为众多家庭关注的焦点，花费在孩子教育问题上的经济成本和机会成本都非常大，不管是在农村还是城市生活，抚养一个孩子的成本（直接的资金投入、物质资本、时间投入、精力投入等）已经使很多年轻父母刚结婚就成为"孩奴"，从十月怀胎就开始准备孩子出生以后的各种吃的、用的和玩的等，到了幼儿园阶段，又开始为孩子的教育问题烦恼，包括选择学校、买学区房、挑选老师等各种成本不断攀升，整个家庭以孩子为中心，尤其是中国改革开放以后随着人口城市化速度的加快，无论是城市还是农村家庭都面临着同样的问题。首先，在城市，工薪阶层的父母需要每天上班没有人照顾孩子，在农村，夫妻举家迁移流动到城市同样会导致孩子无人看管。上一章的个案访谈资料显示，养育孩子需要举全家之力才行，把一个孩子抚养长大不仅要耗费年轻父母的经济和精力，还需要夫妇双方的老人全身心地投入，很多夫妇如果没有老人来帮忙带孩子根本不敢生育。其次，当孩子到了上幼儿园和中小学的阶段，父母仍然为此焦虑，在优质教育资源比较有限的情况下，很多年轻夫妇为了能够保证孩子可以进入一个好的幼儿园和小学而进行激烈的竞争，有的不惜高价购买学区房。加之，近年来很多城市的房价日益高涨，人们的住房成本持续攀升，若考虑到孩子的未来发展问题，一部分夫妇生育二胎的愿望就会大幅削弱甚至最终选择放弃。实际上，从生育意愿到生育行为的转化过程会受到多重因素的干扰和影响。著名的人口学家邦加茨（John Bongaarts）早在2001年的时候就已经指出，从人们的生育意愿到实现生育行为结果这一过程会受到一系列因素的干扰影响，生育意愿并非等同于生育行为。在生育过程中受各种因素的影响，生育意愿和生育行为两者都会发生变化，但是由于生育意愿和生育行为的转变过程不完全一致，从而导致了不同国家的生育意愿和生育行为的关系差异也非常大。这不仅表现在发达国家，在很多发展中国家也经历了生育意愿和生育行为的转变，如在泰国、日本和韩国等国家都曾出现生育意愿与生育行为关系发生转变的现象，泰国情况如图6-3（左图）所示。

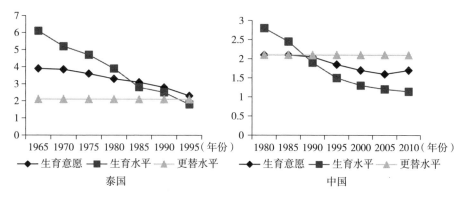

图6-3 泰国（左）与中国（右）的生育意愿与生育水平

资料来源：中国社会科学网，http：//www.cssn.cn/zx/bwyc/201409/t20140921_1335844_1.shtml。

生育意愿与生育行为的偏离同时发生在发达国家和发展中国家（Bongaarts，2001），但是发达国家和发展中国家的变化规律出现了不一样的特征，发达国家主要表现为生育意愿大于生育水平，而发展中国家表现为生育意愿小于生育水平的相反规律特征（杨菊华，2008）。总的来看，生育意愿和生育水平之间的关系变化经历了两个阶段：第一阶段，生育水平较高，人们实际生育子女数量多于理想子女数量。这时为缩小生育意愿与生育行为之间的差距，采取的方法往往是提供避孕药具、人流合法化等，以减少意愿外生育。随着时间的推移，生育意愿与生育行为均呈减少的态势，生育意愿的减少通常是缓慢的，生育行为下降速度会明显快于生育意愿。在某一时点，两者相交，进入第二阶段。此时生育水平通常较低，人们的理想子女数量多于实际生育子女数量。促进生育行为的发生则成了这些国家计划生育工作的重点和难点。事实上，这些国家的各种办法基本上都收效甚微。生育意愿通常维持在 2 个甚至更多个，而实际生育行为则远少于此。

对中国 1980~2011 年开展的 227 项关于中国人生育意愿的调查结果显示，中国人口的生育意愿和生育水平遵循一般规律，生育意愿与生育水平存在不一致现象，大致也可分为两个阶段（见图 6-3 中的右图）。第一阶段，生育水平高于生育意愿，如 20 世纪 80 年代，这与大多数高生育率人口中出现的现象一致。随着生育水平的快速下降，在 90 年代初期，生育意愿与生育行为汇合到一起，即生育意愿和生育水平相差不大。随后进入第二阶段，生育意愿高于生育水平。此后，生育意愿与生育水平之间差距越来越大，这又与低生育率人口中的情况相似。生育意愿高于生育行为，进而高于生育水平的现象在江苏等地调查中已经得到验证。这说明中国与其他国家在生育意愿与生育水平的关系上表现出同样的变化趋势。

6.1.3 生育意愿与生育行为的无关性

在本书第一章文献综述部分，通过对已有文献的分析发现，关于生育意愿和生育行为之间的关系，在理论上学术界将其分为四种，其中第二种观点是"无关论"。该观点认为，生育意愿和生育行为没有任何关系，前者是心理活动，后者是实际行为，从心理活动到实际行为需要经历一系列的复杂过程，生育意愿和生育行为之间关系并不明显。严格来说，该观点是不完全正确的，即便生育意愿属于人的心理活动，生育行为属于实际行为，但是从心理学的角度来看，人类的一切行为都会受到心理因素的影响，人类的每一个行为背后都有一定的动机存在，行为一般都要受到动机的支配。但从表面的直接关系来看，确实存在生育意愿与生育行为不相关的情况，因为生育意愿与生育行为并非"一对一"的因果关系，而且有生育意愿不一定有生育行为（如不孕不育），有生育行为也不一定需要生育意愿（如意外怀孕），生育意愿并不能决定生育行为。因此，从这个角度来看，确实存在生育意愿与生育行为无关的现象。

就流动育龄人群来说，人口迁移流动可能导致生育意愿与生育行为的无关性更加明显。首先，从婚内生育来看，对于已婚的流动夫妻而言，因为人口流动导致夫妻在地理空间上的分隔，不利于家庭团聚，影响夫妻生活。虽然当前中国人口流动已经出现家庭化趋势，但是仍有大量的已婚妇女留守在老家，与丈夫分居，流动人口家庭分离将会影响夫妻感情生活，图 6-2 中第一个环节就有可能被中断，夫妻常年分离客观上减少了夫妻之间的性生活频率，不利于生育安排和实施，因而可能出现有生育意愿但没有生育行为的结果。其次，从婚外生育的情况来看，由于流动人口的代际更替，未婚青年流动人口在流动人口中占了很高的比例，而且现代的年轻人观念比较现代化，对于未婚同居的现象觉得很正常，加上这些未婚青年流动人口的健康意识薄弱，缺乏避孕知识，未婚同居很有可能带来的后果就是未婚先孕和未婚先育。对于未婚同居的青年流动人口而言，他（她）们绝大部分是没有生育意愿的，没有打算在结婚之前生孩子，基本上都属于意外怀孕的情况，流动人口中未婚青年的意外怀孕现象非常普遍。未婚先孕的结果就是人工流产或者"奉子成婚"，这一类群体虽然没有生育意愿但是有生育行为。从以上分析可以看出，生育意愿与生育行为之间不是完全的一对一的关系。生育意愿与生育行为表现出一定的无关性。

6.2 生育行为反作用于生育意愿

生育意愿与生育行为是相互影响、相互制约的关系。上一节分析了生育意愿对生育行为的影响作用，虽然生育意愿只是人们的一种心理活动，但是对人们的生育行为具有一定的影响作用。另外，生育行为同样会影响生育意愿，生育行为对生育意愿的影响既可以发生在代内，称为代内影响，也可以发生在不同的代际之间，称为代际影响。上一代（亲代）生育行为对下一代（子代）生育意愿的影响，叫作代际影响。在相同代际内，某 A 类个体的生育行为对另一 B 类个体的影响，或者是某 A 类个体上一次生育经历对下一次生育意愿的影响，被称为代内影响。生育行为对生育意愿反作用过程如图 6-4 所示。

从图 6-4 可以看出，生育意愿大致可以通过三条途径对生育行为产生

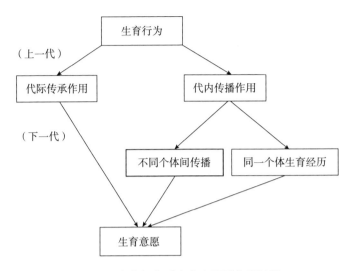

图 6-4　生育行为对生育意愿反作用过程

影响作用：第一条途径是不同代际间的生育影响，比如父母可以通过讲述自己的生育过程、生育经历等行为来改变下一代的生育意愿。有些青年夫妻自己可能并不打算生育，但是在父母的劝说下改变了原有的生育意愿。在个案访谈中我们发现不少这样的例子。下面这个案例就可以很好地说明父母通过讲述自己的生育经历来改变其子女最初的生育意愿。

【个案访谈①】CLF，女，1965 年出生，云南昆明人，结婚后嫁到曲靖，生育一儿一女，现在子女都已经结婚成家。CLF 的儿子 DJX 于 2016 年 3 月与 YXL 结婚，儿子结婚时媳妇已经怀孕（未婚先孕），2016 年 10 月生育了一个孙子，CLF 的儿子、儿媳妇本来打算只要一个孩子，担心孩子的抚养成本高，没有时间照顾孩子，不敢生育二胎，但是在母亲 CLF 的多次劝说下，CLF 称"自己生育孩子的时候，经济条件根本没有现在这么好，而且医疗卫生技术也不好，只能到乡镇卫生院去生，有的家庭没有钱就直接在家里面自己生育孩子，最多请一个'接生婆'来帮忙，而且怀孕了还要到田地里干农活，哪有机会像现在的孕妇，怀孕了什么都不敢做，还经常出这样那样的问题，我们那个年代生出来的孩子一样聪明健康，也没有什么问题。"DJX 和 YXL 终于在母亲多次的劝说下做出了生育二胎的打算，夫妻俩

---

① 该案例访谈于云南省曲靖市，访谈时间为 2018 年 12 月。

于 2018 年 12 月又生育了一个儿子，此时 CLF 还不满足，说准备过几年两个孙子大了，还希望儿媳妇再生一个孙女。在访谈时，DJX 和 YXL 也在场，当时回答说"不可能再生了"，但是不知道这对夫妻未来的生育意愿是否还会因其母亲再次动摇。

生育行为对生育意愿影响的第二条途径是同一代内不同个体间的相互影响。流动人口长期离开农村到城市务工经商，因此农村老家对流动人口的影响可能会减弱，但是来自全国不同省市的流动人口在流入地对他们的影响可能较大，许多青年流动人口之所以选择生育二胎，主要是受到身边朋友的影响，看到其他人生了，自己也打算生育。第三条途径是同一生育个体之前的生育经历对后来的生育意愿的影响。在访谈时发现很多这样的例子，很多育龄妇女在刚生完孩子的时候，她们的再生育意愿极低，不管是剖腹产还是顺产，生育孩子带来的疼痛足以抵消以往的生育意愿，但奇怪的是其中的大部分育龄妇女在生育过后一段时间，有的半年，有的可能需要一年以后，在生育孩子带来的阵痛期过后，随着孩子逐渐成长，孩子给母亲带来了很多惊喜和快乐，于是很多母亲会改变原有的生育意愿，做出再生育的打算，已有的生育行为会改变未来的生育意愿。也就是说，生育意愿会随着生育行为的发展变化而变化。距离最近一次生育结束的时间越短，生育意愿越弱，距离最近一次生育的时间越长，生育意愿越强，大概在结束上一次生育的 1~3 年内生育意愿最强，过了这个时期生育意愿反而又会开始降低。

6.2.1 已有孩子的数量对再生育意愿的影响

生育行为对生育意愿具有反作用。不同的生育特征对生育意愿产生不同的影响，已有孩子的数量是影响再生育意愿的主要因素。从个体的角度来看，在生育孩子的数量有限的前提下，已生育的孩子数量越多，未来的生育意愿就会越弱。在未达到理想的生育数量时，现有孩子数量越少，生育意愿越强烈。但是达到理想的生育数量时，随着孩子数量的增多，生育意愿就会有所减弱，已有孩子的数量是决定未来生育的一个主要因素。现有孩子数与生育意愿的关系如表 6-1 所示。

表 6-1　现有孩子数与生育意愿的关系　　　　单位:%

是否计划再要孩子	现有孩子数			
	1个	2个	3个	4个
是	12.76	1.25	0.00	0.00
否	87.24	98.75	100.00	100.00
合计	100.00	100.00	100.00	100.00

注：卡方检验结果，Pearson 卡方值=9.803，有效案例 N=1259，渐进 Sig.（双侧）=0.020。

从表 6-1 中的统计结果发现，现有的孩子数量越多，生育意愿越低。现有的孩子数量为 1 个的时候，计划再要孩子的比例为 12.76%，现有的孩子数量为 2 个的时候，计划再要孩子的比例为 1.25%，现有的孩子数量为 3 个及以上的时候，计划再要孩子的比例为 0，而且现有孩子数和生育意愿之间具有显著的相关性。

6.2.2　已有孩子的性别结构对再生育意愿的影响

除了现有孩子的数量外，现有孩子的性别结构也会影响生育意愿。现有孩子的性别结构越均衡，生育意愿越低，现有孩子的性别结构越不平衡，比如现有孩子为单一性别，尤其是单一女性，未来的生育意愿越强。相关调查数据显示，"儿女双全"的均衡性别结构是最理想的性别结构，现有孩子的性别结构与理想的性别结构相差越大，生育意愿越强，相差越小，生育意愿就越弱。本书分析了现有孩子的性别与生育意愿的关系，如表 6-2 所示。

表 6-2　现有孩子性别与生育意愿的关系　　　　单位:%

是否计划再要孩子	第1个孩子性别		
	男	女	合计
是	10.55	13.65	11.99
否	89.45	86.35	88.01
合计	100.00	100.00	100.00

注：卡方检验结果，Pearson 卡方值=2.856，有效案例 N=1259，渐进 Sig.（双侧）=0.055。

6.2.3 生育决定的影响因素

为了综合分析影响流动人口生育决定的因素，本书将影响生育决定的因素进行排序，具体分为第一影响因素、第二影响因素和第三影响因素，影响生育决定的主要因素如表6-3所示。

表6-3 影响生育决定的因素 单位:%

影响生育决定的因素	第一因素	第二因素	第三因素
经济因素	58.95	11.96	7.25
住房条件	8.26	23.76	6.79
时间因素	7.99	16.56	13.07
夫妇的身体状况	5.89	9.21	6.88
夫妇的年龄	1.89	6.35	6.55
现有孩子的数量	0.70	1.22	2.11
对孩子的喜恶	1.80	2.90	2.78
孩子照料问题	5.28	12.20	17.96
配偶的态度	1.68	6.04	10.13
双方父母的态度	1.13	1.59	7.53
周围亲朋的生育状况	0.21	0.58	1.77
国家政策	3.63	4.33	7.53
对事业发展的影响	2.41	2.99	8.45
今后的回报	0.06	0.31	0.98
其他（请注明）	0.12	0.00	0.21
合计	100.00	100.00	100.00

在影响生育决定的第一因素中，经济因素占据首位，占到被访者的60%左右，六成的被调查者认为影响生育意愿的主要因素是经济因素，其次是住房和时间因素。住房条件及是否有时间也是影响生育的重要因素，住房条件和时间因素在第二影响因素中的占比最高，分别占到了23.76%和16.56%。在第三影响因素中，孩子的照料问题是一个比较重要的因素。

中国流动人口是一个以农村人口为主的群体，他们从农村来到城市就是为了赚钱，生育孩子将会影响工作，尤其是对女性流动人口，一旦怀孕生育就会面临短期失业的风险，一旦决定生育，无论是在老家生育还是在流入地城市生育，都会影响正常的工作，从而降低家庭收入。因此，经济因素是影响流动人口生育的主要因素，其次是住房条件。流动人口虽然为城市做出了巨大的贡献，但是城市高昂的房价只能让这些流动人口"望房兴叹"。第三重要因素是孩子的照料问题，当前中国居民的生育意愿非常低，除了孩子的抚养成本高外，另外一个重要的因素就是孩子的照料问题，没有人照顾或者自己没有时间照顾是生育意愿较低的重要原因。流动人口因为脱离原生家庭，来到了流入地，孩子和老人通常留守在老家，所以不管在流入地生育还是回老家生育，孩子的照料都将是一个难题，在流入地因为要工作没有时间照料孩子，如果在老家抚养，首先老人要在家务农，其次也不放心交由老人全权监管，因此流动人口的生育意愿并不高。

除了以上三个重要的因素，影响流动人口生育意愿的其他因素也不可忽视，比如国家的生育政策、配偶的态度、对事业发展的影响、夫妇的身体状况和年龄及双方父母的态度等。

第7章

全面二孩生育政策对流动人口
生育意愿及其行为的影响

从 20 世纪 90 年代中后期开始，中国的生育水平出现了明显的下降，1992 年总和生育率降到更替水平（TFR = 2.05），1993 年进一步降到更替水平以下，之后基本上稳定在 1.7~1.8 的低生育水平，实现了人口再生产类型由高出生、高死亡、低增长向低出生、低死亡、低增长的历史性转变。这一时期，中国社会主义法制建设进入了一个新的发展时期。全国计划生育系统认真贯彻落实党的十五大确立的"依法治国，建立社会主义法治国家"的基本方略及《中国计划生育工作纲要（1995—2000 年）》提出的要求，进一步加强了计划生育的法制建设，在已有工作的基础上取得了新的进展。这个时期，除国家有关法律、法规在制定、修订时设立或强化了有关人口与计划生育的内容外，人口与计划生育的几个重要法律、法规有的制定出来，有的正式颁布实行。如《中华人民共和国计划生育法》《计划生育技术服务工作管理条例》颁布实行，《流动人口计划生育管理办法》颁布实行并做了修订，这对依法管理计划生育工作提供了较全面、系统的法律依据。另外，国家还发布实施了一系列与人口和计划生育有关的法律、法规及规范性文件，包括《中华人民共和国收养法》《中华人民共和国妇女权益保障法》《中华人民共和国母婴保健法》等。至此，中国初步确立了人口与计划生育法律体系框架，即以《宪法》为依据，《人口与计划生育法》为基本法律，国务院三个行政法规和人口与计划生育地方性法规为主体，部门规章和地方政府规章相配套的人口与计划生育法律体系框架，标志着人口与计划生育工作开始全面纳入依法行政、依法管理、优质服务的轨道，人口增长进入稳定运行阶段。

进入 21 世纪，面对新形势，党中央、国务院坚持科学发展观，继续实施可持续发展战略，坚持统筹城乡经济社会发展，统筹解决人口问题。2006

年12月17日，中共中央、国务院发布了《中共中央国务院关于全面加强人口和计划生育工作统筹解决人口问题的决定》，这是新时期指导人口和计划生育工作的纲领性文件，是构建和谐社会的重要实践，强调中国人口发展必须优先投资于人的全面发展，稳定低生育水平，提高人口素质，改善人口结构，引导人口合理分布，保障人口安全，促进人口大国向人力资本强国转变。坚持和落实以人为本的科学发展观成为全党全国全局工作的指导思想，特别是党的十六届六中全会提出了构建和谐社会、实现又好又快发展的战略思想。实现人与自然和谐是构建和谐社会的重要内涵。所有这些，必然对新时期的人口和计划生育工作提出新的任务。2011年11月，中国各地全面实施"双独二孩"政策，即夫妻双方均为独生子女的可以生育二孩；2013年12月，中国实施"单独二孩"政策，即夫妻双方只要有一方为独生子女的家庭就可以生育二孩。2013年3月5日，温家宝在第十二届全国人民代表大会第一次会议上作政府工作报告。该报告强调"坚持计划生育基本国策，适应中国人口总量和结构变动趋势，统筹解决好人口数量、素质、结构和分布问题，促进人口长期均衡发展。重视发展老龄事业，切实保障妇女和未成年人权益，关心和支持残疾人事业"。这说明党中央、国务院已把研究完善计划生育政策提上重要议事日程，这里所指的逐步完善政策是指在坚持计划生育基本国策的前提下，逐步完善现有的各项政策措施，促进人口长期均衡发展。其中既包括生育政策、利益导向政策在内的计划生育政策，也包括婚姻家庭、优生优育、性别平等、人口迁移分布、人力资源开发、社会保障等一系列政策措施。2015年10月29日，党的十八届五中全会会议决定："坚持计划生育的基本国策，完善人口发展战略，全面实施一对夫妇可生育两个孩子政策。"这是继2013年党的十八届三中全会决定启动实施"单独二孩"政策之后的又一次人口政策调整。全面二孩生育政策自2016年1月1日起施行，全面二孩生育政策是中国当前运行的最新生育政策。

中国改革开放40多年来，计划生育政策经历了多次调整变动。通过回顾这40多年的计划生育政策调整变动历史，可以为将来的生育政策完善提供借鉴。中国在20世纪70年代末80年代初实行严厉的"独生子女"政策主要有两个原因：一是中国的生产力发展水平不高，经济发展水平落后；二是中国的人口规模大、增长快。物质资料的再生产与人口再生产不相适应，在国家经济水平相对有限的条件下只能通过降低人口增长速度来调整两者之间的关系。20世纪80年代中后期，计划生育政策之所以有所缓和，主要是为了缓解"独生子女"带来的干群矛盾。90年代初至20世纪末，生育政策进一步放松，与中国进入低生育水平和人口老龄化的发展有着密切的关系。进入21世纪，人口和社会经济发生了一系列的变化，为了适应中国人口经济发展新趋势，中国的计划生育政策做出了一系列的重大调整，逐渐由紧缩性向宽松型转变，生育政策的逐步放开并不等于没有生育政策，而是为了保证生育政策与社会发展实际更加吻合。那么，全面二孩生育政策放开对处于生育黄金时期的青年流动人口将会带来哪些影响呢？

7.1　全面二孩生育政策放开对流动人口生育水平的影响

全面二孩生育政策已经平稳运行了近四年的时间，对于二孩政策带来的人口后果人们感到意外，没有出现大幅度的生育反弹现象，虽然政策放开当年（2016年）出生人口数较前些年有了明显的增长，但是2017年的出生人口数又回落。全面二孩生育政策落地一年来，全国二孩的生育数量低于预期。2016年全国出生人口超1786万，相比2015年的出生人口1655万，仅增加了131万；相比2014年的出生人口1687万，也只增加99万。总体来看，全国总和生育率逐年缓慢下降是一个大趋势，持续的低生育和少子化已经成为人口新常态（穆光宗，2017）。2000~2017年每年出生人口数如图7-1所示。

由于全面二孩生育政策放开以后生育数量增加没有达到预期的效果，为此，有专家提出建议，未来的生育政策还需进一步放开，不仅全面放开二孩，可能还需要全面放开三孩甚至四孩，实现自主生育。这样才能缓解中国人口老龄化问题。全面二孩生育政策对于提升生育率的作用相当微弱，本书以衡量生育水平的总和生育率指标来说明全面二孩生育政策放开后的生育水平变化。2006~2016年分胎次总和生育率水平如表7-1所示。

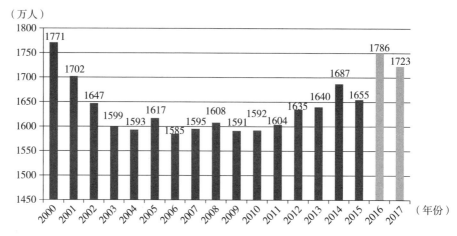

图7-1　2000～2017年中国每年出生人口数

资料来源：国家卫计委。

表7-1　2006～2016年分胎次的总和生育率　　　　　　　单位：%

年份	一胎	二胎	三胎	总和生育率
2006	0.95	0.67	0.09	1.77
2007	0.99	0.74	0.10	1.83
2008	1.03	0.75	0.12	1.72
2009	0.85	0.75	0.13	1.65
2010	0.97	0.70	0.12	1.66
2011	0.97	0.66	0.11	1.60
2012	1.08	0.75	0.12	1.78
2013	0.90	0.72	0.12	1.50
2014	0.90	0.92	0.12	1.76
2015	0.54	0.73	0.12	1.22
2016	0.67	1.21	0.15	1.90

资料来源：王金营，马志越，李嘉瑞. 中国生育水平、生育意愿的再认识：现实和未来 [J].人口研究，2019（2）：35.

　　全面二孩生育政策实施的第一年，从出生人口数量和生育率水平来看，都有所回升，出生人口数量比上一年增加了100多万，是上一年的1.08倍，总和生育率水平增加了0.68，是上一年的1.56倍。全面二孩生育政策和以往的"单独二孩"或"双独二孩"相比发生了一个本质的变化，从选择性放开到全面放开，对于占全国 1/6 的流动人口而言仍然会产生重要的影响。从流动人口的生育水平来看，流动人口的生育水平要比非流动的低，如表7-2 所示。

表 7-2　流动妇女与非流动妇女的生育水平比较

户籍性质	指标	非流动妇女				流动妇女			
		合计	1孩	2孩	3+孩	合计	1孩	2孩	3+孩
全国	TFR	1.427	0.964	0.400	0.064	1.137	0.838	0.262	0.037
	MAC	26.37	24.64	29.71	31.64	26.66	25.17	30.59	32.66
农业户籍	TFR	1.635	1.012	0.535	0.088	1.188	0.839	0.304	0.045
	MAC	26.32	24.12	29.64	31.51	26.48	24.76	30.33	32.49
非农业户籍	TFR	0.895	0.798	0.090	0.008	0.934	0.797	0.126	0.011
	MAC	26.84	26.34	30.77	33.32	27.70	26.82	32.69	34.40

注：TFR 表示各孩次的总和生育率，MAC 代表各孩次的平均生育年龄。

资料来源：郭志刚. 流动人口对当前生育水平的影响［J］. 人口研究，2010，34（1）：19-29.

通过比较流动人口和非流动人口的生育水平发现，人口迁移流动实际上起到了降低生育水平的作用，而不是提高生育水平。首先，从生育水平来看，流动妇女在各孩次上都比非流动妇女低，总和生育率也比非流动妇女低；其次，从生育的时间来看，流动妇女的生育时间倾向于推迟，而推迟生育产生的时期进度效应会显著地降低当年的总和生育率。全面二孩生育政策放开，流动人口也符合条件，但是前文分析发现，全面二孩生育政策放开在短期内生育水平有了一定程度的提高，但是流动人口的生育倾向于晚生，因此政策放开对流动人口生育的影响可能会出现一定程度的滞后，未来几年的流动人口生育水平将会有所提高，近几年的影响主要表现在非流动妇女，长期影响可能集中在流动人口，因此流动妇女与非流动妇女的生育高峰刚好可以错开，这有助于缓解全国的医疗卫生、教育资源等公共资源的紧缺状态。为此，我们根据 2016 年的全国流动人口动态监测调查数据分析流动人口的生育意愿，以分析全面二孩生育政策放开带来的影响。

7.2 全面二孩生育政策放开对流动人口生育时间的影响

　　流动育龄妇女的生育时间大致呈梯次分布，出现生育扎堆现象的可能性比较小。在实施全面二孩生育政策之初，我们对部分地区做了"非农"户籍一孩家庭妇女生育意愿调查，结果发现，愿意在近5年内生育二孩的"非农"户籍一孩夫妇有24912对，占"非农"户籍一孩夫妇总数的28.56%，只有30%～40%的妇女最终生育二孩，而且生育时间主要是在全面二孩生育政策放开5年以后才考虑。流动人口的生育意愿并不强烈，出生堆积的可能性比较小。进一步调查生育意愿不高的原因，主要与以下几个方面的因素有关：一是生育成本、养育成本和教育成本在不断提高，以及个人生活方式的选择，生育政策限制逐渐成为影响生育行为的次要因素。二是同样的生育政策，在社会、家庭、夫妇、父辈或小孩之间，可能出现不同的生育意愿，生或不生不仅仅是目标人群——已婚育龄夫妇的纠结，更上升为整个家庭需要统一的决策。三是部分生育目标人群的年龄偏大，对生育风险因素的考量上升为主要因素，担心生育带来的生命危险。四是作为当下和今后最大的生育群体的"80后"和"90后"多为独生子女，生育观念在新时代的作用下发生了很大变化，现在全面放开二孩政策带给他们生与不生的纠结，甚至还隐含了他们对于享受现代高品质生活的不同理解和定位。五是生育风险较大。在访谈过程中，有很大一部分群体主要是由于年龄偏大。有些计生干部说道："年龄不大的话我们也想生，有两个孩子还是要好些，只不过年龄大了，对孩子和母亲都有危险，不敢冒险。"

　　国家全面二孩生育政策已经全面放开，但是对于流动人口而言，生育意愿比较低。在访谈中发现，流动人口的晚婚晚育也较为突出，虽然有一部分流动人口打算生育二胎，但他们并不打算立即生育，而是一段时间后才可能考虑生育。全面二孩生育政策对流动人口的生育影响具有一定的"滞后"效应，流动人口的生育水平并不会随着政策的放开立即飙升，可能会出现一个时间差（见表7-3）。

表7-3 流动妇女生育时间安排情况

调查时打算几年之后再要孩子	频数（人）	百分比（%）
1（5年）	60	8.57
2（6年）	180	25.71
3（7年）	250	35.71
4（8年）	80	11.43
5（9年）	130	18.57
合　计	700	100.00

资料来源：笔者根据2019年4~5月在广东省广州市对20~49岁的已婚流动妇女进行的调查资料整理。

从表7-3可以看出，虽在调查时生育政策已经放开近四年的时间，但是调查发现流动育龄妇女的生育时间大部分是安排在1年以后，也就是全面二孩生育政策放开后5年以后的时间，在5年以内的比例只有8.57%。由此可见，全面二孩生育政策放开，流动育龄妇女并不一定立即生育，大致会出现5年的滞后期，由此可见，2020年以后流动育龄妇女的二孩生育可能会进一步提高，流动人口的生育水平相应地会有所提高，但这并不等于流动人口自身的生育水平在提高，而是前期累积的生育潜能将会在2020年以后逐步释放出来，未来流动人口集中的城市作为流动人口的接纳地，应该提前做好卫生计生服务的准备，因为流动人口在流入地生育也将是流动人口生育行为的一个主要发展变化趋势。接下来将对流动人口的生育地点进行分析。

7.3 全面二孩生育政策放开对流动人口生育地点的影响

生育权是人类最基本的权利，育龄妇女有选择生育的权利，也有选择不生育的权利。在生育的过程中，随着医疗卫生技术的进步，人类生育的选择更加广泛。从生育的方式来看，育龄妇女既可以选择顺产，也可以选择剖腹产。流动育龄妇女的生育选择，从生育的地点来看，既可以选择在流出地生育，也可以选择在流入地生育，还可以选择在其他地方生育，生育地点的选择是育龄女性生育权利的具体体现。笼统地看，流动育龄妇女的生育地点为农村户籍地老家常住地流入城市或其他地方。通常地，尽管农村人口外出务工经商经常性地居住在城市，但是由于中国许多公共服务均采取"属地化管理"的原则，因此大多数流动人口可能选择回家生育，而很少在流入地生育。但是在实际的生育过程中，不同的流动人口可能选择不同的生育地点。在2013~2017年流动人口监测调查中，在问及被调查者本次流动的原因这一问题时，其中有一个选项为"出生"，本书根据这一信息来分析流动育龄妇女的相关生育问题。2013~2017年流动育龄妇女因出生而流动的情况如表7-4所示。

表7-4 2013~2017年流动人口的流入原因

流动原因 \ 年份	2013	2014	2015	2016	2017
务工经商	86.80	88.13	84.39	83.60	83.60
家属随迁	10.52	9.57	11.75	9.34	8.64
婚姻嫁娶	0.40	0.48	0.49	2.35	2.43
拆迁搬家	0.08	0.13	0.72	0.62	0.50
投亲靠友	0.97	0.82	1.05	0.98	0.81
学习培训	0.30		0.55		
参军			0.01		
出生	0.09	0.13	0.14	0.20	0.23
其他	0.86	0.73	0.89	0.83	0.73
照顾老人				0.06	0.16
照顾小孩				2.02	2.29
合计	100.00	100.00	100.00	100.00	100.00

资料来源：2013~2017年全国流动人口动态监测调查数据。

从表7-4中可以看出，在调查时点，因出生而流入的人口比例虽然很小，2013年为0.09%，2014年为0.13%，2015年为0.14%，2016年为0.20%，2017年为0.23%，但是呈增加的趋势，在流入地生育孩子是流动人口未来的发展趋势，当前流动人口已经进入稳定时期，流动人口规模趋于平稳，近几年略有下降。中国经历了30多年的快速城镇化发展以后，流动人口规模在2015年首次出现了逆转性的变化。"十二五"期间，前四年流动人口保持了高速增长，而"十二五"后期至"十三五"期间，流动人口处于逐年递减阶段，且减少幅度远低于此前的增长幅度，经历了高速增长和缓慢下降的过程。①国家统计局数据显示，2015年末全国流动人口数量为2.47亿，比2014年减少了568万人，这是中国自20世纪80年代以来流动人口持续增长中的首次下降，针对这一结果政府部门和有关人口学专家展开了讨论和分析。②诸多研究结果都已表明，中国流动人口已经进入稳定发展的转折时期，流动人口规模趋于高峰值，未来中国流动人口规模可能还会出现一定幅度的下降。中国流动人口进入稳定期后，一个主要的变化就是流动育龄夫妇在流入地生育孩子，具体如表7-5所示。

表7-5　2010~2013年流动人口的生育地点分布

年份　　　　　生育地点分布	2010	2011	2012	2013
流入地	34.70	38.00	46.50	57.90
农村户籍地	59.90	57.20	49.30	37.90
其他流入地	5.40	4.70	4.20	4.20

资料来源：2010~2013年全国流动人口动态监测调查数据。

从2010~2013年流动人口子女出生地点的分布来看，流动人口（育龄妇女）在城市现住地生育的比例在不断增加，而在农村户籍地生育的比例在不断减小。未来中国流动人口相对集中的特大城市和大城市应当注意流动人口的新变化趋势，相关部门应当提前做好流动人口的卫生计生服务的准备工作。

2016年全面二孩生育政策放开后，对流动人口的生育意愿和生育行为都产生了一定的影响。流动人口当前的生育意愿不高，生育二胎的愿望不强烈，这可能与流动人口经历的生命周期有很大的关系。当前的流动人口以年轻人口为主，20~30岁的青年流动人口成为流动人口的主体，这一批

① 郭田勇．我国流动人口规模为何先增后减［J］．人民论坛，2019（5）：70-72.
② 段成荣，刘涛，吕利丹．当前我国人口流动形势及其影响研究［J］．山东社会科学，2017（9）：63-69.

流动人口大多处于结婚后生完一胎的生命历程。虽然他们符合国家二孩生育政策，但是由于间隔期较短，连续生育二胎没有足够的人手照顾，生育孩子将会阻碍迁移流动，不利于外出务工，即便可以在流入地生育孩子、抚养孩子甚至上学，但是城市的生活成本远远高于农村，即便有很多流动人口选择在流入地生育，但孩子到了一定的年龄一般选择送回老家，从而导致孩子生育—养育—教育本该一体的过程发生了分离，不利于孩子身心健康发展。

第 8 章

结论与建议

中国改革开放以来，尤其是进入 21 世纪以后，在很多农村地区都出现了大规模的人口迁移流动浪潮，每逢春节过后都有大量的农村劳动力人口向城市流动，大规模的农村人口流入城市，对中国的农村与城市的人口、社会、经济、政治、文化、生态环境等很多方面都带来了深刻的影响，中国的人口迁移流动对人口本身的影响程度已经远远超过人口的出生和死亡，成为影响中国人口变动的主要因素。人口流动迁移在中国社会经济发展过程中占有越来越重要的地位，在城市务工经商的农民工向农村的汇款已变成农村经济的重要甚至唯一来源，城市的工业、商业、服务业发展离不开城市外来人口，农民工的消费需求也为城市经济带来了活力，可以刺激城市需求，拉动城市经济增长。流动人口无论对农村的经济发展，还是对城市的经济发展都做出了无可替代的贡献，人口迁移流动已成为人们的一种生活常态。本书利用 2010~2017 年全国流动人口动态监测调查数据，对流动人口的生育意愿与生育行为进行分析，发现了一些重要的结论，在此研究基础上提出了一些对策建议，以更好地为流动人口群体，尤其是流动育龄妇女提供相关的卫生计生服务，严格遵循流动人口与户籍人口共享发展的理念，以期最终实现公共服务均等化的目标。

8.1　研究结论

中国流动人口进入调整时期，流动人口也出现了一些新特点。近年来，中国流动人口规模逐年下降，在 2015 年（2.47 亿）之后，2016 年（2.453

亿）流动人口的规模减少 171 万，2017 年（2.445 亿）减少 82 万，2018 年再次减少 300 万人，降到了 2.41 亿人。中国流动人口规模正在进入调整期，2010~2015 年流动人口增长速度明显下降，全国流动人口规模从 2015 年起由以往的持续上升逆转为缓慢下降。中国人口的迁移发生了转变，流动人口由快速增长向低速增长转变，并逐渐进入流动人口负增长（流动人口规模减小）阶段。人口迁移流动趋势发生了转变以后，流动人口自身内部的结构也会发生相应变化。

从全国流动人口的性别结构来看，虽然总体上流动人口中男性比例比女性较高［除了个别年份（2010 年）女性流动人口的比例高于男性］，但是进一步分析发现，男性和女性流动人口的比例差异非常小，而且从 2014 年以后女性流动人口的比例一直在增加，男性流动人口的比例在减小，流动人口的性别结构差异呈现了逐渐缩小的趋势。

随着中国人口年龄结构的老龄化发展，流动人口的老龄化问题逐渐凸显出来。流动人口老龄化的原因主要来自两个方面：一是流动人口自身的老化过程，许多"60 后"一代的老生代流动人口已经进入了老年阶段，"70 后"一代也逐渐向老年人过渡，流动人口自身结构的老化过程造成了流动人口的老龄化；二是"80 后""90 后"的新生代流动人口父母随迁带来的老年流动人口增多。流动人口的年龄结构变化对生育行为将会产生一定的影响作用，尤其是流动育龄妇女的年龄结构变化对生育的影响更为突出。

流动人口的民族结构发生一个新的变化趋势，在流动人口中，汉族流动人口的比例趋于下降，而少数民族流动人口的比例相应地呈现不断扩张的趋势。少数民族人口的流动性越来越活跃，体现了全民族流动的活跃局面。由于中国的计划生育政策具有民族倾向性，所以流动人口的民族结构变化必然会对生育意愿、生育行为和生育水平产生影响。

一直以来，中国流动人口都是以农村人口转移为主体，农业人口成为中国流动人口的主力军。流动人口动态监测调查数据显示，农业户籍的流动人口占流动人口总量的 85% 左右，非农业人口的流动人口只占 15% 左右。随着中国户籍制度的逐步改革完善，农业人口的比例出现了一定程度的下降，而"农业转居民"的流动人口逐渐增加，这主要是国家户籍制度改革造成的。中国逐渐取消了"农业户籍"和"非农业户籍"的身份差异，逐步形成城乡统一的居民户口制度，这一改革导致了流动人口中的"农业转居民"逐渐增多。流动人口的户籍制度和居住地的长久性改变，将会从生育数量、生育时间、生育目的等多个方面对生育意愿和生育行为带来影响。虽然户籍本身不具有影响生育行为的功能，但是依托户籍制度的医疗卫生、教育等公共资源配置方式、配置结果均会影响人们的生育意愿和生育决策。流动人口未来户籍迁移倾向将在一定程度上对流入地城市的生育水平产生影响。

随着流动人口在流入地居留时间的延长，与流入地居民的关系趋于融合，同时由于工作时间的增加，收入相对也会提高，在经济方面的融合情况也会更加良好。流动人口居留时间的增加，更有利于提高流动人口生育意愿和生育水平。流动人口长期化已经成为中国流动人口的主要发展趋势，早期的许多农村人口的流动大多属于季节性的巡回流动，外出的劳动力人口具有"农民"和"工人"的双重身份，在老家农忙时节，他们的身份就回到了"农民"，在当农村收种完毕以后，一部分农村劳动力就会纷纷流向城市，此时他们的身份就变成了"工人"，但当前的中国流动人口已经脱离了"亦工亦农"的初级阶段，已经发展成为彻底的"工人"，许多农村流动人口已将农村的土地通过转租、送人、抛荒等多种方式转手给别人，短期内不再从事农业生产活动，长期性地在居留流入地城市。居留时间的长期化，有利于降低流动育龄群体的生育成本，包括各种物质资本和非物质资本。因此，从这意义上讲，居留时间的长期化将有助于提高流动人口的生育意愿。

流动人口子女出生的政策符合率逐渐提高。总体来看，2010~2013年，流动人口生育一孩的政策符合率高达94.7%，二孩生育的政策符合率为64.9%，三孩及以上仅有12.9%，流动人口的多孩生育现象依旧突出。分年份来看，政策符合率呈逐年上升的趋势，由2010年的78.3%上升到2013年的81.2%，3年内上升了近3个百分点。因此可以看出，流动人口子女出生的政策符合率逐渐提高，这与过去社会的认识完全不同，流动人口外出流动并非为了躲避计划生育，主要还是经济利益驱使的结果，我们应当摒弃以往对流动人口生育的偏见，客观地看待流动人口。

在现居住地出生的流动人口子女的比例在不断上升，流入地相关部门应当改善流动育龄人群的卫生计生服务，加强对新生流动婴幼儿的登记管理，更好地为流入地出生的新生儿提供健康服务。2000年育龄人群在流入地生育的现象还不突出，在流入地生育的比例的仅占流动人口总体的11%左右，但是到了2010~2013年，在现住地出生的流动人口子女的比例从

34.7%上升到57.9%，短短三年时间上升了23.2个百分点，2014年便高达72.9%。由此可见，流动人口在流入地生育的比例上升趋势非常明显，这一数据背后反映出了流动人口在流入地长期生活的意愿在不断增强。相应地，流动人口在户籍地生育子女的比例明显下降。需要注意的是，尽管流动人口的卫生计生服务得到了较大程度的改善，但是调查数据也发现仍有25%左右的流动人口未能得到产后42天的健康检查，接近40%的流动人口在产后28天内没有接受产后访视，流动孕产妇保健服务状况仍需进一步改善。

在全国出生人口性别比回落的背景下，流动人口的出生性别比也发生了同样的变化趋势，2010~2014年流动人口出生性别比逐年降低，2010年出生人口性别比严重失衡，超过了130，2013年虽然还没有回到正常值，但是和2010年相比降低了15个百分点。而且2014年及以后一直到2017年的流动人口出生性别比还在降低，有回归正常值域的趋势。流动人口出生性别比偏高趋势得到扭转大致与以下几个原因有关：首先是国家严厉打击"两非"行为，其次是流动人口的观念发生了转变。流动人口长期脱离农村生活场域，受到城市文化的影响，更倾向于城市的"男女平等"的现代型生育观念。

流动人口的生育意愿基本特征主要有以下几个方面：一是生育政策放开对二孩生育意愿有影响，但是总体上生育意愿并不高。二是流动人口再生一孩的生育意愿与受教育程度成正比关系。本书发现了一个与以往的研究不同的结论，即受教育程度的提高促进了二孩的生育意愿，打算生育二孩的比例增加，而不打算生育的比例降低。以往的相关研究发现，受教育程度提高，会降低生育水平，两者大致呈反向比例关系。三是流动人口生育意愿的城乡差异明显，农业户籍流动人口生育意愿比非农业户籍流动人口生育意愿较高。四是流动人口生育意愿的性别差异明显，具体表现为男性流动人口生育意愿比女性流动人口生育意愿偏高。五是流动范围对生育意愿的影响不明显，不管是跨省的远距离流动，还是相对较近的省内跨市和市内跨县的人口流动，打算再生一个孩子的比例差别都不大。六是育龄妇女已有子女的数量和性别结构与流动人口再生育意愿具有显著的相关性。以往的相关研究发现，已有孩子的数量和性别构成均会对生育意愿产生影响，尤其是已有孩子的性别结构。如果已有孩子的性别结构为单一结构，都是男孩或者都是女孩，那么育龄妇女（或者是其丈夫）的生育意愿更加强烈，其中都是女孩的生育意愿比都是男孩的生育意愿更强。七是流动人口生育意愿的地域差异较大，来自西部和东南沿海地区的流动人口生育意愿较高。八是流动人口的生育时间安排具有不确定性。流动人口生育安排的不确定性与流动人口居住、就业等行为的不稳定性具有很大的关系。流动人口监测调查样本有着一些比较显著的分布，在流动育龄妇女的生育行为特征方面与其他人口调查，特别是第六次人口普查的流动育龄妇女的结果存在明显的差异。全国流动人口出生性别比水平略高于全国平均值，变动趋势与全国趋同，表现为先升后降。

关于生育意愿和生育行为之间的关系，在理论上学术界将其分为四种：第一种观点是相同论，即生育意愿和生育行为完全相等或者近似相等，两者之间几乎不存在明显的差异；第二种观点是无关论，也就是生育意愿和生育行为没有任何关系，前者是人们的心理活动，后者是实际的行为，从心理活动到实际行为需要经历一系列的复杂过程，两者之间关系不大；第三种观点是大于论，认为生育行为高于生育意愿；第四种观点是小于论，认为生育行为小于生育意愿。对于流动人口而言，生育意愿与生育行为之间可能具有更高的一致性，因为随着中国流动人口规模的日益增加及迁移流动范围逐渐扩大，农村外出流动人口受流出地和流入地的人口计划部门的行政管理功能削弱，流动人口实现生育意愿的可能性也相对较大，因此流动人口的生育意愿与生育行为之间可能具有较高的一致性。从生育意愿到生育行为大致需要经历以下主要环节：生育意愿→生育安排与实施（性结合）→生育能力（排除不孕不育的因素）→孕育能力（保证胎儿正常发育）→生育行为，其中的任何一个环节被中断，生育行为就不会出现。

人口流动对婚育年龄有推迟效应。本书在控制样本选择偏性基础上精确评价外出流动对婚育年龄的推迟效应，分析结果验证了人口迁移流动对农村妇女生育的影响，结果发现迁移流动对流动育龄人群的初婚、初育和再育年龄均有推迟效应，婚育年龄的推迟是中国生育水平持续下降的直接因素之一。外出流动对农村妇女不同婚育时点年龄的推迟幅度有明显差异，平均推迟效应为初婚年龄推迟0.38岁，初育年龄推迟0.15岁，再育年龄推迟2.51岁。相比较而言，人口流动对农村妇女初婚年龄、初育年龄的推迟幅度较小，而对再育年龄的推迟效应比较明显。

"一男一女"双性别均衡结构是流动人口生育的主流愿望，不管农村妇女是否流动、如何流动，通常她们都是要结婚生子的。尽管各种因素对农村妇女初婚、初育年龄存在影响，但外出流动经历对初婚、初育年龄的推迟效应均在半岁以内。人口流动对二孩生育年龄的推迟效应最强，对初婚年龄推迟效应次之，对初育年龄推迟效应最小。

全面二孩生育政策并非所有农村育龄夫妻的选择。外出流动经历大大延迟了农村妇女生育二孩的时间，导致她们的平均再育年龄近乎 30 岁。不断延迟的生育年龄对人口形势来讲只会对中国当前人口极低的生育率起到助推下降的作用，而对于农村妇女个人而言，不断延迟的生育年龄可能会带来高龄孕产风险等一系列问题。因此，卫生与计划生育服务工作要及时跟进，提高服务范围与服务质量，为农村妇女及流动妇女提供优质的孕产保健服务。

8.2 对策建议

新时期中国计划生育工作应当高举中国特色社会主义伟大旗帜，以贯彻落实科学发展观为行动指南，以转变行政职能为重要抓手，以健全管理体制为基本保障，以促进人口均衡发展为总体目标，逐步完善政策体系，切实提升服务质量，不断改进管理方法，为实现中华民族伟大复兴的"中国梦"提供规模适度、素质优良、结构优化、分布适宜的人口环境。为此，本书提出如下对策建议：

（1）加快《流动人口婚育证明》和避孕节育信息的电子化改革。在开展《流动人口婚育证明》电子化改革试点和计划生育信息互联互通工作的基础上，不断提升计划生育信息化建设的水平和完善信息共享机制，制定全国流动人口电子婚育证明数据查询规范，建立全国流动人口电子婚育证明查询平台，强化数据动态更新机制，加大计划生育信息与身份信息、社保信息、住房信息等的整合力度，实现通过身份信息就可以实时查询流动人口的婚育情况和避孕节育情况，将此作为提供计划生育服务管理的基本依据，不再要求流动人口提供纸质证明，在切实减轻流动人口办证负担的同时，提高流入地和流出地的服务管理效率。

（2）更加重视流入地计划生育服务管理，巩固流出地服务管理的基础。现住地承担的流动人口计划生育服务任务越来越重，但根据常住人口配置资源的保障机制尚未建立，流入地负担较重。因而，应加大流入地相关服务的投入力度和支持力度，加快实现流动人口计划生育基本公共服务均等化，提高现住地计划生育服务的水平和能力，提高现住地服务的积极性。当前的政策基本上是以加强流入地的服务管理为主，但也不能因此放松流出地的服务管理水平，必须随时做好流动人口回户籍地接受服务的准备，防止准备不足导致无法满足需求的情况。现住地和户籍地在计划生育上的职责具有明显的差异，两地之间应进一步加强沟通与协作，合理配置资源，以更好地满足流动人口的需要，切实减轻流动人口负担。

（3）通过手机、网络等新媒体手段，进一步加强长效避孕措施的宣传。尽管流动人口使用宫内节育器等长效避孕措施的比例较高，但低龄组以使用避孕药等短效避孕措施为主，增加了意外怀孕的风险。长效避孕措施是流动人口最安全可行的避孕措施。因而，应充分利用年轻人对手机、网络等新媒体易于接受的便利条件，加强同电商、网络服务提供商等机构的合作，进一步强化长效避孕措施在避孕、健康促进等方面的宣传推广力度，扩大知情选择及免费服务的范围，提高服务可及性和安全性。

（4）综合治理流动人口出生性别比偏高的问题。首先，加强政策引导和宣传教育，促进流动人口生育观念的改变。新型城镇化建设中，促进流动人口市民化和社会融合，不断完善包括流动人口在内的社会保障、医疗卫生、教育、就业、收入分配、住房保障等改善民生的制度安排，从社会发展的层面弱化和消除女孩的社会弱势。加强宣传教育，逐渐促进社会生育观念的改变。其次，加强流动人口出生性别比治理的统筹协调和区域协作。为有效控制流动人口出生性别比的失衡，应建立区域协作机制，形成"人口流出区与流入区相互协作""重点区域一盘棋""全国一盘棋"的综合治理格局，把出生性别比治理工作纳入流动人口服务管理区域协作框架体系；加强流动人口出生信息的共享，明确流入地和流出地对流动人口生育管理的职责，有效掌握流动人口生育情况，制订有针对性的治理方案；在流动人口相对聚集地区和毗邻地区，联合开展宣传教育、打击"两非"、出生性别比专项治理等活动。再次，加强对重点区域流动人口出生性别比指导工作的力度。跟踪流动人口重点省份流动人群的迁移和发展趋势，对该类重点省份探索实行动态化的管理机制，制定有针对性的引导政策，促进流动人口出生性别比的下降，同时监控非重点省份，严防出生性别比的升高；明确重点人群，对生育二胎和多胎的人群，特别是流动人口和农村已婚生育一个女孩的人群，要做好孕情全程服务管理工作；通过建立全国流动人口动态监测网络，利用流动人口动态监测数据，进一步研究和探索重点区域流动人口出生性别比偏高的规律性和特点，总结地方治理的成功经验，实现全国推广。最后，探索建立更加科学的分析评价方法。鉴于流动人口较强的流动性，在管理和治理上都存在较大的难度，为监控流动人口性别比及各地综合治理的情况，建议利用全国的网络信息资源，依据流动人口动态监测系统的数据，制定科学的监测评估指标体系，通过多维度的量化分析后，对流出地、流入地有针对性地制定多项考核指标，为下一步制定政策提供有效依据和支持。

（5）继续调整完善生育政策及其配套社会政策。生育政策是一个历史的产物，应当随着时代的发展而变化，没有固定不变的生育政策，生育政策应当适时调整完善。需要继续生育政策的改革，全面二孩生育政策虽然有助于在一定程度上提升超低生育水平，但这只不过是有限的生育权限政策改革，生不生还是未知数，因为生育文化、生育观念先于生育政策、生育权限发生了变革。要充分挖掘全面二孩的政策效能，就必须配套实施人口宣传政策、生育权限政策、生育服务政策和生育福利政策。生育政策的改革实际上是牵一发而动全身的系统性社会变革过程。人口发展的规律性决定了生育政策需要不断完善。尽管中国目前的低生育水平还存在很多争议，但很多专家学者普遍认为中国从 21 世纪以来就已经进入低生育水平，并连续多年总体上保持了低生育水平的稳定，人口过快增长的问题基本得到了控制，但是人口结构失衡等一系列问题还需要逐步完善，生育政策自身的发展变化要完善。中国自实行计划生育基本国策以来，从来都没有执行过一成不变的生育政策，总是在特定的历史背景和人口国情基础上，尊重规律、与时俱进、审慎决策、动态完善，才有了现在比较完善的计划生育政策体系。随着时间的推移，原来实行的生育政策的一些负面效应也开始显现出来，这些问题仍然需要通过完善政策加以解决。从当前运行的最新"全面二孩生育政策"来看，仍然存在一定的问题，生育政策产生的城乡效应差异比较大，具体表现为"城市生不起，农村生不够"的问题。全面二孩生育政策坚持了生育公平的原则，取消以往在身份地位、民族及地区的差异，但是全面二孩放开以后，对城市和农村的影响效果差异比较大，在城市因为孩子的抚养成本过高导致很多城市生育水平并没有因此而急剧上升，也没有出现很多专家预测的生育反弹现象，但是在农村几乎所有的家庭都生育了二孩。因此，针对新出现的人口问题，生育政策还需进一步调整完善，并逐步配套完善相关社会政策，生育政策的调整本身比较简单，但涉及面却非常宽泛，与相关政策的衔接和兼容则是很复杂的事情。因此，在生育政策调整过程中，需要进一步加强调查研究，配套完善相关政策，比如孩子的抚养成本问题、照料问题、教育问题等才是影响人们生育意愿的主要因素。本书通过对中国流动人口的生育意愿和生育行为进行全面、系统的分析论证，以期为国家未来生育政策的进一步调整完善提供理论依据。

参考文献

[1] Aakriti Gupta et al. Sex Differences in Timeliness of Reperfusion in Young Patients with ST-Segment-Elevation Myocardial Infarction by Initial Electrocardiographic Characteristics [J]. Journal of the American Heart Association, 2018, 7 (6): 34-45.

[2] A. F. Weber. The Growth of Cities in the Nineteenth Century [M]. New York: The Macmillan Co. , 1899.

[3] Agadjanian V. , L. Nedoluzhko, G. Kumskov. Eager to Leave? Intentions to Migrate abroad among Young People in Kyrgyzstan [J]. International Migration Review, 2008, 42 (3): 620-651.

[4] Alam N. Birth Spacing and Infant and Early Childhood Mortality in a High Fertility Area of Bangladesh: Age-dependent and Interactive Effects [J]. Journal of Biosocial Science, 1995, 27 (4) : 393-404.

[5] Almond D. , Edlund L. , Milligan K. Son Preference and the Persistence of Culture: Evidence from Asian Immigrants to Canada [R]. National Bureau of Economic Research, 2009.

[6] Almond D. , Edlund L. Son-biased Sex ratios in the 2000 United States Census [J]. Proceedings of the National Academy of Sciences, 2008 (15): 5681-5682.

[7] Anderson Morgan K. , Grier Tyson, Dada Esther O. , Canham-Chervak Michelle, Jones Bruce H. The Role of Gender and Physical Performance on Injuries: An Army Study [J]. American Journal of Preventive Medicine, 2017, 52 (5): 67-86.

[8] Andersson G. Childbearing after Migration: Fertility Patterns of Foreign-born Women in Sweden [J]. International Migration Review, 2004 (38): 747-749.

［9］Anna Reimondos，Edith Gray，Ann Evans. Fertility Desires and Expectations：Stability and Changesover the Lifecourse ［R］. PAA，2009.

［10］Becker G. S. The Economic Approach to Human Behavior ［M］. Chicago：University of Chicago Press，1976.

［11］Berry J. W. Acculturation as Varieties of Adaptation. In A. M. Padilla （ed.），Acculturation：Theory，Model，and Some New Findings ［M］. Boulder，Co：Westview，1980.

［12］Bloom D. E.，Canning D.，Fink G. et al. Fertility，Female Labor Force Participatioa，and the Demographic Dividend ［J］. Journal of Economic Growdi，2009（2）：79-101.

［13］Bongaarts. Fertility and Reproductive Preferences in Post-transitional Societies ［J］. Population and Development Review，2001（27）：260-281.

［14］Bongaarts J. Fertility and Reproductive Preferences in Post-transitional Societies ［A］. R A Bulatao & J B Casterline（eds.）. Global Fertility Transition ［C］. New York：Population Council，2001：260-281.

［15］Bongaarts John，Griffith Feeney. On the Quantum and Tempo of Fertility ［J］. Population and Development Review，1998，24（2）：271-291.

［16］Bongaarts J.，Potter R. G. Fertility Effect of Seasonal Migration and Seasonal Variation in Fecundability：Test of a Useful Approximation under More General Conditions ［J］. Demography，1979，16（3）：475-479.

［17］Bongaarts J. The End of the Fertility Transition in the Developed World ［J］. Population and Development Review，2002（28）：419-443.

［18］Brockerhoff M. Migration and the Fertility Transition in African Cities ［C］. Richard E. Bilsborrow ed. Migration，Urbanization，and Development：New Directions and Issues ［M］. New York：United Nations Population Fund（UNFPA）and Kluwer Academic Publishers，1998：357-390.

［19］Brockerhoff M.，X. Yang. Impact of Migration on Fertility in Sub-Saharan Africa ［J］. Social Biology，1994，41（1-2）：19-43.

［20］Brown P. H.，E. Bulte，Xiaobo Zhang. Positional Spending and Status Seeking in Rural China ［J］. Journal of Development Economics，2011（96）.

［21］Clifford David. Spousal Separation，Selectivity and Contextual Effects：Exploring the Relationship between International Labour migration and Fertility in

Post-Soviet Tajikistan [J]. Demographic Research, 2009, 21 (3): 945-975.

[22] Courgeau D. Family Formation and Urbanization [J]. Population: An English Selection, 1989, 44 (1): 123-146.

[23] David Williamson, Charlotte Johnston. Gender Differences in Adults with Attention-deficit/Hyperactivity Disorder: A Narrative Review [J]. Clinical Psychology Review, 2015 (40): 13-15.

[24] Farber S. C. , B. S. Lee. Fertility Adaptation of Rural-to-Urban Migrant Women: A Method of Estimation Applied to Korean Women [J]. Demography, 1984 (21): 339-345.

[25] Freedman Marjorie R. Gender, Residence and Ethnicity Affect Freshman BMI and Dietary Habits [J]. American Journal of Health Behavior (Online), 2010, 34 (5): 34-56.

[26] Frisbie W. Parker, Frank D. Bean, Isaac W. Eberstein. Patterns of Martial Instability among Mexican Americans, Blacks, and Anglos [M]. F. D. Bean and W. P. Frisbie, eds. The Demography of Racial and Ethnic Groups, New York: Academic Press, 1978.

[27] Goldberg D. The Fertility of Two-generation Urbanities [J]. Population Studies, 1959 (12): 214-222.

[28] Goldstein A. , White M. J. , Goldstein S. Migration and Fertility in Hubei Province, China [J]. Demography, 1997 (34): 481-492.

[29] Goldstein J. R. , W. Lutz, M. R. Testa. The Emergence of Sub-replacement Family Size Ideals in Europ [J]. Population Research Review, 2003 (22): 479-496.

[30] Goldstein S. , A. Goldstein. Techniques for the Analysis of the Interrelations between Migration and Fertility. Chapter 5 in National Migration Surveys X. Guidelines for Analysis [M] . Economic and Social Commission for Asia and the Pacific. United Nations , New York, 1982.

[31] Goldstein S. , A. Goldstein. The Impact of Migration on Fertility: An "Own Children" Analysis for Thailand [J]. Population Studies, 1981 (35): 265-281.

[32] Goldstein S. Interrelations between Migration and Fertility in Thailand [J]. Demography, 1973 (10): 225-241.

［33］ Griflith James, Sandra Villavicencio. Relationships among Accultura-tion, Sociodemographic Characteristic and Social Supports in Mexican Ameri can Adults ［J］. Hispanic Journal of Behavioral Sciences, 1985 (7): 75-92.

［34］ Hagewen, Morgan. Intended and Ideal Family Size in the United States, 1970-2002 ［J］. Population and Development Review, 2005, 31 (3): 507-527.

［35］ Hervitz H. M. Selectivity, Adaptation, or Disruption? A Comparison of Alternative Hypotheses on the Effects of Migration on Fertility: The Case of Brazil ［J］. International Migration Review, 1985 (19): 293-317.

［36］ Jones N. B. Bushman Birth Spacing: A Test for Optimal Interbirth In-tervals ［J］. Ethology & Sociobiology, 1986 (2): 91-105.

［37］ Kahn J. R. Immigrant and Native Fertility during the 1980s: Adapta-tion and Expectations for the Future ［J］. International Migration Review, 1994 (28): 501-519.

［38］ Keith Banister. Cyprinid Fishes: Systematics, Biology and Exploita-tion ［J］. Oryx, 1992, 26 (1): 56-79.

［39］ Kim Yun Young. Communication and Acculturation ［M］. Intercultural Communication: A Reader. Eds. L. A. Samovar, R. E. Porter. Belmont: Wadsworth Publishing, 1985.

［40］ Kulu H. Migration and Fertility: Competing Hypotheses Re-examined ［J］. European Journal of Population, 2005, 21 (1): 51-87.

［41］ Lacovou M. , Skew A. J. Household Structure in the EU ［M］. New York: Talk Miramax Books, 2002.

［42］ Lee B. S. , L. G. Pol. The Influence of Rural-Urban Migration on Mi-grants Fertility in Korea, Mexico and Cameroon ［J］. Population Research and Policy Review, 1993 (12): 3-26.

［43］ Leibenstein H. An Interpretation of the Economic Theory of Fertility: Promising Path or Blind Alley ［J］ . Journal of Economic Literature, 1974, 12 (2): 116-130.

［44］ Lindstrom D. P. , S. Giorguli Saucedo. Short-and Long-Term Effects of US Migration Experience on Mexican Women Fertility ［J］ . Social Forces, 2002, 80 (4): 1341-1368.

［45］Lindstrom D. P. , S. Giorguli-Saucedo. The Interrelationship of Fertili-ty, Family Maintenance, and Mexico - U. S. Migration ［J］. Demographic Re-search, 2007, 17 (28): 821-858.

［46］Massey D. S. , B. P. Mullan. A Demonstration of the Effect of Seasonal Migration on Fertility ［J］. Demography, 1984, 21 (4): 501-517.

［47］McDonald P. Gender Equity in Theories of Fertility Transition ［J］. Population and Development Review, 2000, 26 (3): 427-440.

［48］Menken J. Seasonal Migration and Seasonal Variation in Fecundability: Effects on Birth Rates and Birth Intervals ［J］. Demography, 1979, 16 (1): 103-119.

［49］Michielin F. Lowest Low Fertility in an Urban Context: The Role of Migration in Turin, Italy ［J］. Population, Space and Place, 2004 (10): 331-347.

［50］Miller W. , Pasta D. Behavioral Intentions: Which Ones Predict Fer-tility Behavior in Married Couples? ［J］. Journal of Applied Social Psychology, 1995, 25 (6): 530-555.

［51］Mitchell D. E. Gray. Declining Fertility: Intentions, Attitudes and As-pirations ［J］. Journal of Sociology, 2007 (43): 87-101.

［52］Monika Olischar, Katrin Klebermass, Thomas Waldhoer, Arnold Pollak, Manfred Weninger. Background Patterns and Sleep-wake Cycles on Am-plitude-integrated Electroencephalography in Preterms Younger than 30 Weeks Gestational Gge with Peri-/intraventricular Haemorrhage ［J］. Acta Pædiatrica, 2007, 96 (12): 88-94.

［53］Morgan S. P. Is Low Fertility a Twenty-first-century Demographic Cri-sis? ［J］. Demography, 2003, 40 (4): 589-603.

［54］Morgan S. P, Rackin H. The Correspondence between Fertility Inten-tions and Behavior in the United States ［J］. Population and Development Review, 2010, 36 (1): 91-118.

［55］Myers G. C. , E. W. Morris. Migration and Fertility in Puerto Rico ［J］. Population Studies, 1966 (20): 85-96.

［56］Potter R. G. , F. E. Kobrin. Some Effects of Spouse Separation on Fer-tility ［J］. Demography, 1982, 19 (1): 79-96.

[57] Pritchett L. H. Desired Fertility & The Impact of Population Policies [J]. Population and Development Review, 1994 (1): 156-278.

[58] Rutstein S. O. Further Evidence of the Effects of Preceding Birth Intervals on Neonatal, Infant, and Under-five-years Mortality and Nutritional Status in Developing Countries: Evidence from the Demographic and Health Surveys [R/OL]. The United States Agency for International Development, 2008 [2016-05-24]. http://pdf.usaid.gov/pdf_docs/PNADM649.pdf.

[59] Sam D. L., Berry W. J. Acculturative Stress among Immigrants in Norway. Scandinavian [J]. Journal of Psychology, 1995 (36): 10-24.

[60] Sara R. Curran, Abigail C. Saguy. Migrations and Cultural Change: A Role for Gender and Social Networks? [R]. Presented to the Culture and Inequality Workshop at Princeton University, 1997.

[61] Stephen E. H., F. D. B. Assimilation, Disruption and the Fertility of Mexican—Origin Women in the United States [J]. International Migration Review, 1992, 26 (1): 67-88.

[62] Thomson E., Brandreth Y. Measuring Fertility Demand [J]. Demography, 1995 (1).

[63] Uriah Zevi Engelman. Intermarriage among Jews in Germany, U.S.S.R., and Switzerland [J]. Jewish Social Studies, 1940, 2 (2): 157-178.

[64] Weston R., L. Qu, R. Parker, M. Alexander. It's not for Lack of Waiting Kids [R]. A Report on the Fertility Decision Making Project, Australian Institute of Family Studies, Research Report No. 11, 2004.

[65] Xie Y. Population Heterogeneity and Causal Inference [J]. Proceedings of the National Academy of Sciences, 2013, 110 (16): 6262-6268.

[66] Xie Yu, Brand Jennie E., Jann Ben. Estimating Heterogeneous Treatment Effects with Observational Data [J]. Social Methodology, 2012, 42 (1): 314-347.

[67] You, Helen Xiuhong, Dudley L. Poston Jr. Are Floating Migrants in China "Childbearing Guerillas": An Analysis of Floating Migration and Fertility [J]. Asia and Pacific Migration Journal, 2004, 13 (5).

[68] 布赖恩·贝利. 比较城市化——20 世纪的不同道路 [M]. 北京:

商务印书馆，2010：6-7.

[69] 陈颐，叶文振.论青年女性流动人口初育间隔与人口控制——来自厦门流动人口家庭问卷调查的启示 [J].南方人口，2009，24（4）：45-51.

[70] 陈卫，段媛媛.中国近 10 年来的生育水平与趋势 [J].人口研究，2019，43（1）：3-17.

[71] 陈卫，吴丽丽.中国人口迁移与生育率关系研究 [J].人口研究，2006（1）：13-20.

[72] 陈颐.流动人口实际生育规模与人口控制——基于厦门市与全国的调查样本的比较分析 [J].福州大学学报（哲学社会科学版），2008（1）：94-98.

[73] 陈卫，靳永爱.中国妇女生育意愿与生育行为的差异及其影响因素 [J].人口学刊，2011（2）：3-13.

[74] 陈卫.外来人口与我国城市低生育率 [J].人口研究，2005（4）：79-83.

[75] 陈淑云，彭银.住房支付能力、生育行为与人口年龄结构 [J].西北人口，2016，37（1）：1-6.

[76] 陈再华.外出人口特征研究 [M].北京：中国人口出版社，1996.

[77] 陈友华.二孩政策地区经验的普适性及其相关问题——兼对"21 世纪中国生育政策研究"的评价 [J].人口与发展，2009，15（1）：9-22.

[78] 陈如钧.法治视角看"全面放开二孩"政策社会影响 [J].人民论坛，2015，24（8）：128-130.

[79] 陈蓉，顾宝昌.生育意愿与生育行为的演变历程及二者关系研究.二孩，你会生么？[M].北京：社会科学文献出版社，2014.

[80] 陈胜利，顾法明，蔡菲.2005 年 1%人口抽样调查对综合治理出生性别比工作的启示 [J].人口研究，2008（1）：22-33.

[81] 陈俊杰，穆光宗.农民的生育需求 [J].中国社会科学，1996（2）：126-137.

[82] 曹艳春.促进生育意愿到生育行为的转变 [N].中国人口报，2018-07-02（3）.

[83] 段成荣，谢东虹，吕利丹.中国人口的迁移转变 [J].人口研究，2019，43（2）：12-20.

［84］段成荣，杨舸等．改革开放以来我国流动人口变动的九大趋势
［J］．人口研究，2008（6）：30-43.

［85］邓金虎，原新．流动妇女生育量及其影响因素研究——基于天津
市流动人口监测数据［J］．人口与发展，2017，23（5）：49-55.

［86］段成荣，谢东虹，吕利丹．中国人口的迁移转变［J］．人口研究，
2019，43（2）：12-20.

［87］段成荣，刘涛，吕利丹．当前我国人口流动形势及其影响研究
［J］．山东社会科学，2017（9）：63-69.

［88］胡英．从农村向城镇流动人口的特征分析［J］．人口研究，2001
（6）：9-15.

［89］风笑天．农村外出打工青年的婚姻与家庭：一个值得重视的研究
领域［J］．人口研究，2006（1）：57-60.

［90］傅崇辉，向炜．深圳流动育龄妇女生育子女数的影响因素分析
［J］．南方人口，2005（3）：1-9.

［91］高春凤，卢亚贞．流动人口生育行为的影响因素研究［J］．产业
与科技论坛，2009（12）：174-177.

［92］郭志刚，李剑钊．农村二孩生育间隔的分层模型研究［J］．人口
研究，2006（4）：2-11.

［93］郭维明．20世纪90年代我国婚育模式的初步分析［J］．人口学
刊，2003（5）：18-21.

［94］费孝通．生育制度［M］．北京：商务印书馆，1999.

［95］郭田勇．我国流动人口规模为何先增后减［J］．人民论坛，2019
（5）：70-72.

［96］郭志刚．流动人口对当前生育水平的影响［J］．人口研究，2010，
34（1）：19-29.

［97］顾和军，吕林杰．中国农村女性劳动参与对生育行为的影响
［J］．人口与发展，2015，21（5）：66-72.

［98］顾宝昌．论生育和生育转变：数量、时间和性别［J］．人口研究，
1992（6）：1-7.

［99］顾宝昌，徐毅．中国婴儿出生性别比综论［J］．中国人口科学，
1994（3）：41-48+18.

［100］甘春华，陆健武．全面二孩生育政策下农村女青年的生育意愿

3333333

及流动模式——以粤西地区为例 [J]. 青年探索, 2016 (5): 60-70.

[101] 龚清. 全面放开二孩政策探讨宜早不宜迟 [N]. 中国经济导报, 2015-05-16 (B06).

[102] 辜胜阻, 流传江. 人口流动与农村城镇化战略管理 [M]. 武汉: 华中理工大学出版社, 2000.

[103] 耿明. 云南省流动人口生育管理的实证分析 [J]. 学术探索, 2001 (4): 76-79.

[104] 国家统计局人口和就业统计司, 中国人民大学社会与人口学院. 人口和就业统计分析技术 [M]. 北京: 中国统计出版社, 2012.

[105] 侯佳伟, 黄四林, 辛自强等. 中国人口生育意愿变迁: 1980-2011 [J]. 中国社会科学, 2014 (4): 78-97.

[106] 侯慧丽. 城市化进程中流入地城市规模对流动人口生育意愿的影响 [J]. 人口与发展, 2017, 23 (5): 42-48+112.

[107] 韩雷, 田龙鹏. "全面二孩" 的生育意愿与生育行为——基于2014年湘潭市调研数据的分析 [J]. 湘潭大学学报 (哲学社会科学版), 2016, 40 (1): 51-56.

[108] 何梅. 隔代教育在现代家庭教育中的服务功能 [J]. 内江科技, 2007, 28 (3): 15.

[109] 何琪. 婚姻论 [M]. 北京: 中国文史出版社, 2014.

[110] 黄玥. 女农民工的生育意愿及其环境影响因素 [J]. 当代经理人, 2006 (1): 214-215.

[111] 加里·斯坦利·贝克尔. 家庭论 [M]. 北京: 商务印书馆, 2005: 121-136.

[112] 贾志科, 风笑天. 城市 "单独夫妇" 的二胎生育意愿——基于南京、保定五类行业558名青年的调查分析 [J]. 人口学刊, 2015 (3): 5-15.

[113] 靳永爱等. 全面二孩生育政策背景下中国城市女性的生育偏好与生育计划 [J]. 人口研究, 2016 (6): 22-37.

[114] 靳小怡等. 社会网络与社会融合对农村流动妇女初婚的影响——来自上海浦东的调查发现 [J]. 人口与经济, 2005 (5): 78-89.

[115] 靳小怡, 彭希哲, 李树茁等. 社会网络与社会融合对农村流动妇女初婚的影响——来自上海浦东的调查发现 [J]. 人口与经济, 2005 (5): 53-58+47.

［116］蒋彬. 四川藏区城镇化进程与社会文化变迁研究——以德格县更庆镇为个案［D］. 四川大学博士学位论文，2003.

［117］梁海艳，代燕，赵月莹. 云南流动人口生育水平研究［J］. 人口学刊，2016，38（5）：15-24.

［118］廖静如. 城市流动人口生育意愿研究综述［J］. 社会科学战线，2013（6）：195-200.

［119］李波平，向华丽. 不同代际育龄妇女生育意愿及影响因素研究——以武汉城市圈为例［J］. 人口与经济，2010（3）：13-20.

［120］李树茁，伍海霞，靳小怡，费尔德曼. 中国农民工的社会网络与性别偏好——基于深圳调查的研究［J］. 人口研究. 2006（6）：5-14.

［121］李翌萱. 我国流动人口生育问题研究概述［J］. 西北人口，2014，35（3）：47-51.

［122］刘爱玉. 流动人口生育意愿的变迁及其影响［J］. 江苏行政学院学报，2005（8）：113-132.

［123］廖庆忠，曹广忠，陶然. 流动人口生育意愿、性别偏好及其决定因素——来自全国四个主要城市化地区12城市大样本调查的证据［J］. 人口与发展，2012，18（1）：2-12.

［124］梁同贵. 乡城流动人口的生育间隔及其影响因素——以上海市为例［J］. 人口与经济，2016（5）：12-22.

［125］梁同贵. 乡城流动人口生育男孩偏好及其影响因素分析——基于与农村本地人口的比较［J］. 湖南农业大学学报（社会科学版），2017，18（6）：40-50.

［126］梁同贵. 乡城流动人口与农村本地人口的生育水平差异［J］. 中国人口科学，2017（3）：91-100+128.

［127］梁同贵. 我国省内省外流动人口生育水平差异及原因探析［J］. 南京人口管理干部学院报，2010，26（4）：49-54.

［128］李波平，向华丽. 不同代际育龄妇女生育意愿及影响因素研究——以武汉城市圈为例［J］. 人口与经济，2010（3）：13-20.

［129］李荣彬. 子女性别结构、家庭经济约束与流动人口生育意愿研究——兼论代际和社会阶层的影响［J］. 青年研究，2017（4）：23-33+94-95.

［130］梁如彦，周剑. 农民工生育意愿研究综述［J］. 淮海工学院学报

(人文社会科学版)，2013（24）：93-95.

[131] 李竞能．当代西方人口学说 [M]．太原：山西人民出版社，1992.

[132] 李丁，郭志刚．中国流动人口的生育水平——基于全国流动人口动态监测调查数据的分析 [J]．中国人口科学，2014（5）：17-29.

[133] 李翌萱．我国流动人口生育问题研究概述 [J]．西北人口，2014，35（3）：47-51.

[134] 李瑞德．当前农村青年的生育意愿：一项观念性的实证研究——以闽南山区 B 村为例 [J]．市场与人口分析，2005（6）：36-42.

[135] 李汉林．关系强度与虚拟社区．农民工——中国进城农民工的社会经济分析 [J]．北京：社会科学文献出版社，2003.

[136] 李迅雷．30 多年来首次出现流动人口下降，这意味着什么？[N]．第一财经日报，2016-01-20.

[137] 刘一伟．住房公积金、城市定居与生育意愿——基于流动人口的调查分析 [J]．华东理工大学学报（社会科学版），2017，32（3）：90-101.

[138] 刘厚莲．新生代流动人口初婚年龄及其影响因素分析 [J]．人口与发展，2014，20（5）：77-84.

[139] [美] 罗伯特·F. 墨菲．文化与社会人类学引论 [M]．北京：商务印书馆，2004.

[140] 刘锋．论婚姻理论歧义性之由来 [J]．吉首大学学报（社会科学版），2006（3）：60-64.

[141] 刘铮．人口理论教程 [M]．北京：中国人民大学出版社，1985.

[142] 吕红平．社会性别视角下的出生婴儿性别比偏高问题分析 [J]．甘肃社会科学，2007（3）：17-19.

[143] 莫丽霞．当前中国农村居民的生育意愿与性别偏好研究 [J]．人口研究，2005（2）：62-68.

[144] 莫顿斯．人口迁移的影响 [J]．中国社会科学院人口研究中心，人口资料，1985（7）：23-33.

[145] 马瀛通等．递进人口发展模型的提出与总和递进指标体系的确立 [J]．人口与经济，1986（1）：24-32.

[146] 马小红．从北京调查看生育意愿和生育行为 [J]．人口研究，

2011（2）：34-45.

[147] 穆光宗．低生育文化影响难以逆转［N］．北京日报．2017-09-26（17）.

[148] 穆光宗，李树茁，陈友华等．出生人口性别比异常偏高与生育政策有关吗？［J］.人口与发展，2008（2）：22-35.

[149] 倪国华，蔡昉．膨胀还是坍塌：城市化对育龄妇女生育规划的影响研究［J］.中国软科学，2015（6）：89-106.

[150] 倪姝囡．"单独二胎"政策实施后的生育意愿研究——以长春市为例［D］.长春工业大学硕士学位论文，2016.

[151] 乔晓春．第四次全国人口普查人口性别年龄结构的初步检验［J］.中国人口科学，1992（5）：34-37.

[152] 人口研究编辑部．生育意愿、生育行为和生育水平［J］.人口研究，2011（2）：90-112.

[153] 任远，谭静，陈春林．人口迁移流动与城镇化发展［M］.上海：上海人民出版社，2013.

[154] 汤少梅．增城市市民生育意愿实证研究［D］.华南理工大学硕士学位论文，2010.

[155] 宋亚旭，于凌云．我国生育意愿及其影响因素研究综述：1980~2015［J］.西北人口，2017，38（1）：12-18.

[156] 宋健，周宇香．中国已婚妇女生育状况对就业的影响——兼论经济支持和照料支持的调节作用［J］.妇女研究论丛，2015（7）：16-23.

[157] 宋健．透过出生人口性别比偏高看中国的社会性别现实［J］.人口与计划生育，2010（6）：6-7.

[158] 沈卫华．论祖孙关系在幼儿家庭教育中的作用［J］.湖州师范学院学报，2001，23（5）：82-87.

[159] 谭克俭．我国农村居民生育意愿转变分析［J］.南京人口管理干部学院学报，2004（4）：3-6.

[160] 汤兆云．人口社会学［M］.武汉：华中科技大学出版社，2010.

[161] 王培安．把握新生代人口流动趋势，推动流动人口研究繁荣发展［J］.人口研究，2019，43（2）：3-5.

[162] 王平权．农村→城镇迁移人口行为对生育行为影响的几点认识［J］.人口学刊，1996（1）：38-41.

[163] 王军，王广州．中国育龄人群的生育意愿及其影响估计 [J]．中国人口科学，2013（4）：26-35+126．

[164] 王金营，马志越，李嘉瑞．中国生育水平、生育意愿的再认识：现实和未来 [J]．人口研究，2019（2）：32-44．

[165] 王跃生．人口发展与家、国生育目标比较——基于制度的分析 [J]．东岳论丛，2018，39（1）：36-45．

[166] 王晓宇，原新，韩昱洁．家庭生育决策与全面两孩政策——基于流动人口的视角 [J]．南开经济研究，2018（2）：93-109．

[167] 王军，王广州．中国低生育水平下的生育意愿与生育行为差异研究 [J]．人口学刊，2016，38（2）：5-17．

[168] 王薇．农村流动人口的生育意愿分析——以广西宜州市农村流动人口调查为基础 [D]．南开大学硕士学位论文，2008．

[169] 王金营，马志越，李嘉瑞．中国生育水平、生育意愿的再认识：现实和未来 [J]．人口研究，2019（2）：32-44．

[170] 王跃生．人口发展与家、国生育目标比较——基于制度的分析 [J]．东岳论丛，2018，39（1）：36-45．

[171] 王静鑫．浅谈隔代教育的弊端及其出路 [J]．中国校外教育，2014，8（25）：16．

[172] 伍海霞，李树苗，悦中山．城镇外来农村流动人口的生育观念与行为分析——来自深圳调查的发现 [J]．人口研究，2006（1）：61-68．

[173] 伍海霞，李树苗，杨绪松．中国乡城人口流动与城镇出生人口性别比——基于"五普"数据的分析 [J]．人口与经济，2005（6）：13-20．

[174] 吴帆．新一代乡—城流动人口生育意愿探析 [J]．南方人口，2009，24（1）：5-11．

[175] 吴天依．"80后"与"90后"城市女性生育意愿研究——以信阳市为例 [D]．郑州大学硕士学位论文，2017．

[176] 吴忠观．人口科学辞典 [M]．重庆：西南财经大学出版社，1997．

[177] 吴秀兰．隔代教育的现状调查及其对策 [J]．边疆经济与文化，2014，11（11）：91-94．

[178] 武俊青，姜综敏，李成福等．我国流动人口的避孕节育现况

［J］．人口与发展，2008（1）：54-63．

［179］韦艳，李树茁，费尔德曼．中国农村的男孩偏好与人工流产［J］．中国人口科学，2005（2）：12-21．

［180］谢永飞，刘衍军．流动人口的生育意愿及其变迁——以广州市流动人口为例［J］．人口与经济，2007（1）：54-57+53．

［181］徐映梅，李霞．农村外出妇女的生育意愿分析——基于鄂州、黄石、仙桃三地数据［J］．南方人口，2010，25（2）：51-57+6．

［182］徐丽娟．社区外来流动人口的代际生育意愿探析——以武汉市珠南街社区的实证研究为例［D］．华中师范大学硕士学位论文，2007．

［183］徐映梅，崔凌云．独生子女家庭育龄妇女生育意愿及其影响因素——基于湖北省鄂州，黄石，仙桃市的调查化［J］．中国人口科学，2011（2）：76-84．

［184］徐岚，崔红艳．利用教育统计资料对我国出生婴儿性别比的研究［J］．人口研究，2008（5）：79-82．

［185］尤丹珍，郑真真．农村外出妇女的生育意愿分析——安徽、四川的实证研究［J］．社会学研究，2002（6）：52-62．

［186］姚从容，吴帆，李建民．我国城乡居民生育意愿调查研究综述：2000-2008［J］．人口学刊，2010（2）：17-22．

［187］殷士华．鲁西南乡镇人口生育意愿现状及原因研究——基于山东省东明县刘楼镇的调查［D］．四川省社会科学院硕士学位论文，2009．

［188］杨瑛，武俊青，陶建国．已婚流动妇女的婚姻及生育状况分析［J］．中国计划生育学杂志，2002（11）：668-671．

［189］杨菊华．单独二孩政策下流动人口的生育意愿试析［J］．中国人口科学，2015（1）：89-96+128．

［190］杨菊华．意愿与行为的悖离：发达国家生育意愿与生育行为研究述评及对中国的启示［J］．学海，2008（1）：27-37．

［191］杨菊华．流动人口社会融合指数分析与评价［R］．新型城镇化与流动人口社会融合论坛2014报告，中国人民大学，2014．

［192］杨菊华．胎次—激化双重效应：中国生育政策与出生性别比关系的理论构建与实证研究［J］．人口与发展，2009，15（4）：37-51．

［193］杨子慧．论流动人口的生育行为［J］．人口与经济，1991（3）：3-13．

［194］阎蓓. 新时期中国人口迁移平［M］. 长沙：湖南教育出版社，1999.

［195］于志国. 苏州联通外来工回城营销策略研究［D］. 陕西师范大学硕士学位论文，2013.

［196］于学军. 中国进入"后人口转变"时期机［J］. 中国人口科学，2000（2）：8-15.

［197］姚从容，吴帆，李建民. 我国城乡居民生育意愿调查研究充综述：2000—2008［J］. 人口学刊，2010（2）：17-22.

［198］杨舸. 人口流动是否已到"拐点"［J］. 瞭望东方周刊，2016（31）：34-42.

［199］杨克文，李光勤. 教育获得对初婚年龄的影响研究［J］. 人口学刊，2018，40（6）：5-19.

［200］杨云彦，慈勤英，周长洪等. 中国出生人口性别比：从存疑到求解［J］. 人口研究，2006（1）：37-49.

［201］原新. 中国人口转变及未来人口变动趋势推演［J］. 中国人口科学，2000（1）：40-45.

［202］张文娟. 治理视角下的我国城市新区流动人口计划生育管理问题研究——以青岛市崂山区为例［D］. 中国海洋大学硕士学位论文，2009.

［203］张建武，薛继亮. 广东"80后"生育意愿及其影响因素研究［J］. 南方人口，2013，28（2）：10-18+9.

［204］张航空. 流动人口的生育意愿与生育行为差异研究［J］. 南方人口，2012，27（2）：44-50.

［205］张晓斌. 河北省流动人口生育意愿研究［D］. 河北大学硕士学位论文，2018.

［206］张翠玲，刘鸿雁，王晓峰. 中国1970年以来二孩生育间隔变动及影响因素分析［J］. 人口研究，2016，4（1）：69-86.

［207］周祖根. 人口流动迁移与生育［J］. 人口学刊，1993（5）：8-13.

［208］周皓. 人口流动对生育水平影响的区域差异［J］. 人口与发展，2016（3）：2-11.

［209］周君玉. 市场经济条件下流动人口对计划生育的政府效应分析［J］. 南方人口，1996（2）：86-101.

[210] 庄亚儿，姜玉，王志理等．当前我国城乡居民的生育意愿——基于 2013 年全国生育意愿调查 [J]．人口研究，2014，38（3）：3-13.

[211] 庄渝霞．不同代别农民工生育意愿及其影响因素——基于厦门市 912 位农村流动人口的实证研究 [J]．社会，2008（1）：15-23.

[212] 庄渝霞．厦门市青年流动人口生育态度转变研究 [J]．中国青年研究，2006（1）：51-55.

[213] 宗占红，尹勤，李晓铭．江苏省流动育龄妇女生育行为调查 [J]．中国公共卫生，2011，27（1）：107.

[214] 曾毅．人口城镇化对我国人口发展的影响 [J]．人口学刊，1991（2）：1-6.

[215] 曾毅，顾宝昌，涂平等．我国近年来出生性别比升高原因及其后果分析 [J]．人口与经济，1993（1）：3-15.

[216] 郑真真．外出经历对农村妇女初婚年龄的影响 [J]．中国人口科学，2002（2）：61-65.

[217] 郑真真．生育意愿的测量与应用 [J]．中国人口科学，2014（6）：15-25+126.

[218] 翟振武，张现苓，靳永爱．立即全面放开二胎政策的人口学后果分析 [J]．人口研究，2014，38（2）：3-17.

[219] 翟振武，段成荣等．跨世纪的中国人口迁移与流动 [M]．北京：中国人口出版社，2006.

[220] 朱健，陈湘满．"80 后"流动人口二孩生育意愿研究——以湖南省 2013 年流出人口为例 [J]．湘潭大学学报（哲学社会科学版），2016，40（1）：57-63.

[221] 朱正贵，陈苏兰．农村流动人口婚育问题刍议 [J]．人口学刊，1998（1）：61-65.

[222] 甄洁，刘清玉．二胎生育："意愿—行为"究竟哪些因素在起决定性作用——一项针对籍贯为吉林省育龄夫妇的实证研究 [J]．北华大学学报（社会科学版），2017，18（5）：70-78.

[223] 祝吟．对城乡育龄妇女的二胎生育意愿与生育行为差异的研究 [J]．现代经济信息，2017（15）：26-28.

[224] 赵梦洁．新生代农民工二孩生育意愿及影响因素研究 [D]．河北大学硕士学位论文，2017.